社区矫正系列教材

社区矫正
监管执法实务

SHEQUJIAOZHENG
JIANGUAN ZHIFA SHIWU

主　编◎吴艳华
副主编◎李明宝　张　凯　涂小燕
撰稿人◎（以撰写项目先后为序）
　　　　吴艳华　陈　冲　董　媛　涂小燕
　　　　李明宝　吴一澜　张　凯

中国政法大学出版社
2023·北京

图书在版编目（ＣＩＰ）数据

社区矫正监管执法实务/吴艳华主编. —北京：中国政法大学出版社，2023.7（2025.7重印）

ISBN 978-7-5764-0994-9

Ⅰ.①社… Ⅱ.①吴… Ⅲ.①社区－监督改造－行政执法－研究－中国 Ⅳ.①D926.74

中国版本图书馆CIP数据核字(2023)第134304号

出　版　者	中国政法大学出版社
地　　　址	北京市海淀区西土城路 25 号
邮　　　箱	fadapress@163.com
网　　　址	http://www.cuplpress.com (网络实名：中国政法大学出版社)
电　　　话	010-58908435(第一编辑部) 58908334(邮购部)
承　　　印	北京鑫海金澳胶印有限公司
开　　　本	720mm×960mm　1/16
印　　　张	21.5
字　　　数	341 千字
版　　　次	2023 年 7 月第 1 版
印　　　次	2025 年 7 月第 2 次印刷
印　　　数	3001~6000 册
定　　　价	62.00 元

出版说明

进入新时代以来，我国社区矫正工作取得了举世瞩目的成绩，到 2019 年底，全国累计接收社区矫正对象 478 万人，解除 411 万人，每年列管 120 多万人，每年新接收 50 余万人，在册 70 多万人，重新犯罪率一直保持在 0.2% 的较低水平。社区矫正工作不仅取得了良好的法律效果和社会效果——为维护社会和谐稳定，推进平安中国、法治中国建设，促进司法文明进步发挥了重要作用，而且走上了科学立法、严格执法、公正司法的轨道。2019 年 12 月 28 日第十三届全国人民代表大会常务委员会第十五次会议通过了《中华人民共和国社区矫正法》（以下简称《社区矫正法》），国家主席习近平签署第四十号主席令公布，《社区矫正法》正式出台，自 2020 年 7 月 1 日起施行。

《社区矫正法》是我国第一部全面规范社区矫正工作的法律，标志着社区矫正工作进入了新的发展阶段。在完善中国特色社会主义刑事执行制度，推进国家治理体系和治理能力现代化方面发挥着重要作用。

《社区矫正法》的出台，充分体现了罪犯矫正综合治理的方针，在中国乃至全人类刑事执行法治史上具有里程碑式，甚至是划时代的意义。《社区矫正法》开启了我国社区矫正工作法治化的新时代，进一步确立了社区矫正制度的法律地位和基本框架，对于推动社区矫正工作的法治化、制度化、规范化具有十分重要的意义。

然而，"徒法不足以自行"，必须把《社区矫正法》贯彻、落实到司法行政工作实践中，才能充分发挥其法律保障的作用，才能促进社会治理工作迈上新的台阶。

为更好地贯彻、落实《社区矫正法》的实施，使社区矫正工作尽快走向专业化、职业化的发展道路，必须培养具有专业知识的人才。为此，河北司法警官职业学院联合河北省司法厅社区矫正管理局、河北省法学会社区矫正研究会、中央司法警官学院、湖南司法警官职业学院、安徽警官职业学院、新疆政法学院、河北省邯郸市司法局、河北省邯郸市磁县司法局、河北省邯郸市复兴区司法局、河北省邯郸市复兴区人民检察院、河北省邯郸市邯山区司法局、河北省沧州市东光县司法局、河北省沧州市沧县司法局、河北省保定市涞源县司法局等单位的专家、学者和实务工作者，共同编写了社区矫正系列教材：《社区矫正基础理论》《社区矫正监管执法实务》《社区矫正对象教育矫正》《社区矫正对象心理矫治》《社区矫正文书制作》《社区矫正信息化技术应用与维护》。该系列教材也是社区矫正专业的核心课程教材。

该系列教材以习近平新时代中国特色社会主义思想和习近平法治思想为指导，贯彻落实二十大报告精神，始终以"立德树人"为根本任务，对接社区矫正专业教学标准和《社区矫正法》《中华人民共和国社区矫正法实施办法》，采取校行（企）双元合作开发的模式，在撰写之前进行了大量的调研、论证工作，注重教材的实用性、可操作性，并为我国社区矫正工作培养高素质复合型法律人才而服务。

该系列教材既可作为学历教育的教材使用，又可作为基层社区矫正工作人员培训的教材使用，还可作为自学辅导用书。

该系列教材在编写过程中得到了实务部门和中国政法大学出版社的大力支持和帮助，对于他们提出的宝贵的意见和建议，在此诚挚地表示感谢！

在教材编写过程中，由于时间仓促和编者水平有限，难免出现各种疏漏和不足，敬请各位同仁批评指正。

系列教材总主编：吴贵玉、李明宝

系列教材执行总主编：吴艳华

编审委员会成员：

吴贵玉（河北司法警官职业学院党委副书记、院长；河北省法学会社区矫正研究会会长）

王淑光（河北省司法厅社区矫正管理局局长）

李明宝（河北司法警官职业学院党委委员、教务处处长、教授）

次江华、李曼（河北省司法厅社区矫正管理局副局长）

吴艳华（河北司法警官职业学院科研处副处长、二级教授）

张凯（中央司法警官学院矫正教育系副主任、副教授、博士）

王敬（河北司法警官职业学院刑事执行系综合实训科副科长、副教授）

焦晓强（河北司法警官职业学院教务处教务秘书、讲师）

刘倍贝（河北司法警官职业学院科研处科研管理科副科长、讲师）

刘燕（河北司法警官职业学院刑事执行系刑事执行教研室副主任、讲师）

董媛（河北司法警官职业学院刑事执行系教学秘书、讲师）

张淼（河北司法警官职业学院刑事执行系讲师）

编　者

2023 年 5 月 30 日

党的二十大报告指出：要"坚持全面依法治国，推进法治中国建设"。"全面依法治国是国家治理的一场深刻革命，关系党执政兴国，关系人民幸福安康，关系党和国家长治久安。必须更好发挥法治固根本、稳预期、利长远的保障作用，在法治轨道上全面建设社会主义现代化国家。

我们要坚持走中国特色社会主义法治道路，建设中国特色社会主义法治体系、建设社会主义法治国家，围绕保障和促进社会公平正义，坚持依法治国、依法执政、依法行政共同推进，坚持法治国家、法治政府、法治社会一体建设，全面推进科学立法、严格执法、公正司法、全民守法，全面推进国家各方面工作法治化。"

社区矫正是"坚持全面依法治国，推进法治中国建设"的重要内容，是贯彻党的宽严相济刑事司法政策，推进国家治理体系和治理能力现代化的一项重要制度，是我国创新社会管理模式的一项重要举措。将符合条件的罪犯依法实行社区矫正，促使其在社会开放环境下顺利融入社会、回归社会，有利于缓和社会矛盾，化解消极因素，预防和减少犯罪，维护社会的和谐稳定。自2003年社区矫正试点到2014年全面推进，我国社区矫正工作发展迅速，成效显著，取得了良好的法律效果和社会效果。不仅缓解了监狱拥挤状况，降低了行刑成本，节约了司法资源，而且还在一定程度上避免了罪犯之间的"交叉感染"，极大地提高了罪犯改造质量。以习近平同志为核心的党中央高度重视社区矫正工作，党的十八届三中全会决定提出"健全社区矫正制度"，党的十八届四中全会决定提出"制定社区矫正法"。"制定社区矫正法"连续多年被列入中央政治局常委会工作要点，并连年被列入全国人大常委会立法工作计划和国务院立法工作计划。在充分讨论和吸收各方面意见的基础上，2019 年 12 月 28 日，第十三届全国人民大会常务委员会第十五次会议审议通过了《中华人民共和国社区矫正法》（以下简称《社区矫正法》），国家主席习近平签署第 40 号主席令予以公布，自 2020 年 7 月 1 日起施行。

《社区矫正法》是贯彻落实党的十九届四中全会提出的系统治理、依法治理、综合治理、源头治理和坚持依法治国、依法执政、依法行政，不断完善社会主义法治体系要求的体现，也是对社区矫正工作实践经验的总结和提炼。《社区矫正法》的出台，充分体现了罪犯矫正综合治理的方针，在中国乃至全人类刑事执行法治史上具有里程碑式，甚至是划时代的意义，开启了我国社区矫正工作法治化的新时代。为了更好地贯彻落实《社区矫正法》，进一步推进和规范社区矫正工作，最高人民法院、最高人民检察院、公安部、司法部又联合印发了《中华人民共和国社区矫正法实施办法》（以下简称《社区矫正法实施办法》），与《社区矫正法》同步实施。为更好地贯彻落实《社区矫正法》和《社区矫正法实施办法》，进一步规范社区矫正监管执法工作。为构建具有中国特色的社区矫正工作场景，实现中国式现代化贡献力量。我们组织了河北、湖南、安徽等（司法）警官职业学院和中央司法警官学院以及基层司法局社区矫正机构工作人员共同编写了这本教材。该教材以社区矫正监管执法的工作流程为载体设计学习项目，以各工作流程所要完成的典型工作任务设计学习任务。注重实用性、可操作性，以培养学习者的职业技能。本书既可作为学历教育的教材使用，又可作为基层社区矫正工作人员培训教材使用，还可作为自学辅导用书。

该教材具有以下特点：

一、本教材以二十大精神和习近平中国特色社会主义思想和法治思想为指导，将思政元素贯穿始终，以培养学习者较高的政治素质、职业道德和依法治国的意识。

二、本教材始终遵循《社区矫正法》和《社区矫正法实施办法》的规定，注重监管执法的法治化、制度化、规范化、职业化的要求。

三、本教材是校企合作开发的教材，在编写之前既进行了大量的调研，又进行了专家、学者与实务工作者的多次论证；既将司法实践中可推广、可复制的制度、经验、做法全部吸收进来，供学习者借鉴、学习，又在实践经验的基础上进行了总结、提炼、升华，将实践经验理论化。参与本教材编写的单位主要有：河北省司法厅社区矫正管理局、河北省法学会社区矫正研究会、河北省邯郸市邯山区司法局、邯郸市复兴区司法局、邯郸市丛台区司法局、邯郸市复兴区人民检察院等。

四、本教材的实用性、可操作性强，有利于培养学习者的学习兴趣和监管执法的职业能力。

五、本教材由几所警察类院校合作完成，有利于该书的推广使用。主要有：河北司法警官职业学院、中央司法警官学院、湖南司法警官职业学院、安徽警官职业学院、武汉警官职业学院等。

六、本教材的体例既采纳了工作过程系统化理论，又采纳了项目式、任务式的学习理论。在每个学习项目前都明确了学习目标，并将整个项目的知识点以知识树的方式提炼出来，让学习者能够在学习之前就对该项目的知识点一目了然，学习起来更加容易，也为自学者提供了便利条件。

七、在每个学习项目之前都放了一个导入案例（或叫引入案例），通过生动的案例引入本项目的学习，同时，通过案例也可以让学习者明确本项目要学习的内容是什么。

八、在每个学习项目的结尾部分都放入了课堂活动案例供学习者讨论。这样做的目的：一是可以培养学习者深入思考的能力；二是可以培养学习者发散性思维能力；三是可以培养学习者增强理论联系实际的能力；四是通过这样的练习培养学习者的核心职业能力。

九、在每个学习项目之后都加入了拓展学习的内容，以拓宽学习者的知识面，培养其创新思维能力和既专又博的学习能力。

总之，本教材在编写过程中，无论是从体例上还是内容上，都充分体现了更贴近基层社区矫正职业岗位的需要和更有利于培养学生的职业能力。但因时间仓促和编者水平所限，本教材的疏漏乃至错误之处在所难免，敬请全体同仁批评指正。

本教材编写分工（以撰写项目先后为序）

吴艳华（河北司法警官职业学院教授）：项目一

陈　冲（湖南司法警官职业学院讲师）：项目二

董　媛（河北司法警官职业学院讲师）：项目三、项目四

吴艳华（河北司法警官职业学院教授）、涂小燕（武汉警官职业学院档案馆员）合写：项目五

李明宝（河北司法警官职业学院教授）、吴一澜（安徽警官职业学院副教授）合写：项目六、项目七

张凯（中央司法警官学院副教授）：项目八、项目九

参与本教材编写的实务专家

河北省法学会社区矫正研究会会长：吴贵玉

河北省司法厅社区矫正管理局局长：王淑光

邯郸市复兴区人民检察院副检察长：毛秀娟

河北省司法厅社区矫正管理局干部：郑红卫

河北省邯郸市复兴区司法局局长：汪光军

河北省邯郸市司法局社区矫正科：李丽

河北省邯郸市邯山区司法局社区矫正科：李妙甜

河北省沧州市沧县司法局社区矫正科：刘帅

吴艳华

2022 年 10 月 18 日

社区矫正监管执法概述

知识目标：掌握社区矫正执法的概念、特征、原则和任务；掌握社区矫正的适用对象；了解并熟悉社区矫正监管执法的法律规定和社区矫正监管执法制度。

能力目标：培养学生具备深入思考、勇于创新的能力；具备执法管理的基本能力。

素质目标：具备严格执法、规范执法、人性化执法的执法意识；忠诚敬业、履职尽责的职业道德；遵规守纪和安全管理意识。

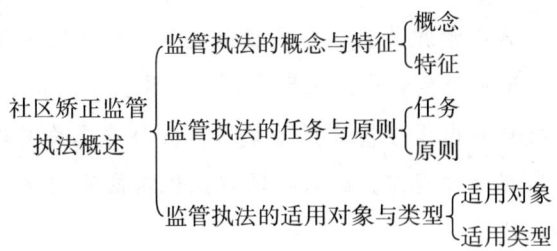

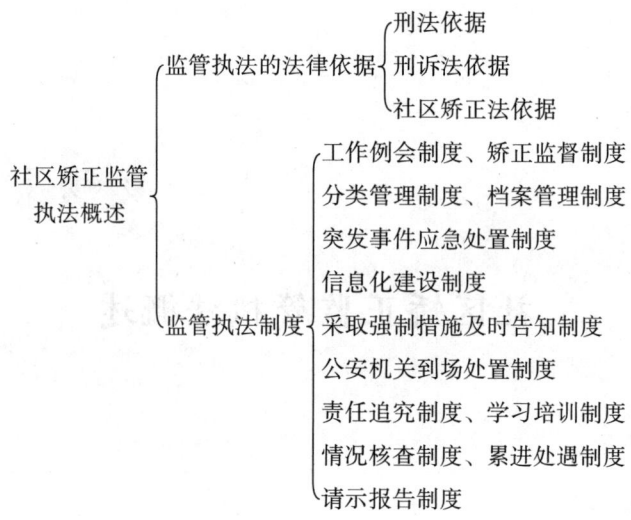

 案例 1-1

暂予监外违规严重，提请收监敲响警钟

张某，户籍地、居住地均为 Y 省 A 市 B 区。2018 年 5 月，张某因犯故意伤害罪被 Y 省 X 县人民法院判处有期徒刑 5 年，因患严重疾病被决定暂予监外执行。执行期限从 2018 年 5 月 22 日起至 2023 年 5 月 21 日止。A 市 B 区的公安机关在接到人民法院的决定书后，在规定的时间内将张某移送到了 B 区社区矫正机构，办理了交付接收手续。张某成为一名社区矫正对象。

在接受社区矫正期间，张某极不配合监管，多次不请假外出且不报告行踪、不携带通信工具或干脆关机，导致脱离监管，经社区矫正机构工作人员教育后仍不改正，造成不良影响，先后受到 2 次警告。在新冠疫情防控期间，张某又未经批准擅自外出至疫情高风险地区，被公安机关发现。鉴于张某严重违反社区矫正监督管理规定，B 区社区矫正机构依法向原决定机关提请对张某收监执行的建议。

该案例中，社区矫正机构对张某外出的监督管理、警告、提请收监执行的建议等行为就是依据《社区矫正法》的相关规定而开展的监管执法行为。

任务1　社区矫正监管执法的概念与特征

任务1.1　社区矫正监管执法的概念

我国的社区矫正是"坚持全面依法治国，推进法治中国建设"和司法体制机制改革的重要内容，是贯彻"宽严相济"刑事司法政策的具体体现，是我国司法体制机制改革的重要内容，更是我国刑事执行制度改革的一个重要方面。社区矫正工作的开展，对构建我国和谐社会，创新社会管理模式，推进平安中国、法治中国建设，促进司法文明进步，完善中国特色社会主义刑事执行制度，推进国家治理体系和治理能力现代化水平等方面发挥了重要的作用。《社区矫正法》的颁布实施，开启了我国社区矫正工作法治化的新时代，昭示着社区矫正工作的每一个环节都由法律来规制。

社区矫正监管执法是指社区矫正机构为保障刑事判决、刑事裁定和暂予监外执行决定的正确执行，提高教育矫正质量，促进社区矫正对象顺利融入社会，预防和减少犯罪而开展的刑事执行活动。

任务1.2　社区矫正监管执法的特征

对社区矫正对象的监管是一项严肃的执法活动。必须贯彻落实"严格规范公正文明执法"的理念，才能"促进司法公正，加快建设法治社会，提升社会治理法治化水平"。根据《中华人民共和国刑法》（以下简称《刑法》）、《中华人民共和国刑事诉讼法》（以下简称《刑事诉讼法》）和《社区矫正法》的规定，监管执法的特征主要有以下几个：

一、监管执法的性质具有确定性

根据《社区矫正法》的立法理念、结构布局、用词造句和法条规定，社区矫正监管执法的性质具有确定性，即刑事执行。因为立法并未强调刑罚的本质属性——惩罚性，也没有赋予社区矫正工作人员警察身份和实施刚性监管措施的权限、风险防控手段及处罚手段。相反，立法凸显了外延更加广泛的刑事执行，社区矫正不仅包括管制型和暂予监外执行的刑罚执行，而且也

3

包括了短期监禁刑罚替刑措施的缓刑所附条件的考察执行和长期监禁刑罚变更执行场所的假释所附条件的监督执行。可见，社区矫正的性质是刑事执行，而不是单纯的刑罚执行。

二、监管执法的人员具有特定性

根据《刑事诉讼法》第269条规定："对被判处管制、宣告缓刑、假释或者暂予监外执行的罪犯，依法实行社区矫正，由社区矫正机构负责执行。"《社区矫正法》第10条规定："社区矫正机构应当配备具有法律等专业知识的专门国家工作人员（以下称社区矫正机构工作人员），履行监督管理、教育帮扶等执法职责。"可见，社区矫正监管执法人员只能是社区矫正机构的专职工作人员，而不能包括社区矫正工作队伍中的辅助人员，如社会工作者、社会志愿者等。所以，社区矫正监管执法的人员具有特定性的特点。

三、监管执法的对象具有特定性

根据《刑法》第38条第3款规定："对判处管制的犯罪分子，依法实行社区矫正。"第76条规定："对宣告缓刑的犯罪分子，在缓刑考验期限内，依法实行社区矫正……"第85条规定："对假释的犯罪分子，在假释考验期限内，依法实行社区矫正……"

根据《刑事诉讼法》第269条规定："对被判处管制、宣告缓刑、假释或者暂予监外执行的罪犯，依法实行社区矫正，由社区矫正机构负责执行。"

根据《社区矫正法》第2条第1款规定："对被判处管制、宣告缓刑、假释和暂予监外执行的罪犯，依法实行社区矫正。"由此可见，社区矫正监管执法的对象只能是被判处管制、被宣告缓刑、被暂予监外执行、被裁定假释的四种罪犯。在监管执法过程中，既不能扩大适用范围，也不能缩小适用范围。社区矫正监管执法的对象具有特定性。

四、监管执法的内容具有法定性

《社区矫正法》第2条第2款规定："对社区矫正对象的监督管理、教育帮扶等活动，适用本法。"可见，社区矫正监管执法的内容是具有法定性的。在监管执法过程中，社区矫正机构工作人员必须依法监管、依法行政，不能擅自决定监管执法的内容。因此，社区矫正监管执法的内容是具有法定性的。

五、监管执法的环境具有开放性

社区矫正工作一个非常重要的特征就是在开放的社区进行，这也就决定了社区矫正监管执法的环境具有开放性的特点，一切执法活动都在开放的社会环境中完成。这与监禁矫正中高墙电网的封闭环境形成了鲜明的对比，也使得社区矫正的监管执法活动更透明、更公开，更容易接受社会的监督。

六、监管执法具有社会管理模式的创新性

社区矫正虽然是一种刑事执行制度，但更多地体现的是对社区矫正对象的监督管理和教育帮扶，目的是促进社区矫正对象顺利融入社会，预防和减少犯罪，是对特殊人群的一种全新的社会管理模式，所以，社区矫正监管执法活动也是一种社会管理模式的创新。

任务2　社区矫正监管执法的任务与原则

任务2.1　社区矫正监管执法的任务

监管执法任务是贯彻落实"弘扬社会主义法治精神，增强全民法治观念，努力使尊法学法守法用法在全社会蔚然成风"的党的二十大精神的具体体现。

从《联合国非拘禁措施最低限度标准规则》（东京规则）的规定要求来看，社区矫正的任务有三个方面：一是依法对非拘禁措施加以监督执行；二是针对个案予以行为矫正；三是向罪犯提供心理、社会和物质方面的援助，并使他们有机会与社区加强联系，从而促使他们重返社会。[1]

从《社区矫正法》第1条和第2条的规定来看：社区矫正的任务也有三个方面：一是保障刑事判决、刑事裁定和暂予监外执行决定的正确执行；二是对社区矫正对象的监督管理；三是对社区矫正对象的教育帮扶。据此，社区矫正监管执法的任务主要有：

---

〔1〕 程味秋、〔加〕杨诚、杨宇冠编：《联合国人权公约和刑事司法文献汇编》，中国法制出版社2000年版，第278页。

一、正确执行刑事判决、刑事裁定和暂予监外执行决定

这是社区矫正监管执法最重要的任务。将符合法定条件的管制、缓刑、假释和暂予监外执行的罪犯放在社区内进行矫正，一个最重要的任务就是完成对他们的刑事判决、刑事裁定和暂予监外执行决定的正确执行，并通过对他们的监督管理和教育帮扶，促进其顺利融入社会，预防和减少犯罪。

二、依法完成监督管理工作

社区矫正刑事执行的本质属性决定了对社区矫正对象进行监督管理的执法工作任务。根据社区矫正对象的犯罪类型、矫正阶段、再犯罪风险等情况，探索分类管理、个别化矫正手段；严格依法执行社区矫正对象的报到、会客、请销假、迁居等各项监督管理措施；健全完善社区矫正对象考核奖惩制度，探索建立日常考核与司法奖惩的衔接机制；创新监督管理方式方法，提高社区矫正工作的科技含量。依法运用通讯联络、信息化核查、电子定位等现代科技手段加强监督管理，避免发生脱管、漏管，防止重新违法犯罪。

三、依法完成教育帮扶工作

教育帮扶从表面上看，似乎与监管执法不搭界，但其实仍是在监管执法的范畴之内。无论是教育矫正还是社会适应性帮扶，都是为了帮助社区矫正对象成为守法公民而实施的重要举措，而且都必须在社区矫正机构专门国家工作人员的指导之下完成。社区矫正机构要不断完善教育帮扶的措施方法，对社区矫正对象进行思想、法治、社会道德等教育，增强其法治观念，提高其道德素质和悔罪意识；根据社区矫正对象的个人特长，组织其参加公益活动、修复社会关系、培养社会责任感；加强心理矫治工作，采取多种形式对社区矫正对象进行心理健康教育，提供心理咨询、心理治疗和心理危机干预，促使其顺利融入社会和回归社会；社区矫正机构要整合社会资源，协调有关部门和单位，依靠基层组织和社会力量，开展丰富多样的帮扶活动，为社区矫正对象提供就业技能培训和就业指导，帮助其解决基本生活保障等方面的困难和问题，帮助其顺利回归社会，成为守法公民。

四、依法完成拟适用社区矫正调查评估工作

拟适用社区矫正的调查评估工作，是社区矫正工作的前移，目的是实现

社区矫正机构与社区矫正决定机关的无缝对接，避免因衔接不畅而导致脱管、漏管问题的发生，同时也是为了提高社区矫正适用的准确性，以增加社区的安全性，避免因社区矫正对象的到来而给社区带来不良影响与不安定因素，所以在拟适用非监禁刑的被告人或罪犯进入社区矫正前，由社区矫正决定机关委托社区矫正机构或者有关社会组织对其进行拟适用社区矫正的调查评估，并将调查评估的情况作为是否适用社区矫正的参考依据。

《社区矫正法》第 18 条规定："社区矫正决定机关根据需要，可以委托社区矫正机构或者有关社会组织对被告人或者罪犯的社会危险性和对所居住社区的影响，进行调查评估，提出意见，供决定社区矫正时参考。居民委员会、村民委员会等组织应当提供必要的协助。"

在司法实践中，社区矫正决定机关一般都是委托社区矫正机构来完成此项工作。该工作是一项政策性、法律性非常强的工作，是社区矫正机构执法的重要内容。拟适用社区矫正调查评估有助于提高非监禁刑适用质量，进而把好社区矫正入口关，提高社区矫正质量，因此社会调查评估是连接非监禁刑适用和社区矫正的重要桥梁。[1]

任务 2.2　社区矫正监管执法的原则

社区矫正监管执法的原则是指社区矫正监管执法工作所应遵循的基本准则，是社区矫正监管执法工作的行动指南。

"高举中国特色社会主义伟大旗帜，全面贯彻新时代中国特色社会主义思想"；"坚持和加强党的全面领导"，确保社区矫正工作永葆正确的政治方向；"严格规范公正文明执法"；"加强个人信息保护"，尊重与保障人权；"不断提高创新思维、法治思维、底线思维的能力"，是社区矫正监管执法的总原则。

社区矫正监管执法的具体原则主要有以下几个：

一、坚持党的绝对领导，确保社区矫正监管执法工作正确方向的原则

坚持党的领导是我国宪法确定的一项基本原则。近年来，中国共产党相

---

〔1〕　李召亮："社区矫正社会调查适用举要"，载《山东审判》2016 年第 2 期。

继提出了"依法治国，建设社会主义法治国家"的治国施政理念和"构建社会主义和谐社会"的社会治理目标，确立了指导我国政法工作的社会主义法治理念，明确要求"实施宽严相济的刑事司法政策，改革未成年人司法制度，积极推行社区矫正"。因此，党的政策和国家法律在本质上是一致的。社区矫正监管执法工作必须坚持党的领导，认真贯彻落实中央关于司法体制和工作机制改革的决策部署，开拓创新与依法规范并重，积极推进社区矫正工作健康开展，确保社区矫正监管执法工作的正确方向。在 2020 年 7 月 1 日施行的《社区矫正法实施办法》第 2 条中也明确规定了："社区矫正工作坚持党的绝对领导，实行党委政府统一领导、司法行政机关组织实施、相关部门密切配合、社会力量广泛参与、检察机关法律监督的领导体制和工作机制。"

二、坚持严格执法、规范执法的原则

《社区矫正法》的颁布实施，确认了社区矫正法治化的理念，是社区矫正法治化的逻辑起点，为依法开展对社区矫正对象的监督管理和教育帮扶提供了明确而又具体的法律依据，使社区矫正工作进入了有法可依、有章可循的法治化时代。[1]社区矫正监管执法是一项严肃的刑事执行活动，关系到能否正确执行刑事判决、刑事裁定和暂予监外执行决定问题；关系到社区矫正对象的权益保障问题，能否顺利融入社会、回归社会问题；关系到党和政府的形象问题。所以在监管执法过程中必须遵循严格执法、规范执法的原则，既保证严格监管，又保证执法的公平、公正、透明、公开。《社区矫正法》第14 条规定："社区矫正机构工作人员应当严格遵守宪法和法律，忠于职守，严守纪律，清正廉洁。"

三、坚持依法管理与尊重和保障人权相统一的原则

《社区矫正法》第 4 条第 2 款规定："社区矫正工作应当依法进行，尊重和保障人权。社区矫正对象依法享有的人身权利、财产权利和其他权利不受侵犯，在就业、就学和享受社会保障等方面不受歧视。"

首先，"社区矫正工作应当依法进行"，要求社区矫正有关部门和工作人

---

〔1〕 张凯等：《社区矫正前沿问题研究（一）》，法律出版社 2022 年版，第 143 页。

员开展社区矫正监管执法工作，必须严格履行职责，按照《刑法》《刑事诉讼法》和《社区矫正法》等法律的有关规定进行。

其次，"尊重和保障人权"要求社区矫正监管执法工作应注重保障社区矫正对象的权利、不得随意侵犯社区矫正对象的合法权益。社区矫正对象虽然是罪犯，但国家是给予其改过自新的机会的，希望能通过社区矫正，化消极因素为积极因素，促进其顺利融入社会，在社区矫正监管执法过程中应当尊重和保障社区矫正对象的人权。《社区矫正法》第 34 条第 1 款规定："开展社区矫正工作，应当保障社区矫正对象的合法权益。社区矫正的措施和方法应当避免对社区矫正对象的正常工作和生活造成不必要的影响；非依法律规定，不得限制或者变相限制社区矫正对象的人身自由。"该法条的规定，就是对"尊重和保障人权"内容的具体化。

我国公民的人身自由受法律保护，非经法律规定，任何单位和个人不得限制社区矫正对象的人身自由。社区矫正机构也不得为了实现矫正目的而采取非法限制人身自由的措施和方法。

最后，社区矫正对象依法享有的人身权利、财产权利和其他权利不受侵犯，在就业、就学和享受社会保障等方面不受歧视。这是从社区矫正对象的角度对其合法权益不受侵犯作出的进一步规定。

依法管理与保障社区矫正对象合法权益是相互联系、相互促进的。没有无义务的权利，也没有无权利的义务。

保障社会公共安全是刑事执行的本质属性，也是社会公平正义的必然要求；维护社区矫正对象合法权益是现代刑事执行的内在品质，也是刑罚文明化、谦抑性的重要标志。在现代刑罚框架下，保障社会公共安全与维护社区矫正对象合法权益之间的矛盾冲突常常出现。因此，社区矫正监管执法既要求保障社会公共安全，也要求维护社区矫正对象合法权益。保障社会公共安全是社区矫正监管执法的前提和内在要求，没有社会安全作为保障，社区矫正工作就失去了合法性和合理性。[1]

尊重和保障社区矫正对象合法权益的原则是刑罚人道主义精神的体现，

---

〔1〕 连春亮主编：《社区矫正理论与实务》，法律出版社 2020 年版，第 18 页。

是社区矫正监管执法工作的法定要求和法定职责，任何侵害社区矫正对象合法权益的行为都是法律所不允许的。

四、坚持分类管理与个别化矫正相结合的原则

《社区矫正法》第3条规定："社区矫正工作……采取分类管理、个别化矫正，有针对性地消除社区矫正对象可能重新犯罪的因素，帮助其成为守法公民。"

社区矫正监管执法工作要做到精准、有效，就必须坚持分类管理和个别化矫正相结合的原则。

分类管理是指对不同犯罪类型、不同年龄、不同性别、不同个性特点、不同需求的社区矫正对象采取针对性的方法和措施进行监督管理的活动。具体可按以下步骤进行：首先，根据社区矫正对象人身危险性程度的不同划分不同的监督管理等级，采取不同的监督管理措施；其次，对不同犯罪类型、不同年龄、不同性别、不同个性特点、不同需求的社区矫正对象采取不同的监督管理措施。分类管理能够增强监督管理工作的针对性，提高社区矫正监督管理的效果；同时，也是提高矫正质量的重要途径。分类管理的内容和方式必然要求对社区矫正对象进行个别化矫正。社区矫正对象的犯罪情况、文化基础、家庭情况、周围环境甚至存在的问题和困难千差万别，对其进行矫正的难易程度也有所差别，这就要求社区矫正机构根据每个社区矫正对象的不同情况开展有针对性的个别化矫正活动。个别化矫正的原则是刑事执行的一个重要原则，是指在刑事执行过程中承认和尊重社区矫正对象的差异性，具体问题具体分析，不搞一刀切，以提高监管执法的实效性。

五、坚持依法保密的原则

社区矫正监管执法过程中涉及的社区矫正对象个人信息应当严格保密，特别是对未成年矫正对象的信息更要严格保密，有关信息只能用于社区矫正工作，不得用于其他用途。《社区矫正法》第26条第2款规定："社区矫正机构开展实地查访等工作时，应当保护社区矫正对象的身份信息和个人隐私。"第29条第3款明确规定："社区矫正机构对通过电子定位装置获得的信息应当严格保密，有关信息只能用于社区矫正工作，不得用于其他用途。"第54

条规定："社区矫正机构工作人员和其他依法参与社区矫正工作的人员对履行职责过程中获得的未成年人身份信息应当予以保密。除司法机关办案需要或者有关单位根据国家规定查询外，未成年社区矫正对象的档案信息不得提供给任何单位或者个人。依法进行查询的单位，应当对获得的信息予以保密。"

任务3　社区矫正监管执法的适用对象与类型

任务3.1　社区矫正监管执法的适用对象

党的二十大报告指出："坚持走中国特色社会主义法治道路，建设中国特色社会主义法治体系、建设社会主义法治国家，努力让人民群众在每一个司法案件中感受到公平正义。"社区矫正监管执法的适用对象必须贯彻落实二十大这一精神。通过明确适用对象，让人民群众感受到公平正义。

根据2011年5月实施的《中华人民共和国刑法修正案（八）》以及2018年10月26日实施的《刑事诉讼法》和2020年7月1日实施的《社区矫正法》，社区矫正监管执法的适用对象为：被判处管制、宣告缓刑、假释和暂予监外执行的罪犯，依法实施社区矫正。这四类人员都是经过人民法院判决确定有罪的罪犯，其他人员不能适用社区矫正。

一、管制犯

管制作为一种限制人身自由的刑罚方式，属我国首创，在我国刑罚体系中发挥着重要的作用。根据《刑法》的有关规定，管制犯是指犯罪情节轻微，社会危害不大，必须进行惩处而又无需关押的犯罪分子。

管制是一种自由刑，是我国刑罚体系中最轻的主刑，其主要特点表现在三个方面：一是对犯罪人不实行关押，不剥夺其人身自由，而是只限制其一定的人身自由；二是被管制的犯罪分子虽然有人身自由，但其活动应受到社区矫正机构的管束和人民群众的监督，人身自由受到一定程度的限制；三是管制由人民法院依法判处，交由社区矫正机构执行。[1]

----

〔1〕　连春亮主编：《社区矫正理论与实务》，法律出版社2020年版，第54页。

二、缓刑犯

缓刑是对判处一定刑罚的犯罪分子，在其具备法定条件时，在一定期间内附条件地不执行原判刑罚的一种制度。在我国，缓刑是指对被判处拘役、3年以下有期徒刑的犯罪分子，根据其犯罪情节和悔罪表现，认为暂时不执行原判刑罚，确实不致再危害社会的，规定一定的考验期限，如果在考验期限内，没有《刑法》第77条规定的情形，缓刑考验期满，原判刑罚就不再执行的一种刑事执行制度。

缓刑本身不是一个独立的刑种，而是依附于原判刑罚而存在的一种缓用刑罚的制度。它的实行既体现了法律的宽大，又体现了法律的严肃；既有利于罪犯产生对党和政府的感恩之心，积极改造，又有利于保持继续执行原判刑罚的可能性，对罪犯起到了震慑和约束的作用，避免其重新犯罪；同时，被宣告缓刑的罪犯因可以不离开家庭和原工作单位，如果在缓刑期间也没有被剥夺政治权利，就可以继续计算工龄，退休职工可以继续享受退休待遇，从而有利于缓和其与家庭、社会的矛盾，有利于维护社会的安定团结，有利于构建和谐社会。

三、假释犯

假释是指对被判处有期徒刑或者无期徒刑的犯罪分子，在执行一定的刑期之后，因其认真遵守监规，接受教育改造，确有悔改表现，不致再危害社会，而附条件地将其提前释放的制度，是刑罚执行的一种变更措施。

假释在我国刑法中是一项重要的刑事执行制度，正确地适用假释，把那些经过一定服刑期限，确有悔改表现、没有必要继续关押改造的罪犯放到社会上进行改造，可以有效地鼓励犯罪分子服从教育改造，使之早日复归社会、有利于化消极因素为积极因素。

四、暂予监外执行犯

暂予监外执行犯是指按照法律规定不适宜在监狱或者其他监禁场所执行刑罚的罪犯，暂时采用不予关押的方式执行原判刑罚的变通方法。根据我国《刑事诉讼法》第265条至第269条的规定，暂予监外执行主要包括两种情况：一是在交付执行前，由人民法院决定的暂予监外执行；二是在交付执行后，由监狱或者看守所提出书面意见报省级以上监狱管理机关或者设区市的市一级以上公安机关批准的暂予监外执行。

暂予监外执行是一项重要的刑罚执行制度。这一制度的设立体现了"以人为本"的刑罚人道主义精神，有利于对罪犯的教育改造和挽救。

任务3.2　社区矫正监管执法的适用类型[1]

社区矫正机构在社区矫正监管执法工作中，为体现刑罚的人性化、个别化原则，根据社区矫正对象不同的犯罪性质、特点、矫正表现、人身危险性或者再犯罪风险等，将社区矫正对象分成若干类型，并针对各类社区矫正对象的不同情况，选择不同的教育内容、教育方法和不同的监督管理模式，以便实现合理配置社区矫正资源，降低社区矫正成本，提高社区矫正对象的矫正积极性，降低重新犯罪的风险，提高社区矫正质量的目的。

《社区矫正法实施办法》第21条规定："社区矫正机构应当根据社区矫正对象被判处管制、宣告缓刑、假释和暂予监外执行的不同裁判内容和犯罪类型、矫正阶段、再犯罪风险等情况，进行综合评估，划分不同类别，实施分类管理。社区矫正机构应当把社区矫正对象的考核结果和奖惩情况作为分类管理的依据。社区矫正机构对不同类别的社区矫正对象，在矫正措施和方法上应当有所区别，有针对性地开展监督管理和教育帮扶工作。"

在实践中，社区矫正机构按照不同的标准将社区矫正对象划分为以下几种主要类型：

一、以所犯罪行的严重程度为标准

根据社区矫正对象所犯罪行的严重程度，可以将他们划分为三种类型：

1. 罪行比较轻微，人民法院在判决时适用较轻的非监禁刑的罪犯。比如，缓刑犯、管制犯。

2. 罪行严重，但是经过改造社会危险性大大降低，回到社会上服刑不致再危害社会的罪犯。比如，假释犯。在这些罪犯中，一些人所犯罪行严重，因此被审判机关判处较长期限的监禁刑罚，将他们送到监狱中服刑改造。经

---

〔1〕　参见张建明、吴艳华主编：《社区矫正实务》，中国政法大学出版社2021年版，第64～66页。

过一定时期的改造，他们的犯罪心理得到转变，可能危害社会和他人的危险性降低，放到社会上执行刑罚不会对社会和他人造成危害时，批准他们假释出狱，使他们成为社区矫正的对象。

3. 有其他特殊情况的罪犯。主要是指暂予监外执行的罪犯，因其具有不适宜在监狱或者其他监禁场所执行刑罚的情形，而采取暂时不予关押的一种刑事执行措施。

在上述三类罪犯中，第一类和第二类是社区矫正的主要对象，第三类属于社区矫正对象中的特殊情况。

为确保社区矫正工作依法依规运行，应当结合实际，针对社区矫正对象的不同类型，采取不同的矫正方法。例如，对管制和缓刑类的社区矫正对象要加强教育、管理，尤其是要加强认罪伏法教育，让他们确实认识到自己所犯的罪行给他人、社会所造成的危害，从而改过自新，重新做人；对暂予监外执行类的社区矫正对象应采取教育、监督并重的管理模式。社区矫正机构在其家庭监控的基础上，积极开展各种形式的帮教活动，以思想汇报、教育谈话、定期汇报为主，辅之以力所能及的公益活动，使其在思想上认识自己的罪行，认真接受改造；对假释的社区矫正对象采取严管细教与促进自身素质提高相结合的管理模式。社区矫正机构落实好监督管理职责，加大监管力度，确保不出现重新违法犯罪的情况。

二、以社会危险性的大小为标准

根据社区矫正对象的矫正表现、犯罪类型、社会环境、人身危险性、再犯罪的可能性、再社会化程度等多方面差异，将社区矫正对象分为严格管理、普通管理和宽松管理三个等级，区别对待，因人施矫，这种分类方法参照了监狱的管理模式。

1. 严格管理等级。严格管理等级适用于情绪不稳定、改造表现差、重新犯罪可能性较大的社区矫正对象。对此等级的社区矫正对象，严格限制其活动区域，原则上不得请假外出，其应按规定参加集体学习等活动，在报告的频次上要远高于普管和宽管级的社区矫正对象。

2. 普通管理等级。普通管理等级适用于情绪较平稳、改造表现较好、有重新犯罪可能性的社区矫正对象。对此等级的社区矫正对象，限制其请假外出和在异地工作、学习、生活，其应按规定参加集体学习等活动，其报告的频次要高于宽管级的社区矫正对象。

3. 宽松管理等级。宽松管理等级适用于情绪平稳、改造表现突出、重新犯罪可能性小的社区矫正对象。对此等级的社区矫正对象，允许其请假外出或通过委托管理方式在异地工作、学习、生活，可酌情减免其参加集体学习和其他活动的次数和时间。其报告的频次要低于普管和严管级的社区矫正对象。

社区矫正机构每月对社区矫正对象进行 1 次考核，按规定适时奖惩。考核奖惩结果作为社区矫正对象处遇变化的主要依据。

三、以年龄为标准

社区矫正对象从年龄上分为两大类：未成年社区矫正对象和成年社区矫正对象。

1. 未成年社区矫正对象。未成年社区矫正对象指年龄不满 18 周岁的社区矫正对象。对这部分人的矫正要以学习、教育为主。社区矫正机构要认真处理好惩罚与教育的关系，体现党和政府对未成年人的重视、关爱。根据未成年矫正对象的生理、心理特点，安排力所能及的公益活动，并防止暴露其身份，体现人文关怀；注重心理辅导和思想引导；尊重未成年矫正对象的情感，对进步及时予以表扬、鼓励，对缺点、错误进行善意提醒和有效制止；对年满 16 周岁的、有就业意愿的未成年矫正对象，可以协调有关部门和单位为其提供职业技能培训，给予就业指导和帮助。

2. 成年社区矫正对象。成年社区矫正对象的矫正措施除了一些常规性的方法和分类处遇外，还可以尝试将其分为暴力型、经济型和职务型。根据不同的分类进行有重点的矫正。比如，对经济型的罪犯，重点进行诚信方面的教育；对职务型的罪犯，主要激发其生活、工作的自信心；而对于盗窃、抢劫类的罪犯，则要帮助他们克服不劳而获的恶习，培养他们自食其力的劳动习惯等。

任务4　社区矫正监管执法的法律依据

社区矫正的监管执法工作是严肃的刑事执行工作，所以必须按照"严格执法、规范执法、文明执法"的要求开展工作，规范司法权力运行。

任务4.1　社区矫正监管执法的《刑法》依据

我国《刑法》中有多条涉及社区矫正监管执法的相关内容，为社区矫正监管执法提供了充分的法律依据。具体情况如下：

一、关于监管执法对象的规定

《刑法》第 38 条、76 条、85 条规定了被判处管制、宣告缓刑、裁定假释的犯罪分子，依法实行社区矫正。

二、关于监管执法的相关法律规定

（一）关于管制的相关法律规定

1. 管制的期限及禁止令的规定。《刑法》第 38 条第 1 款规定，管制的期限，为 3 个月以上 2 年以下。第 2 款规定，判处管制，可以根据犯罪情况，同时禁止犯罪分子在执行期间从事特定活动，进入特定区域、场所，接触特定的人。

《刑法》第 69 条第 1 款规定，在数罪并罚时，管制的期限最高不超过 3 年。《刑法》第 41 条规定，管制的期限，从判决执行之日起计算；判决执行以前先行羁押的，羁押 1 日折抵刑期 2 日。

2. 管制的执行。《刑法》第 38 条第 3 款规定，对判处管制的犯罪分子，依法实行社区矫正。第 4 款规定，违反第 2 款规定的禁止令的，由公安机关依照《中华人民共和国治安管理处罚法》的规定处罚。

《刑法》第 40 条规定，被判处管制的犯罪分子，管制期满，执行机关应即向本人和其所在单位或者居住地的群众宣布解除管制。

3. 管制犯的权利与义务。《刑法》第 39 条规定，被判处管制的犯罪分子，在执行期间，应当遵守下列规定：①遵守法律、行政法规，服从监督；②未经执行机关批准，不得行使言论、出版、集会、结社、游行、示威自由的权利；③按照执行机关规定报告自己的活动情况；④遵守执行机关关于会客的规定；⑤离开所居住的市、县或者迁居，应当报经执行机关批准。对于被判处管制的犯罪分子，在劳动中应当同工同酬。

《刑法》第78条规定，被判处管制、拘役、有期徒刑、无期徒刑的犯罪分子，在执行期间，如果认真遵守监规，接受教育改造，确有悔改表现的，或者有立功表现的，可以减刑；有下列重大立功表现之一的，应当减刑：①阻止他人重大犯罪活动的；②检举监狱内外重大犯罪活动，经查证属实的；③有发明创造或者重大技术革新的；④在日常生产、生活中舍己救人的；⑤在抗御自然灾害或者排除重大事故中，有突出表现的；⑥对国家和社会有其他重大贡献的。判处管制、拘役、有期徒刑的，减刑以后实际执行的刑期不能少于原判刑期的1/2。

《刑法》第79条规定，对于犯罪分子的减刑，由执行机关向中级人民法院提出减刑建议书。人民法院应当组成合议庭进行审理，对确有悔改表现或者立功事实的，裁定予以减刑。非经法定程序不得减刑。

（二）关于缓刑的相关法律规定

1. 缓刑的适用条件及禁止令的规定。《刑法》第72条规定，对于被判处拘役、3年以下有期徒刑的犯罪分子，同时符合下列条件的，可以宣告缓刑，对其中不满18周岁的人、怀孕的妇女和已满75周岁的人，应当宣告缓刑：①犯罪情节较轻；②有悔罪表现；③没有再犯罪的危险；④宣告缓刑对所居住社区没有重大不良影响。宣告缓刑，可以根据犯罪情况，同时禁止犯罪分子在缓刑考验期限内从事特定活动，进入特定区域、场所，接触特定人。被宣告缓刑的犯罪分子，如果被判处附加刑，附加刑仍须执行。

2. 缓刑的考验期限。《刑法》第73条规定，拘役的缓刑考验期限为原判刑期以上1年以下，但不能少于2个月。有期徒刑的缓刑考验期限为原判刑期以上5年以下，但是不能少于1年。缓刑考验期限，从判决确定之日起计算。

3. 缓刑的考验及其处理。《刑法》第76条规定，对宣告缓刑的犯罪分子，在缓刑考验期限内，依法实行社区矫正，如果没有《刑法》第77条规定的情形，缓刑考验期满，原判的刑罚就不再执行，并公开予以宣告。该条规定了缓刑的考验及其积极后果。

《刑法》第77条规定，被宣告缓刑的犯罪分子，在缓刑考验期限内犯新罪或者发现判决宣告以前还有其他罪没有判决的，应当撤销缓刑，对新犯的罪或者新发现的罪作出判决，把前罪和后罪所判处的刑罚，依照本法第 69 条的规定，决定执行的刑罚。

被宣告缓刑的犯罪分子，在缓刑考验期限内，违反法律、行政法规或者国务院有关部门关于缓刑的监督管理规定，或者违反人民法院判决中的禁止令，情节严重的，应当撤销缓刑，执行原判刑罚。该条规定了缓刑的撤销及其处理。

4. 缓刑犯应遵守的规定。《刑法》第 75 条规定，被宣告缓刑的犯罪分子，应当遵守下列规定：①遵守法律、行政法规，服从监督；②按照考察机关的规定报告自己的活动情况；③遵守考察机关关于会客的规定；④离开所居住的市、县或者迁居，应当报经考察机关批准。

（三）关于假释的相关法律规定

1. 假释的适用条件。《刑法》第 81 条规定，被判处有期徒刑的犯罪分子，执行原判刑期 1/2 以上，被判处无期徒刑的犯罪分子，实际执行 13 年以上，如果认真遵守监规，接受教育改造，确有悔改表现，没有再犯罪的危险的，可以假释。如果有特殊情况，经最高人民法院核准，可以不受上述执行刑期的限制。

对累犯以及因故意杀人、强奸、抢劫、绑架、放火、爆炸、投放危险物质或者有组织的暴力性犯罪被判处 10 年以上有期徒刑、无期徒刑的犯罪分子，不得假释。

对犯罪分子决定假释时，应当考虑其假释后对所居住社区的影响。

2. 假释的程序。《刑法》第 82 条规定，对于犯罪分子的假释，依照本法第 79 条规定的程序进行。非经法定程序不得假释。

3. 假释的考验期限。《刑法》第 83 条规定，有期徒刑的假释考验期限，为没有执行完毕的刑期；无期徒刑的假释考验期限为 10 年。

假释考验期限，从假释之日起计算。

4. 假释的考验及其处理。《刑法》第 85 条规定，对假释的犯罪分子，在假释考验期限内，依法实行社区矫正，如果没有本法第 86 条规定的情形，假释考验期满，就认为原判刑罚已经执行完毕，并公开予以宣告。该条规定了假释的考验及其积极后果。

《刑法》第86条规定，被假释的犯罪分子，在假释考验期限内犯新罪，应当撤销假释，依照本法第71条的规定实行数罪并罚。

在假释考验期限内，发现被假释的犯罪分子在判决宣告以前还有其他罪没有判决的，应当撤销假释，依照本法第70条的规定实行数罪并罚。

被假释的犯罪分子，在假释考验期限内，有违反法律、行政法规或者国务院有关部门关于假释的监督管理规定的行为，尚未构成新的犯罪的，应当依照法定程序撤销假释，收监执行未执行完毕的刑罚。该条规定了假释的撤销及其处理。

5. 假释犯应遵守的规定。《刑法》第84条规定，被宣告假释的犯罪分子，应当遵守下列规定：①遵守法律、行政法规，服从监督；②按照监督机关的规定报告自己的活动情况；③遵守监督机关关于会客的规定；④离开所居住的市、县或者迁居，应当报经监督机关批准。

任务4.2　社区矫正监管执法的《刑事诉讼法》依据

《刑事诉讼法》中涉及社区矫正监管执法的规定为第265条到第269条，共5条，明确了社区矫正的适用对象及执行主体。

一、关于监管执法对象和监管执法执行机关的规定

《刑事诉讼法》第269条规定，对被判处管制、宣告缓刑、假释或者暂予监外执行的罪犯，依法实行社区矫正，由社区矫正机构负责执行。该条非常明确地说明了社区矫正的适用对象为被判处管制、宣告缓刑、假释或者暂予监外执行的四类罪犯，其监管执法执行机关为社区矫正机构。

二、关于暂予监外执行的相关法律规定

（一）暂予监外执行的适用条件

《刑事诉讼法》第265条前4款规定，对被判处有期徒刑或者拘役的罪犯，有下列情形之一的，可以暂予监外执行：①有严重疾病需要保外就医的；②怀孕或者正在哺乳自己婴儿的妇女；③生活不能自理，适用暂予监外执行不致再危害社会的。

对被判处无期徒刑的罪犯，有前述第2项规定情形的，可以暂予监外

执行。

对适用保外就医可能有社会危险性的罪犯，或者自伤自残的罪犯，不得保外就医。

对罪犯确有严重疾病，必须保外就医的，由省级人民政府指定的医院诊断并开具证明文件。

（二）暂予监外执行的决定机关及法律监督机关

《刑事诉讼法》第 265 条第 5 款规定，在交付执行前，暂予监外执行由交付的人民法院决定；在交付执行后，暂予监外执行由监狱或者看守所提出书面意见，报省级以上监狱管理机关或者设区的市一级以上公安机关批准。

《刑事诉讼法》第 266 条规定，监狱、看守所提出暂予监外执行的书面意见的，应当将书面意见的副本抄送人民检察院。人民检察院可以向决定或者批准机关提出书面意见。

《刑事诉讼法》第 267 条规定，决定或者批准暂予监外执行的机关应当将暂予监外执行决定抄送人民检察院。人民检察院认为暂予监外执行不当的，应当自接到通知之日起一个月以内将书面意见送交决定或者批准暂予监外执行的机关，决定或者批准暂予监外执行的机关接到人民检察院的书面意见后，应当立即对该决定进行重新核查。

以上规定说明了暂予监外执行的决定机关根据不同情况分别为人民法院、监狱管理机关和看守所。法律监督机关是人民检察院。

（三）暂予监外执行犯收监执行的规定

《刑事诉讼法》第 268 条规定，对暂予监外执行的罪犯，有下列情形之一的，应当及时收监：①发现不符合暂予监外执行条件的；②严重违反有关暂予监外执行监督管理规定的；③暂予监外执行的情形消失后，罪犯刑期未满的。

对于人民法院决定暂予监外执行的罪犯应当予以收监的，由人民法院作出决定，将有关的法律文书送达公安机关、监狱或者其他执行机关。

不符合暂予监外执行条件的罪犯通过贿赂等非法手段被暂予监外执行的，在监外执行的期间不计入执行刑期。罪犯在暂予监外执行期间脱逃的，脱逃的期间不计入执行刑期。

罪犯在暂予监外执行期间死亡的，执行机关应当及时通知监狱或者看守所。

任务4.3 社区矫正监管执法的《社区矫正法》和《社区矫正法实施办法》依据

一、关于监管执法对象和监管执法执行机关的规定

《社区矫正法》第2条规定，对被判处管制、宣告缓刑、假释和暂予监外执行的罪犯，依法实施社区矫正。

对社区矫正对象的监督管理、教育帮扶等活动，适用本法。

该条明确规定了社区矫正的监管执法对象为：被判处管制、宣告缓刑、假释和暂予监外执行的罪犯。

《社区矫正法》第9条规定，县级以上地方人民政府根据需要设置社区矫正机构，负责社区矫正工作的具体实施。社区矫正机构的设置和撤销，由县级以上地方人民政府司法行政部门提出意见，按照规定的权限和程序审批。

司法所根据社区矫正机构的委托，承担社区矫正相关工作。

该条明确规定了社区矫正的监管执法执行机关是社区矫正机构。

二、关于监管执法的法律法规规定

（一）尊重和保障人权的规定

《社区矫正法》第4条规定，社区矫正对象应当依法接受社区矫正，服从监督管理。社区矫正工作应当依法进行，尊重和保障人权。社区矫正对象依法享有的人身权利、财产权利和其他权利不受侵犯，在就业、就学和享受社会保障等方面不受歧视。

（二）监管执法人员及其职责的规定

《社区矫正法》第10条规定，社区矫正机构应当配备具有法律等专业知识的专门国家工作人员，履行监督管理、教育帮扶等执法职责。

《社区矫正法》第14条规定，社区矫正机构工作人员应当严格遵守宪法和法律，忠于职守，严守纪律，清正廉洁。

《社区矫正法》第15条规定，社区矫正机构工作人员和其他参与社区矫正工作的人员依法开展社区矫正工作，受法律保护。

（三）社区矫正机构监管执法的具体职责

根据《社区矫正法》和《社区矫正法实施办法》的相关规定，社区矫正机构依法履行以下职责：

1. 接受委托进行调查评估，提出评估意见；

2. 接收社区矫正对象，核对法律文书、核实身份、办理接收登记，建立档案；

3. 组织入矫宣告和解矫宣告，办理入矫和解矫手续；

4. 建立矫正小组、组织矫正小组开展工作，制定和落实矫正方案；

5. 对社区矫正对象进行监督管理，实施考核奖惩；审批会客、外出、变更执行地等事项；了解掌握社区矫正对象的活动情况和行为表现；组织查找失去联系的社区矫正对象，查找后依情形作出处理；

6. 提出治安管理处罚建议，提出减刑、撤销缓刑、撤销假释、收监执行等变更刑事执行建议，依法提请逮捕；

7. 对社区矫正对象进行教育帮扶，开展法治道德等教育，协调有关方面开展职业技能培训、就业指导，组织公益活动等事项；

8. 向有关机关通报社区矫正对象情况，送达法律文书；

9. 依法加强信息化建设，运用现代信息技术开展监督管理和教育帮扶；

10. 其他依法应当履行的职责。

任务5　社区矫正监管执法制度

社区矫正作为刑事执行活动，具有法律的严肃性和保护社区矫正对象合法权益的双重属性。在矫正工作中，司法行政机关应该建立一整套科学完善的工作制度，以保证对社区矫正对象的矫正工作效率最大化。

在社区矫正监管执法制度的制定、健全、完善上，必须"坚持解放思想、实事求是、与时俱进、求真务实，一切从实际出发"，着眼解决新时代社区矫正工作中的实际问题，"完整、准确、全面贯彻新发展理念"，从而着力推动社区矫正工作高质量发展。

根据《社区矫正法》的核心精神和《社区矫正法实施办法》的规定，以及实践中的做法，社区矫正监管执法工作制度主要有以下几种：

一、工作例会制度

社区矫正机构建立工作例会制度，定期召开工作例会，研究贯彻上级机关关于社区矫正工作的方针、政策和上级相关部门的指示、决议，部署本地社区矫正工作的开展，研究、制定本地区社区矫正工作的规划和实施方案，协调处理社区矫正工作中的重大问题。县级司法行政机关社区矫正工作例会一般每年不少于 2 次，遇有重大事项随时召开；例会的主要内容是：学习有关文件精神，制定工作计划和具体措施，听取有关部门工作汇报，协调有关部门开展工作，解决实践中出现的问题。县级司法行政机关应在例会前征求相关部门的意见，确定议题。做好会议记录，将有关决定事宜整理存档，并负责决定事宜的督促落实。社区矫正机构工作例会一般每年不少于 4 次，遇重大事项可随时召开紧急会议。其内容是：传达上级关于社区矫正工作的指示精神，研究、制定本辖区社区矫正工作的计划和实施方案，听取工作汇报，协调解决工作中遇到的重大问题。

二、矫正监督制度

对社区矫正工作的监督主要有法律监督、矫正机构内部监督、社会监督等形式。法律监督特指检察机关对社区矫正工作的监督。《社区矫正法》第62 条规定，人民检察院发现社区矫正工作违反法律规定的，应当依法提出纠正意见、检察建议。有关单位应当将采纳纠正意见、检察建议的情况书面回复人民检察院，没有采纳的应当说明理由。

矫正工作机构内部监督是指上级社区矫正工作机构定期检查、指导、监督下级社区矫正工作机构的工作，同级社区矫正工作机构内部相互监督，发现有不符合法律、法规和有关规定的，督促其改正。

社会监督是指社区矫正机构以适当形式向社会公开其职责范围、工作程序、有关制度等，接受社会监督；社区矫正机构也可以从有关部门、知名人士、离退人员和社区矫正对象亲属中聘请执法监督员，监督社区矫正工作。

社区矫正机构应及时处理社区矫正对象或群众的举报、投诉，并反馈处理结果。举报、投诉和处理结果应登记归档，并报上级主管部门备案。

三、分类管理制度

《社区矫正法实施办法》第 21 条规定，社区矫正机构应当根据社区矫正对象被判处管制、宣告缓刑、假释和暂予监外执行的不同裁判内容和犯罪类型、矫正阶段、再犯罪风险等情况，进行综合评估，划分不同类别，实施分类管理。社区矫正机构应当把社区矫正对象的考核结果和奖惩情况作为分类管理的依据。社区矫正机构对不同类别的社区矫正对象，在矫正措施和方法上应当有所区别，有针对性地开展监督管理和教育帮扶工作。

四、档案管理制度

《社区矫正法实施办法》第 18 条规定，执行地县级社区矫正机构接收社区矫正对象后，应当建立社区矫正档案，包括以下内容：①适用社区矫正的法律文书；②接收、监管审批、奖惩、收监执行、解除矫正、终止矫正等有关社区矫正执行活动的法律文书；③进行社区矫正的工作记录；④社区矫正对象接受社区矫正的其他相关材料。

接受委托对社区矫正对象进行日常管理的司法所应当建立工作档案。

社区矫正对象档案，一人一档，单独立卷，遵守档案管理一般要求，具备保密、防遗失、防潮、防虫、防霉等基本保管条件。目前很多省、市社区矫正机构对社区矫正对象的档案都已经实行了电子档案管理，按时将社区矫正对象的档案信息输入信息管理平台，并由专人负责信息维护。所输信息按档案管理规定管理，非社区矫正机构工作人员未经允许不得随意查看，更不得随意向外界公布。

五、突发事件应急处置制度

《社区矫正法实施办法》第 52 条规定，社区矫正机构应当建立突发事件处置机制，发现社区矫正对象非正常死亡、涉嫌实施犯罪、参与群体性事件的，应当立即与公安机关等有关部门协调联动、妥善处置，并将有关情况及时报告上一级社区矫正机构，同时通报执行地人民检察院。

社区矫正作为非监禁性质的刑事执行活动，矫正对象享有部分自由，所以，在日常监管中会出现各种各样突发的紧急情况，矫正机构要做好处置紧急情况预案，使矫正工作更主动更完善。

六、信息化建设制度

在"数字法治、智慧司法"的新时代背景下，社区矫正机构应充分利用现代化信息手段进行监管，实现各部门、各地区信息共享，以加强对矫正对象的监督管理。

《社区矫正法实施办法》第 11 条规定，社区矫正机构依法加强信息化建设，运用现代信息技术开展监督管理和教育帮扶。

社区矫正工作相关部门之间依法进行信息共享，人民法院、人民检察院、公安机关、司法行政机关依法建立完善社区矫正信息交换平台，实现业务协同、互联互通，运用现代信息技术及时准确传输交换有关法律文书，根据需要实时查询社区矫正对象交付接收、监督管理、教育帮扶、脱离监管、被治安管理处罚、被采取强制措施、变更刑事执行、办理再犯罪案件等情况，共享社区矫正工作动态信息，提高社区矫正信息化水平。

七、采取强制措施及时告知制度

根据社区矫正法的相关规定，社区矫正对象有被依法决定拘留、强制隔离戒毒、采取刑事强制措施等限制人身自由情形的，有关机关应当及时通知社区矫正机构。

八、公安机关到场处置制度

根据《社区矫正法》第 31 条规定，社区矫正机构发现社区矫正对象正在实施违反监督管理规定的行为或者违反人民法院禁止令等违法行为，应当立即制止；制止无效的，应当立即通知公安机关到场处置。

该条规定有利于社区矫正机构对矫正对象开展监督管理工作，同时对矫正对象也起到震慑的作用。

九、责任追究制度

《社区矫正法》第 61 条规定，社区矫正机构工作人员和其他国家工作人员有下列行为之一的，应当给予处分；构成犯罪的，依法追究刑事责任：①利用职务或者工作便利索取、收受贿赂的；②不履行法定职责的；③体罚、虐待社区矫正对象，或者违反法律规定限制或者变相限制社区矫正对象的人身自由的；④泄露社区矫正工作秘密或者其他依法应当保密的信息的；⑤对依法申诉、控告或者检举的社区矫正对象进行打击报复的；⑥有其他违纪违法行为的。

通过责任追究制度，严肃工作纪律，严格依法依规开展工作。

2022年5月24日，《最高人民法院、最高人民检察院、公安部、司法部关于未成年人犯罪记录封存的实施办法》（以下简称《办法》）发布，自2022年5月30日起施行。《办法》规定了违反未成年人犯罪记录封存要求的责任追究与救济途径。

《办法》第17条第2款规定，因工作原因获知未成年人封存信息的司法机关、教育行政部门、未成年人所在学校、社区等单位组织及其工作人员、诉讼参与人、社会调查员、合适成年人等，应当做好保密工作，不得泄露被封存的犯罪记录，不得向外界披露该未成年人的姓名、住所、照片，以及可能推断出该未成年人身份的其他资料。违反法律规定披露被封存信息的单位或个人，应当依法追究其法律责任。

《办法》第20条规定，承担犯罪记录封存以及保护未成年人隐私、信息工作的公职人员，不当泄漏未成年人犯罪记录或者隐私、信息的，应当予以处分；造成严重后果，给国家、个人造成重大损失或者恶劣影响的，依法追究刑事责任。

《办法》第21条规定，涉案未成年人应当封存的信息被不当公开，造成未成年人在就学、就业、生活保障等方面未受到同等待遇的，未成年人及其法定代理人可以向相关机关、单位提出封存申请，或者向人民检察院申请监督。

《办法》第22条规定，人民检察院对犯罪记录封存工作进行法律监督。对犯罪记录应当封存而未封存，或者封存不当，或者未成年人及其法定代理人提出异议的，人民检察院应当进行审查，对确实存在错误的，应当及时通知有关单位予以纠正。有关单位应当自收到人民检察院的纠正意见后及时审查处理。经审查无误的，应当向人民检察院说明理由；经审查确实有误的，应当及时纠正，并将纠正措施与结果告知人民检察院。

十、学习培训制度

根据《社区矫正法》第16条的规定，……社区矫正机构应当加强对社区矫正工作人员的管理、监督、培训和职业保障，不断提高社区矫正工作的规范化、专业化水平。学习培训制度是提高社区矫正队伍素质，加强社区矫正队伍建设的重要举措。

十一、情况核查制度

《社区矫正法》第26条规定，社区矫正机构应当了解掌握社区矫正对象的活动情况和行为表现。社区矫正机构可以通过通信联络、信息化核查、实地查访等方式核实有关情况，有关单位和个人应当予以配合。社区矫正机构开展实地查访等工作时，应当保护社区矫正对象的身份信息和个人隐私。

通过核查，及时了解社区矫正对象的具体情况，既能保证监督管理到位，及时了解矫正对象的思想和行为动态，预防重新犯罪的发生，也能及时发现矫正对象的困难，及时予以帮扶。

十二、累进处遇制度

累进处遇制度是指社区矫正机构根据社区矫正对象矫正的不同阶段、人身危险性的高低和是否认罪服法、积极接受矫正等情况，将社区矫正对象划分为不同的管理等级，给予不同的待遇，并依照社区矫正对象改善的程度，逐渐由下级进到上级并享有更多权利和更优厚待遇的监管执法制度。随着级别的递增，逐渐缓和其处遇，以鼓励社区矫正对象改过自新，使其成功地重新与社会结合的社区矫正监管执法制度。[1]累进处遇制度是一种动态监管制度。根据社区矫正对象认罪服法、积极改造的不同表现以及入矫阶段的不同，进行动态管理。只要社区矫正对象认罪服法，积极接受改造，矫正效果良好，即可晋级；相反，如果社区矫正对象不积极接受改造，甚至抗拒改造，则会受到降级的处罚。累进处遇监管执法制度的实行，对社区矫正对象积极接受改造起到了极大的激励作用，有利于其认罪服法，顺利融入社

---

〔1〕　连春亮主编：《社区矫正理论与实务》，法律出版社2020年版，第176页。

会、回归社会。

表1-1：社区矫正对象管理等级调整审批表

姓名		性别		身份证号		
居住地				户籍地		
罪名		原判刑期			附加刑	
禁止令内容			禁止期限起止日		自 年 月 日 至 年 月 日	
矫正类别		矫正期限		矫正起止日	自 年 月 日 至 年 月 日	
原管理等级		严管	现管理等级		普管	
调整理由	严管期间认罪悔罪，积极配合矫正，表现良好，根据相关法律法规的规定，符合普管的条件，现转为普管等级。					
司法所意见	经矫正小组集体讨论，该矫正对象在矫正期间能遵规守纪，认罪悔罪，表现良好，符合普管条件。同意×××由严格管理等级转为普通管理等级。 　　　　　　　　　　　　　　　　　　　盖章 　　　　　　　　　　　　　　　　　年 月 日					
司法局（社区矫正机构）意见	经审核，该矫正对象符合由严管转为普管的条件。同意×××由严格管理等级转为普通管理等级。 　　　　　　　　　　　　　　　　　　　盖章 　　　　　　　　　　　　　　　　　年 月 日					
备注						

十三、请示报告制度

社区矫正机构对社区矫正监管执法过程中出现的问题要及时上报。遇有突发紧急情况，要边处置边报告。从司法实践中看，大多数社区矫正机构都制定了请示报告制度。具体内容如下：

一是当社区矫正机构涉及组织机构、工作内容、工作依据、上下协调等方面不明确的事项时，应当及时请示。二是社区矫正机构遇到社区矫正相关制度不明确，工作中不能准确把握的事项，涉及与其他机关（部门）、其他地区协调的事项，涉及与外省相关部门协调的事项，无把握解决但又必须解决的事项等，应向上级社区矫正机构请示报告。三是重大问题由省社区矫正机构向省主管领导或司法部请示。四是发生诸如社区矫正对象重新犯罪、自杀、脱管的；公益活动中发生安全事故，造成社区矫正对象重伤、死亡的；社区矫正对象对抗管理，情节严重，影响社区矫正监管执法工作正常进行或在当地造成恶劣影响的；社区矫正工作人员发生侵犯社区矫正对象合法权益、玩忽职守、徇私枉法等违法违纪行为，造成严重后果的等突发紧急事件，应在事发当日将情况逐级上报省社区矫正机构和社区矫正委员会，详情随时续报，处理完毕后上报结果。

对突发事件迟报、瞒报、漏报的，省社区矫正机构进行通报批评，并责成有关部门对相关责任人进行处理。[1]

【课堂讨论 1-1】

未成年人张某（16岁），因盗窃同学1000元钱而被公安机关抓获，后被逮捕。在检察机关审查起诉时，考虑到张某年龄尚小，且认罪悔罪态度良好，为不影响其以后的发展，从保护未成年人的角度出发，决定对其作出附条件不起诉决定，考察期限为半年。

请根据该项目的学习，你认为张某是否能被纳入社区矫正的范围？为什么？

【课堂讨论 1-2】

Y省X市社区矫正机构工作人员李某，在监管执法过程中，受人请托对被判缓刑的社区矫正对象张某予以特殊照顾，每次集中教育学习和组织

---

〔1〕　参见连春亮主编：《社区矫正理论与实务》，法律出版社2020年版，第187～188页。

公益活动时，都谎称张某因病请假而不让他参加，平时对张某的管理也非常松懈，致使张某已经脱管达 2 月之久，李某也浑然不觉。一直到公安机关因张某寻衅滋事被采取强制措施通知 X 市社区矫正机构，李某才觉得大事不妙。

请根据所学法律法规以及该项目的内容，分析一下李某在监管执法过程中违反了哪些原则？

【思考题】

1. 如果你是一名社区矫正工作人员，你将如何完成监管执法工作？
2. 从社区矫正监管执法的原则分析，我国社区矫正的特色是什么？

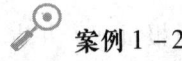

案例 1-2

随风入夜，润物无声——山东段北司法所社区矫正人性化监管案例[1]

社区矫正工作基于依法监管，重在制度落实，终于融入社会、预防和减少犯罪。司法所的矫正责任更是起于引导，重在监督。每个人的情况各有不同，鉴于起因不同，就要有不同的引导方式和不同的言辞用语。"随风潜入夜，润物细无声"，大概就是社区矫正工作的一种最高境界了吧。

社区矫正对象王某某在段北所矫正一个多月了，在这段时间里，段北所为他特别制定了个性化矫正方案。针对他自我认知能力比较强、不太服从教育管理的问题做了大量细致有效的工作，直到他对社区矫正有了正确的认识、端正的态度，按时报到和参加教育学习和公益劳动、按时书写思想汇报，并能听从劝导，配合司法所完成对他的矫正监管，态度上的转变终于使他能常怀律己之心，并在行动上开始以规为准。

---

〔1〕 "随风入夜，润物无声——段北司法所社区矫正人性化监管案例"，澎湃网，https://m. thepaper. cn/baijiahao_12976816，最后访问时间：2022 年 11 月 17 日。

在他变更执行地这件事上，虽然他在接收时就提出了申请，但一直没有通过，他本人一直抱怨，表示不解。对此，李所长苦口婆心地向他讲解申请没有通过的原因，反复找他谈心，让他明白不是对他有成见、有戒备、不受理，而是新执行地社区矫正机构核实需要时间，是否符合执行地变更条件需要研究论证，让他放下戒心。区司法局矫正科也本着以人为本，利于其工作生活的目的，专门安排 3 名工作人员到他家实地走访，与王某某家人谈心，积极与市中区司法局进行沟通协调，从而消除了他的敌对情绪，使他能够安心矫正，全身心地投入到日常工作中。

在区司法局矫正科与段北司法所的共同努力下，最终，市中区司法局同意了王某某的执行地变更申请，让王某某彻底放下心中戒备。现王某某已变更执行地到市中区安心工作、生活，用积极向上的心态面对矫正监管。

"矫"是措施，"正"为目的，引导社区矫正对象回归家庭、回归社会、走上正道，才是社区矫正工作的意义所在。段北司法所以此为宗旨，严格监管，个性施策，实现了社区矫正管控有法度，帮扶有温度。

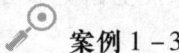 **案例 1 - 3**

山西制定省市县三级社区矫正机构及受委托司法所权责清单[1]

《社区矫正法》颁布实施以来，山西省司法厅结合工作实际，联合省高院、省检察院、省公安厅制定出台了《山西省社区矫正实施细则》，细化制定了一系列社区矫正工作制度，形成了全省社区矫正执行层面相对完善的制度体系。为进一步推进法律制度的执行落实，加强对权力运行的监督制约，山西省司法厅对社区矫正执法全过程各环节职责进行全面梳理，制定出台《山西省省市县三级社区矫正机构和受委托司法所权责清单》，共明确 79 项权责，涵盖对社区矫正工作的管理指导，以及社区矫正调查评估、接收登记、监管审批、奖惩考核、刑事执行变更、教育帮扶、解除终止矫正等执法各环节全

---

〔1〕"山西制定省市县三级社区矫正机构及受委托司法所权责清单"，山西省司法行政网，http://sft. shanxi. gov. cn/zwyw_20182/stdt/202206/t20220601_6213100. html，最后访问时间：2022 年 8 月 4 日。

过程。

第一，明确社区矫正权责的设定依据。坚持"法无授权不可为、法定职责必须为"的原则，以社区矫正法律制度规定和各级司法行政机关"三定规定"职责设置为依据，依法依规设定各级社区矫正机构及受委托司法所的各项权力内容、实施依据和责任事项，确保每项权责于法有据、依法设置，坚决杜绝在法定之外设定职权、在清单之外行使权力。

第二，全面厘清社区矫正执法权责范围。全面厘清省市县三级社区矫正机构和受委托司法所的权力边界和责任范围，进一步明确各级社区矫正机构权力运行的分界点、衔接点，推进权责链条无缝对接、权力运行可查可控，确保权力行使不越位、不缺位、不错位。

第三，凸显县级社区矫正机构执法主体地位。全面贯彻《社区矫正法》的立法精神，进一步明确县级社区矫正机构执法主体地位，明确接收登记、奖惩考核、监管审批等重点执法环节由县级社区矫正机构直接负责，司法所受县级社区矫正机构委托，履行日常监督管理、实地查访等刑事执行权责，清晰界定县级社区矫正机构和受委任司法所的权责范围，使执法主体更加明确、责任更加明晰、运行更加顺畅。

第四，体现社区矫正执法权责一致原则。充分体现各级社区矫正机构和委托司法所的各项权力依法设定、内容明确、权责一致、公开运行、接受监督，进一步加强对权力运行的监督制约，推进公正文明规范执法，不断提高教育矫正质量，维护社会和谐稳定。

表1-2：山西省省级社区矫正机构权责清单

序号	权责类型	权责编码	权力内容	实施依据	责任事项	备注
1	监督指导权	S-01	监督检查全省社区矫正法律法规和政策的执行情况	省司法厅"三定规定"	对全省社区矫正法律法规和政策的执行情况进行监督检查。	

续表

序号	权责类型	权责编码	权力内容	实施依据	责任事项	备注
2	监督指导权	S-02	指导监督对社区矫正对象的监督管理和教育帮扶工作	1.《社区矫正法实施办法》第9条 2.《山西省社区矫正实施细则》第5、71、72、75条	1. 建立社区矫正工作定期分析研判机制,对社区矫正安全隐患等事项进行定期分析研判,全面排查安全隐患,推进社区矫正规范化建设。 2. 建立社区矫正工作督察机制,对全省社区矫正对象遵守监督管理规定和接受教育矫正的情况以及社区矫正机构及其工作人员依法履行职责和行使职权情况进行督察并督促整改。 3. 建立重大事项报告机制,及时掌握社区矫正重大突发事件,并视情况及时上报省司法厅、司法部社区矫正管理局。	
3	监督指导权	S-03	指导社会力量和志愿者参与社区矫正工作	1.《社区矫正法》第11、12、13条 2. 省司法厅"三定规定"	指导和推动全省社会力量参与社区矫正工作。	
4	监督指导权	S-04	加强社区矫正信息化建设	1.《社区矫正法》第5条 2.《社区矫正法实施办法》第11条 3.《山西省社区矫正实施细则》第7条	1. 依法加强信息化建设,运用现代信息技术开展监督管理和教育帮扶。 2. 推动建立完善社区矫正信息交换平台,与人民法院、人民检察院、公安机关等有关部门实现业务协同、互联互通,提高社区矫正信息化水平。	

续表

序号	权责类型	权责编码	权力内容	实施依据	责任事项	备注
5	监督指导权	S-05	加强社区矫正队伍建设	1.《社区矫正法》第16条 2.《社区矫正法实施办法》第4条 3.《山西省社区矫正实施细则》第9条	1. 依法协调推进高素质的社区矫正工作队伍建设，加强对社区矫正工作人员的管理、监督、培训和职业保障，不断提高社区矫正工作的规范化、专业化水平。 2. 依法对全省社区矫正工作中作出突出贡献的组织、个人，按照有关规定给予表彰、奖励。	
6	刑事执行权	S-06	办理与同级社区矫正决定机关对接的案件	1.《社区矫正法实施办法》第9、42、46、47条 2.《山西省社区矫正实施细则》第5、52条	1. 依法应由高级人民法院裁定的减刑案件，由执行地县级社区矫正机构提出减刑建议书并附相关证据材料，逐级上报省社区矫正管理局审核同意后，由省社区矫正管理局提请省高级人民法院裁定。 2. 依法应由高级人民法院裁定的撤销缓刑案件，由执行地县级社区矫正机构逐级上报至省社区矫正管理局审核同意后，由省社区矫正管理局提请省高级人民法院裁定。 3. 依法应由高级人民法院裁定的撤销假释案件，由执行地县级社区矫正机构逐级上报至省社区矫正管理局审核同意后，由省社区矫正管理局提请省高级人民法院裁定。	
7	刑事执行权	S-07	审核暂予监外执行社区矫正对象延期3个月以上报告身体情况和提交病情复查材料的申请	《社区矫正法实施办法》第24条	执行地县级社区矫正机构根据社区矫正对象的病情及保证人等情况，可以调整报告身体情况和提交复查情况的期限，延长3个月以上的，逐级上报省社区矫正管理局批准。	

序号	权责类型	权责编码	权力内容	实施依据	责任事项	备注
8	刑事执行权	S－08	跨区域执法的组织协调	1.《社区矫正法实施办法》第9条 2.《山西省社区矫正实施细则》第5条、41条	1. 负责跨省执法的社区矫正案件的组织协调工作。 2. 社区矫正对象经常性跨市、县活动跨省的，执行地县级社区矫正机构应当逐级报省社区矫正管理局备案。	

表1－3：山西省市级社区矫正机构权责清单

序号	权责类型	权责编码	权力内容	实施依据	责任事项	备注
1	监督指导权	SJ－01	监督检查全市社区矫正法律法规和政策的执行情况	《社区矫正法实施办法》第4条	对全市社区矫正法律法规和政策的执行情况进行监督检查。	
2	监督指导权	SJ－02	指导监督对社区矫正对象的监督管理和教育帮扶工作	1.《社区矫正法实施办法》第9条 2.《山西省社区矫正实施细则》第5、71、72、75条	1. 建立社区矫正工作定期分析研判机制，对社区矫正安全隐患等事项进行定期分析研判，全面排查安全隐患，推进社区矫正规范化建设。 2. 建立社区矫正工作督察机制，对全市社区矫正对象遵守监督管理规定和接受教育矫正的情况以及社区矫正机构及其工作人员依法履行职责和行使职权情况进行督察并督促整改。 3. 建立重大事项报告机制，及时掌握社区矫正重大突发事件，并视情况及时上报市司法局、省社区矫正管理局。	

续表

序号	权责类型	权责编码	权力内容	实施依据	责任事项	备注
3	监督指导权	SJ-03	指导社会力量和志愿者参与社区矫正工作	1.《社区矫正法》第11、12、13条 2.《社区矫正法实施办法》第4条	指导和推动全市社会力量参与社区矫正工作。	
4	监督指导权	SJ-04	加强社区矫正信息化建设	1.《社区矫正法》第5条 2.《社区矫正法实施办法》第11条 3.《山西省社区矫正实施细则》第7条	1. 依法加强信息化建设，运用现代信息技术开展监督管理和教育帮扶。 2. 推动建立完善社区矫正信息交换平台，与人民法院、人民检察院、公安机关等有关部门实现业务协同、互联互通，提高社区矫正信息化水平。	
5	监督指导权	SJ-05	加强社区矫正队伍建设	1.《社区矫正法》第16条 2.《社区矫正法实施办法》第4条 3.《山西省社区矫正实施细则》第9条	1. 依法协调推进高素质的社区矫正工作队伍建设，加强对社区矫正工作人员的管理、监督、培训和职业保障，不断提高社区矫正工作的规范化、专业化水平。 2. 依法对全市社区矫正工作中作出突出贡献的组织、个人，按照有关规定给予表彰、奖励。	
6	刑事执行权	SJ-06	办理与同级社区矫正决定机关对接的案件	1.《社区矫正法实施办法》第9、42、46、47条 2.《山西省社区矫正实施细则》第5、52条	1. 社区矫正对象符合法定减刑条件的，由执行地县级社区矫正机构提出减刑建议书并附相关证据材料，报经市级社区矫正机构审核同意后，由市级社区矫正机构提请执行地的中级人民法院裁定。 2. 依法应由中级人民法院裁定的撤销缓刑案件，由执行地县级社区矫正机构报市级社区矫正机构审核同意后，由市级社区矫正机构提请执行地中级人民法院裁定。	

序号	权责类型	权责编码	权力内容	实施依据	责任事项	备注
6	刑事执行权	SJ-06	办理与同级社区矫正决定机关对接的案件	1.《社区矫正法实施办法》第9、42、46、47条 2.《山西省社区矫正实施细则》第5、52条	3. 依法应由中级人民法院裁定的撤销假释案件，由执行地县级社区矫正机构报市级社区矫正机构审核同意后，由市级社区矫正机构提请执行地中级人民法院裁定。	
7	刑事执行权	SJ-07	外出申请审批	《社区矫正法实施办法》第27条	社区矫正对象因特殊情况确需外出超过30日的，或者两个月内外出时间累计超过30日的，由县级社区矫正机构报市级社区矫正机构审批。	
8	刑事执行权	SJ-08	免分类管理审批	《山西省社区矫正实施细则》第32条	对于患严重疾病、身体严重残疾等活动能力缺失的社区矫正对象，经执行地市级社区矫正机构审核批准后可以不实施分类管理。	
9	刑事执行权	SJ-09	审核暂予监外执行社区矫正对象延期1个月至3个月以下的报告身体情况和提交病情复查材料的申请	《社区矫正法实施办法》第24条	执行地县级社区矫正机构根据社区矫正对象的病情及保证人等情况，可以调整报告身体情况和提交复查情况的期限；延长1个月至3个月以下的，报市级社区矫正机构批准。	
10	刑事执行权	SJ-10	批准查阅未成年社区矫正对象档案	《山西省社区矫正档案管理办法》第18条	1. 各级社区矫正机构对未成年社区矫正对象档案应当严格保密，原则上不得借阅。 2. 确因司法机关办案需要或有关单位根据国家规定查阅的，需报请市级社区矫正机构批准，查阅时应当有2名工作人员在场。	

续表

序号	权责类型	权责编码	权力内容	实施依据	责任事项	备注
11	刑事执行权	SJ-11	跨区域执法的组织协调	1.《社区矫正法实施办法》第9条 2.《山西省社区矫正实施细则》第5、41条	1. 负责跨市执法的社区矫正案件的组织协调工作。 2. 社区矫正对象在本省行政区域内经常性跨市、县活动的，执行地县级社区矫正机构应当报市级社区矫正机构备案。	

表1-4：山西省县级社区矫正机构权责清单

序号	权责类型	权责编码	权力内容	实施依据	责任事项	备注
1	监督指导权	XJ-01	监督管理社区矫正工作	1.《社区矫正法实施办法》第9条 2.《山西省社区矫正实施细则》第5、71、72、73条	1. 建立社区矫正工作定期分析研判机制，对社区矫正安全隐患等事项进行定期分析研判，全面排查安全隐患，推进社区矫正规范化建设。 2. 建立重大事项报告机制，及时掌握社区矫正重大突发事件，并视情况及时上报县司法局、市社区矫正管理局。 3. 与同级公安机关等有关部门建立协调联动机制，制定应急预案并妥善处置突发事件。 4. 对社区矫正工作人员开展管理、监督、培训，落实职业保障，对社区矫正工作中作出突出贡献的组织、个人，按照有关规定给予表彰、奖励。	

续表

序号	权责类型	权责编码	权力内容	实施依据	责任事项	备注
2	监督指导权	XJ－02	引导社会力量参与社区矫正工作	1.《社区矫正法》第11、12、13条 2.《社区矫正法实施办法》第4条	引导社会工作者、志愿者等社会力量参与社区矫正工作。	
3	监督指导权	XJ－03	加强社区矫正信息化建设	1.《社区矫正法》第5条 2.《社区矫正法实施办法》第11条 3.《山西省社区矫正实施细则》第7条	1. 依法加强信息化建设，运用现代信息技术开展监督管理和教育帮扶。 2. 推动建立完善社区矫正信息交换平台，与人民法院、人民检察院、公安机关等有关部门实现业务协同、互联互通，提高社区矫正信息化水平。	
4	刑事执行权	XJ－04	调查评估	1.《社区矫正法》第18条 2.《社区矫正法实施办法》第14条 3.《山西省社区矫正实施细则》第二章 4.《山西省社区矫正调查评估办法》	1. 接受社区矫正调查评估委托，对拟适用社区矫正的犯罪嫌疑人、被告人或者罪犯的社会危险性以及对所居住社区的影响进行全面调查和分析研判，形成书面调查评估报告，提出是否适用社区矫正的意见。 2. 收到调查评估委托文书及所附材料后，两个工作日内将接受委托调查评估的情况通知同级人民检察院。 3. 及时核对拟调查评估对象的基本信息和居住地相关情况，发现因调查评估对象姓名、居住地不真实或者身份不明等情况无法进行调查评估的；社区矫正机构反馈调查评估意见前，社区矫正决定机关已经作出判决、裁定、决定的；或者对同一案件、同一被	

续表

序号	权责类型	权责编码	权力内容	实施依据	责任事项	备注
4	刑事执行权	XJ–04	调查评估	1.《社区矫正法》第18条 2.《社区矫正法实施办法》第14条 3.《山西省社区矫正实施细则》第二章 4.《山西省社区矫正调查评估办法》	调查评估对象已向公安机关、人民检察院出具调查评估意见的；应当自收到委托调查文书之日起5个工作日内向委托机关出具《不予调查评估函》并说明理由。 4. 依法组成不少于2名成员的调查评估小组，采取查阅、调取、走访等方式开展调查评估，经社区矫正机构综合分析研判，对被调查人是否适用社区矫正提出意见。 5. 县级社区矫正机构应当自收到调查评估委托文书及所附材料之日起10个工作日内完成调查评估并出具《调查评估意见书》。对于适用刑事案件速裁程序的，应当在5个工作日内完成调查评估并出具《调查评估意见书》。需要延长调查评估时限的，社区矫正机构应当与委托机关协商，并在协商确定的期限内完成调查评估。评估结果同时抄送当地县级人民检察院。 6. 社区矫正调查评估人员和相关单位部门及工作人员对调查评估意见以及调查中涉及的国家秘密、商业秘密、个人隐私等信息应当保密。 7. 建立社区矫正调查评估档案，对调查评估中取得的原始资料存档备查。	

序号	权责类型	权责编码	权力内容	实施依据	责任事项	备注
5	刑事执行权	XJ-05	接收登记	1.《社区矫正法》第21、22条 2.《社区矫正法实施办法》第17条 3.《山西省社区矫正实施细则》第21、22条 4.《山西省安置帮教工作办法（试行）》第5条	1. 判处管制、宣告缓刑、裁定假释的社区矫正对象报到时，办理登记接收手续。 2. 暂予监外执行的社区矫正对象，执行地县级社区矫正机构与负责依法移送的公安机关、监狱当面办理交付接收手续。 3. 发现社区矫正对象未按规定时限报到的，应当立即组织查找，24小时查找无果的，应当书面提请执行地县级公安机关协助查找；同时，应当将有关情况书面通知社区矫正决定机关和执行地县级人民检察院，对被裁定假释的罪犯，应当同时抄送原服刑的监狱、看守所。 4. 社区矫正对象存在因行动不便、自行报到确有困难等特殊情况的，可以派员到其居住地、接受治疗的医院等场所办理登记接收手续。 5. 自接收社区矫正对象之日起1个月内，将其基本信息完整录入全国安置帮教工作信息管理系统。	
6	刑事执行权	XJ-06	文书衔接	1.《社区矫正法》第20条 2.《社区矫正法实施办法》第16条 3.《山西省社区矫正施细则》第21、23条	1. 接收社区矫正决定机关出具的法律文书后，应当在5日内送达回执。 2. 未收到社区矫正的法律文书或者收到的法律文书不齐全，应当通知社区矫正决定机关在5日内送达或者补齐法律文书。 3. 社区矫正决定地与执行地不在同一地方的，由执行地县级社区矫正机构将法律文书转送执行地人民检察院、公安机关。	

序号	权责类型	权责编码	权力内容	实施依据	责任事项	备注
7	刑事执行权	XJ-07	建立社区矫正档案	1.《社区矫正法》第22条 2.《社区矫正法实施办法》第18条 3.《山西省社区矫正实施细则》第26条 4.《山西省社区矫正档案管理办法》	县级社区矫正机构接收社区矫正对象后，应当建立社区矫正档案，档案应当包括社区矫正对象基本信息表、调查评估形成的相关文书及证明材料、决定机关送达的法律文书、实施社区矫正过程中产生的审批文书、暂予监外执行社区矫正对象报送病情复查资料、社区矫正机构开展社区矫正工作相关台账及资料等。	
8	刑事执行权	XJ-08	不准出境告知、报备	1.《中华人民共和国出境入境管理法》第12条 2.《社区矫正法实施办法》第7条 3. 国家移民管理局《关于印发〈法定不准出境人员报备管理工作规范〉的通知》（国移民公〔2021〕420号） 4.《山西省社区矫正实施细则》第46条	1. 书面告知社区矫正对象在社区矫正期间不准出境。 2. 在社区矫正对象报到后5个工作日内，应当向执行地县级公安机关出入境管理部门通报并进行法定不准出境人员报备，报备期限应当与社区矫正期限一致。 3. 对社区矫正对象因特赦等原因解除社区矫正的，县级社区矫正机构应当及时撤销法定不准出境人员报备。	

续表

序号	权责类型	权责编码	权力内容	实施依据	责任事项	备注
9	刑事执行权	XJ-09	委托管理	1.《社区矫正法》第9条 2.《社区矫正法实施办法》第10条 3.《山西省社区矫正实施细则》第6、25条	1. 采用全省统一制定的《社区矫正工作委托书》，载明委托事项、职责、时限等，委托司法所开展社区矫正工作。 2. 根据上级社区矫正机构要求，应当由县级社区矫正机构管理的社区矫正对象，不得委托司法所管理。 3. 书面告知社区矫正对象3日内到指定司法所报到。	
10	刑事执行权	XJ-10	建立矫正小组	1.《社区矫正法实施办法》第9条 2.《山西省社区矫正实施细则》第27、28条	1. 对没有委托司法所管理的社区矫正对象，自其报到起3个工作日内为其确定成员不少于3人的矫正小组，并与矫正小组成员签订《社区矫正责任书》。 2. 矫正小组成员不能履行相应责任的，应当及时调整。	
11	刑事执行权	XJ-11	组织入矫宣告	1.《社区矫正法实施办法》第20条 2.《山西省社区矫正实施细则》第29条 3.《山西省社区矫正宣告规定（试行)》	1. 自接收社区矫正对象之日起10个工作日内，组织入矫宣告。 2. 入矫宣告由社区矫正机构工作人员（公务员）主持，矫正小组成员及其他相关人员应当参加，必要时可以邀请人民检察院、公安机关派员参加。 3. 公开宣告的，社会公众可以旁听。对未成年社区矫正对象的宣告不公开进行，但应当通知其监护人到场并签名。 4. 社区矫正对象因身体健康等原因不能到指定场所参加宣告的，应当派员到其住所或者治疗地进行宣告，并保留影像资料。	

续表

序号	权责类型	权责编码	权力内容	实施依据	责任事项	备注
12	刑事执行权	XJ-12	制定、调整和落实矫正方案	1.《社区矫正法》第24条 2.《社区矫正法实施办法》第22条	1. 对没有委托司法所管理的社区矫正对象，根据裁判内容和社区矫正对象的性别、年龄、心理特点、健康状况、犯罪原因、犯罪类型、犯罪情节、悔罪表现等情况，制定有针对性的矫正方案，落实相应矫正措施。 2. 矫正方案应当根据分类管理的要求、实施效果以及社区矫正对象的表现等情况，相应调整。	
13	刑事执行权	XJ-13	实施分类管理	1.《社区矫正法》第24条 2.《社区矫正法实施办法》第21条 3.《山西省社区矫正实施细则》第30、31、62条 4.《山西省社区矫正对象考核奖惩及分类管理办法（试行）》	1. 根据社区矫正对象被判处管制、宣告缓刑、假释和暂予监外执行的不同裁判内容和犯罪类型、矫正阶段、再犯罪风险等情况，进行综合评估，划分不同类别，实施分类管理。 2. 依据社区矫正对象的考核结果和奖惩情况进行综合评估，对社区矫正对象按照由严至宽分别实施一、二、三类管理，采取相应矫正措施，有针对性地开展监督管理和教育帮扶工作。 3. 对社区矫正对象管理类别的调整，由受委托的司法所向执行地县级社区矫正机构提出意见，经执行地县级社区矫正机构审批后执行，也可由执行地县级社区矫正机构直接进行调整。 4. 对因患严重疾病、身体严重残疾、活动能力缺失，经执行地市级社区矫正机构审核批准不实施分类管理的社区矫正对象，根据实际情况制定有针对性的矫正措施。	

序号	权责类型	权责编码	权力内容	实施依据	责任事项	备注
14	刑事执行权	XJ-14	信息化核查和实地查访	1.《社区矫正法》第26条 2.《社区矫正法实施办法》第23条 3.《山西省社区矫正实施细则》第32、34条	1. 根据社区矫正对象的个人生活、工作及所处社区的实际情况，有针对性地采取通信联络、信息化核查、实地查访等措施，了解掌握其活动情况和行为表现。 2. 通过"山西省社区矫正一体化平台"或者其他通讯方式，随时对社区矫正对象进行点名抽检，进行信息化核查。	
15	刑事执行权	XJ-15	组织查找失联社区矫正对象	1.《社区矫正法》第30条 2.《社区矫正法实施办法》第38条 3.《山西省社区矫正实施细则》第21条	1. 发现社区矫正对象失去联系的，立即采取通信联络、信息化核查、实地查访等方式组织查找。 2. 24小时查找无果的，书面提请执行地县级公安机关协助查找。 3. 及时将查找情况书面通知社区矫正决定机关和执行地县级人民检察院，对被裁定假释的罪犯，应当同时抄送原服刑的监狱、看守所。	
16	刑事执行权	XJ-16	审核暂予监外执行社区矫正对象提交的身体情况报告和病情复查材料	1.《社区矫正法实施办法》第24条 2.《山西省社区矫正实施细则》第36、38条	1. 组织两名具有副高以上专业技术职称的医师组成病情复查审核小组，每月审核暂予监外执行社区矫正对象提交的身体情况报告，每3个月审核保外就医社区矫正对象提交的病情诊断证明材料。 2. 根据工作需要，对暂予监外执行的社区矫正对象每年组织1次集中病情诊断、妊娠检查或者生活不能自理的鉴别。	

续表

序号	权责类型	权责编码	权力内容	实施依据	责任事项	备注
17	刑事执行权	XJ-17	调整暂予监外执行社区矫正对象报告身体情况和提交病情复查材料的期限	1.《社区矫正法实施办法》第24条 2.《山西省社区矫正实施细则》第37条	1. 根据暂予监外执行社区矫正对象的病情及保证人等情况，可以调整报告身体情况和提交复查情况的期限。 2. 对延期1个月以上的，县级社区矫正机构签署意见并呈报上级社区矫正机构审批。 3. 批准延长的，县级社区矫正机构应当及时通报同级人民检察院。	
18	刑事执行权	XJ-18	会客审批	1.《社区矫正法》第23条 2.《社区矫正法实施办法》第25条	审批社区矫正对象提出接触其犯罪案件中的被害人、控告人、举报人、同案犯等有关人员的申请。	
19	刑事执行权	XJ-19	进入特定区域（场所）审批	1.《社区矫正法实施办法》第39条 2.《山西省社区矫正实施细则》第45条	1. 对被人民法院宣告禁止令的社区矫正对象，根据禁止令的内容，函告有关部门、单位、场所或者个人给予配合。 2. 对于社区矫正对象确有正当理由需进入特定区域（场所）而提出的书面申请，决定批准与否，同时抄送原审人民法院和执行地县级人民检察院。	
20	刑事执行权	XJ-20	外出申请审批	1.《社区矫正法》第23条 2.《社区矫正法实施办法》第27条 3.《山西省社区矫正实施细则》第39、40、43条	1. 对社区矫正对象提出的外出申请进行审批，每次批准外出的时间不超过30日。 2. 社区矫正对象因特殊情况确需外出超过30日的，或者2个月内外出时间累计超过30日的，签署意见后呈报市社区矫正机构审批。市级社区矫正机构批准的，应当及时通报同级人民检察院。	

续表

序号	权责类型	权责编码	权力内容	实施依据	责任事项	备注
20	刑事执行权	XJ-20	外出申请审批	1.《社区矫正法》第23条 2.《社区矫正法实施办法》第27条 3.《山西省社区矫正实施细则》第39、40、43条	3. 社区矫正对象外出时间在7日以上的，执行地县级社区矫正机构应当协商外出目的地县级社区矫正机构协助监督管理。	
21	刑事执行权	XJ-21	经常性跨市、县活动审批	1.《社区矫正法》第23条 2.《社区矫正法实施办法》第29条 3.《山西省社区矫正实施细则》第41条	1. 对社区矫正对象确因正常工作和生活需要提出的经常性跨市、县活动的申请进行审批，批准1次的有效期为6个月。 2. 对批准经常性跨市、县活动在外就学的社区矫正对象，应当协商就读学校所在地县级社区矫正机构进行协助管理，省内就读学校所在地县级社区矫正机构应当协助管理，具体可以委托就读学校所在地司法所开展相关工作。 3. 批准社区矫正对象在本省行政区域内经常性跨市、县活动的，报市级社区矫正机构备案；经常性跨市、县活动跨省的，报省级社区矫正机构备案。	
22	刑事执行权	XJ-22	执行地变更审批	1.《社区矫正法》第23条 2.《社区矫正法实施办法》第30、31条 3.《山西省社区矫正实施细则》第44条	1. 社区矫正对象因工作、生活等原因提出变更执行地申请的，应当在5日内书面征求新执行地县级社区矫正机构的意见。新执行地县级社区矫正机构接到征求意见函后，应当在5日内核实有关情况，作出是否同意接收的意见并书面回复。执行地县级社区矫正机构根据回复意见，作出决定。	

续表

序号	权责类型	权责编码	权力内容	实施依据	责任事项	备注
22	刑事执行权	XJ－22	执行地变更审批	1.《社区矫正法》第23条 2.《社区矫正法实施办法》第30、31条 3.《山西省社区矫正实施细则》第44条	有异议的，可以报有共同管辖权的上一级社区矫正机构协调解决。 2. 不同意变更执行地的，应在决定作出之日起5日内告知社区矫正对象。同意变更执行地的，应进行教育，书面告知其7日内到新执行地县级社区矫正机构报到。 3. 同意变更执行地的，应当在作出决定之日起5日内，将有关法律文书和档案材料移交新执行地县级社区矫正机构，同时抄送社区矫正决定机关和原执行地县级人民检察院、公安机关。新执行地县级社区矫正机构收到法律文书和档案材料后，在5日内送达回执，并将有关法律文书抄送所在地县级人民检察院、公安机关。	
23	刑事执行权	XJ－23	组织实施考核	1.《社区矫正法实施办法》第32条 2.《山西省社区矫正实施细则》第47、48、49条 3.《山西省社区矫正对象考核奖惩及分类管理办法（试行)》	1. 根据社区矫正对象认罪悔罪、遵守有关规定、服从监督管理、接受教育等情况，定期进行考核。对新入矫的社区矫正对象在入矫后3个月内实行月考核，之后实行季度考核。 2. 成立不少于3人的社区矫正奖惩工作小组，对社区矫正对象定期考核结果进行集体评议。 3. 考核结果书面通知本人及矫正小组成员并定期公示，社区矫正对象提出异议的，应当及时调查处理，并将调查结果告知社区矫正对象。	

续表

序号	权责类型	权责编码	权力内容	实施依据	责任事项	备注
24	刑事执行权	XJ-24	调整矫正措施审批	《山西省社区矫正实施细则》第34、35、59条	1. 审批社区矫正对象因身体或者文化程度等原因，提出的思想汇报由本人口述、他人代写的申请。 2. 审批社区矫正对象因特殊职业原因，提出的调整其签到时间的申请。 3. 审批社区矫正对象因年老或身体原因，提出的不参加公益活动的申请。	
25	刑事执行权	XJ-25	给予表扬	1.《社区矫正法》第28条 2.《社区矫正法实施办法》第33条 3.《山西省社区矫正对象考核奖惩及分类管理办法（试行)》	1. 社区矫正对象接受社区矫正6个月以上并且认罪悔罪、遵守法律法规、服从监督管理、接受教育表现突出的，依法给予表扬。 2. 社区矫正对象接受社区矫正期间，有见义勇为、抢险救灾等突出表现，或者帮助他人、服务社会等突出事迹的，可以予以表扬。	
26	刑事执行权	XJ-26	提出减刑建议	1.《社区矫正法》第33条 2.《社区矫正法实施办法》第42条	1. 社区矫正对象符合法定减刑条件的，提出减刑建议书并附相关证据材料，报市级社区矫正机构审核。 2. 减刑建议书和人民法院减刑裁定书副本，同时抄送社区矫正执行地同级人民检察院、公安机关及罪犯原服刑或者接收其档案的监狱。	

序号	权责类型	权责编码	权力内容	实施依据	责任事项	备注
27	刑事执行权	XJ–27	给予训诫	1.《社区矫正法》第28条 2.《社区矫正法实施办法》第34条 3.《山西省社区矫正对象考核奖惩及分类管理办法（试行)》第25条	社区矫正对象具有法定应当给予训诫情形的，依法给予训诫。	
28	刑事执行权	XJ–28	给予警告	1.《社区矫正法》第28条 2.《社区矫正法实施办法》第35条 3.《山西省社区矫正对象考核奖惩及分类管理办法（试行)》第26条	社区矫正对象具有法定应当给予警告情形的，依法给予警告。	
29	刑事执行权	XJ–29	提请治安管理处罚	1.《社区矫正法》第28条 2.《社区矫正法实施办法》第36条 3.《山西省社区矫正实施细则》第51条	1. 社区矫正对象违反监督管理规定或者人民法院禁止令，依法应予治安管理处罚的，提请同级公安机关依法给予处罚。 2. 向执行地同级人民检察院抄送治安管理处罚建议书副本。 3. 治安管理处罚结果应当在5个工作日内书面通知执行地县级人民检察院。	

序号	权责类型	权责编码	权力内容	实施依据	责任事项	备注
30	刑事执行权	XJ－30	电子定位装置使用审批	1.《社区矫正法》第29条 2.《社区矫正法实施办法》第37条 3.《山西省社区矫正实施细则》第50条	1. 对社区矫正对象依法使用电子定位装置，签署意见并提请司法行政机关负责人审批。 2. 使用电子定位装置，不得超过3个月，期限届满后，经评估仍有必要继续使用的，应当重新履行审批手续，每次不得超过3个月。 3. 对社区矫正对象依法使用电子定位装置的，应当向社区矫正对象宣读使用电子定位装置监管告知书，并由其本人签名确认。 4. 通过电子定位装置获取的信息应当严格保密，只能用于社区矫正工作，不得作为其他用途使用。	
31	刑事执行权	XJ－31	提请撤销缓刑	1.《社区矫正法》第28条 2.《社区矫正实施办法》第46条 3.《山西省社区矫正实施细则》第52条	1. 社区矫正对象在缓刑考验期内，具有依法应当撤销缓刑的情形且原审是县级人民法院的，向原审县级人民法院提出撤销缓刑建议；原审人民法院是中、高级人民法院的，签署意见后报市级社区矫正机构审核。 2. 如果与原审人民法院不在同一省、自治区、直辖市的，原审是县级人民法院的，向执行地县级人民法院提出撤销缓刑建议；原审人民法院是中、高级人民法院的，签署意见后报市级社区矫正机构审核。 3. 建议书、裁定书抄送执行地同级人民检察院，执行地人民法院作出裁定的，裁定书同时抄送原审人民法院。	

序号	权责类型	权责编码	权力内容	实施依据	责任事项	备注
32	刑事执行权	XJ-32	提请撤销假释	1.《社区矫正法》第28条 2.《社区矫正实施办法》第47条 3.《山西省社区矫正实施细则》第52条	1. 对社区矫正对象在假释考验期内，具有依法应当撤销假释的情形且原审是县级人民法院的，向原审县级人民法院提出撤销缓刑建议；原审人民法院是中、高级人民法院的，签署意见后报市级社区矫正机构审核。 2. 如果与原审人民法院不在同一省、自治区、直辖市的，原审是县级人民法院的，向执行地县级人民法院提出撤销缓刑建议；原审人民法院是中、高级人民法院的，签署意见后报市级社区矫正机构审核。 3. 建议书、裁定书抄送执行地同级人民检察院、公安机关、罪犯原服刑或者接收其档案的监狱。执行地人民法院作出裁定的，裁定书同时抄送原审人民法院。	
33	刑事执行权	XJ-33	提请暂予监外执行收监执行	1.《社区矫正法》第28条 2.《社区矫正实施办法》第49条 3.《山西省社区矫正实施细则》第53条	1. 暂予监外执行社区矫正对象具有应当依法提请收监执行情形时，一般向执行地社区矫正决定机关提出收监执行建议；如果原社区矫正决定机关与执行地县级社区矫正机构在同一省、自治区、直辖市的，可以向原社区矫正决定机关提出建议。 2. 原决定机关不在本省的，可以提请与原决定机关同级的本省执行地人民法院、公安机关、监狱管理机关决定。 3. 收监执行建议书和决定机关的决定书，应当同时抄送执行地县级人民检察院。	

序号	权责类型	权责编码	权力内容	实施依据	责任事项	备注
34	刑事执行权	XJ－34	提请逮捕	1.《社区矫正法》第47条 2.《社区矫正法实施办法》第48条	1. 被提请撤销缓刑、假释的社区矫正对象可能逃跑或者可能发生社会危险的，社区矫正机构可以在提出撤销缓刑、假释建议的同时，提请人民法院决定对其予以逮捕。 2. 社区矫正机构提请人民法院决定逮捕社区矫正对象时，应当提供相应证据，移送人民法院审查决定。 3. 社区矫正机构提请逮捕、人民法院作出是否决定逮捕的法律文书，应当同时抄送执行地县级人民检察院。	
35	刑事执行权	XJ－35	开展教育矫正	1.《社区矫正法》第36条、40条 2.《社区矫正法实施办法》第43条 3.《山西省社区矫正实施细则》第55、56、57条	1. 根据社区矫正对象的矫正类别、犯罪类型、年龄结构、现实表现等情况，采用集中教育、网上培训、实地参观等形式，对社区矫正对象进行法治、道德等教育，增强其法治观念，提高其道德素质和悔罪意识。 2. 在社区矫正对象入矫1个月内组织入矫教育，包括组织观看入矫教育片、队列训练、法治教育、警示教育等。 3. 对社区矫正对象有针对性地开展分类教育、集体教育，一类管理社区矫正对象每月到执行地县级社区矫正机构接受集中教育、心理教育不少于2次，二类、三类管理社区矫正对象每月到执行地县级社区矫正机构接受集中教育、心理教育不少于1次。	

续表

序号	权责类型	权责编码	权力内容	实施依据	责任事项	备注
36	刑事执行权	XJ-36	开展帮扶	1.《社区矫正法》第37条 2.《社区矫正法实施办法》第45条 3.《山西省社区矫正实施细则》第60、61条	1. 定期了解掌握社区矫正对象在就学、就业、生活等方面的帮扶需求，及时协调相关单位，依法依规落实帮扶措施。 2. 对遇到暂时生活困难的社区矫正对象提供临时救助，对就业困难的社区矫正对象提供职业技能培训和就业指导，帮助符合条件的社区矫正对象落实社会保障措施，协助在就学、法律援助等方面遇到困难的社区矫正对象解决问题。	
37	刑事执行权	XJ-37	组织公益活动	1.《社区矫正法》第42条 2.《社区矫正法实施办法》第44条 3.《山西省社区矫正实施细则》第58、59条	1. 社区矫正机构可以根据社区矫正对象的个人特长，组织其参加公益活动，修复社会关系，培养社会责任感。 2. 公益活动可以集中组织，也可以分散进行。 3. 符合法定条件的，可以不安排其参加公益活动。	
38	刑事执行权	XJ-38	暂停社区矫正措施	《山西省社区矫正实施细则》第64条	1. 社区矫正对象被依法采取强制措施，暂停执行社区矫正措施。 2. 社区矫正对象被采取强制措施期间矫正期满的，按时为其办理解除矫正手续。	

续表

序号	权责类型	权责编码	权力内容	实施依据	责任事项	备注
39	刑事执行权	XJ-39	解除矫正	1.《社区矫正法》第44条 2.《社区矫正法实施办法》第53条 3.《山西省社区矫正实施细则》第62、63条	1. 社区矫正对象矫正期满或者被赦免的，向社区矫正对象发放解除社区矫正证明书，书面通知社区矫正决定机关，同时抄送执行地县级人民检察院和公安机关。 2. 公安机关、监狱管理机关决定暂予监外执行的社区矫正对象刑期届满的，在期满前1个月书面通知其原服刑或者接收、存放其档案的监狱、看守所，为其办理刑满释放手续。 3. 根据其在接受社区矫正期间的表现等情况作出书面鉴定，与安置帮教工作部门做好衔接工作。	
40	刑事执行权	XJ-40	组织解矫宣告	1.《社区矫正法实施办法》第54条 2.《山西省社区矫正实施细则》第62条 3.《山西省社区矫正宣告规定（试行）》	1. 社区矫正对象管制期满、缓刑考验期满、假释考验期满或者被赦免的，县级社区矫正机构应当组织解除社区矫正宣告。 2. 社区矫正对象为未成年人的，宣告不公开进行。 3. 社区矫正对象矫正期届满时被采取强制措施、患有严重疾病行动困难或者具有其他特殊情形的，可以不组织解除社区矫正宣告，但应当当面送达解除社区矫正证明书。	
41	刑事执行权	XJ-41	终止矫正	1.《社区矫正法》第45条 2.《山西省社区矫正实施细则》第65条	1. 社区矫正对象被裁定撤销缓刑、假释，被决定收监执行，或者社区矫正对象死亡的，依法办理社区矫正终止手续。 2. 社区矫正对象死亡的，自收到死亡证明书或者其他有效死亡证明之日起5个工作日内书面通知社区矫正决定机关，同时抄送执行地县级人民检察院、公安机关。	

续表

序号	权责类型	权责编码	权力内容	实施依据	责任事项	备注
42	刑事执行权	XJ－42	档案查阅审批	1.《山西省社区矫正实施细则》 2.《山西省社区矫正档案管理办法》第16、17、18条	1. 审批相关单位因工作需要提出查阅社区矫正档案的申请。 2. 对未成年社区矫正档案提出查阅申请的，报请市级社区矫正机构批准。	

表1－5：山西省受委托司法所社区矫正权责清单

序号	权责类型	权责编码	权责事项	实施依据	责任事项	备注
1	刑事执行权	SFS－01	接受委托开展社区矫正工作	1.《社区矫正法》第9条 2.《社区矫正法实施办法》第10条 3.《山西省社区矫正实施细则》第6条	根据社区矫正机构的委托，承担社区矫正相关工作。	
2	刑事执行权	SFS－02	参与调查评估	《山西省社区矫正调查评估办法》第15条	1. 参与调查评估，通过走访、座谈、个别约谈、查阅调取相关资料等方式调查核实相关情况。 2. 参加社区矫正机构召开的社区矫正调查评估会，进行综合分析研判，对被调查人是否适用社区矫正提出意见。	

续表

序号	权责类型	权责编码	权责事项	实施依据	责任事项	备注
3	刑事执行权	SFS－03	建立社区矫正工作档案	1.《社区矫正法实施办法》第18条 2.《山西省社区矫正实施细则》第26条	1. 接受委托对社区矫正对象进行日常管理，并建立社区矫正工作档案。 2. 社区矫正工作档案应当包括社区矫正对象矫正方案，矫正小组工作记录，对社区矫正对象开展家庭走访、分类管理、考核奖惩、日常管理、教育帮扶等工作形成的材料，报请社区矫正机构审批的相关文书等。	
4	刑事执行权	SFS－04	建立矫正小组	1.《社区矫正法实施办法》第19条 2.《山西省社区矫正实施细则》第27条	1. 自社区矫正对象报到之日起3个工作日内，确定矫正小组，并与矫正小组成员签订《社区矫正责任书》，同时将矫正小组成员信息及矫正小组责任告知社区矫正对象。矫正小组组长由社区矫正机构或受委托的司法所工作人员担任。 2. 矫正小组成员不能履行相应责任的，应当及时调整。	
5	刑事执行权	SFS－05	参加入矫宣告	1.《社区矫正法实施办法》第20条 2.《山西省社区矫正实施细则》第29条 3.《山西省社区矫正宣告规定（试行）》第6条	参加由县级社区矫正机构组织的入矫宣告。	

续表

序号	权责类型	权责编码	权责事项	实施依据	责任事项	备注
6	刑事执行权	SFS－06	制定、调整和落实社区矫正方案	1.《社区矫正法实施办法》第22条 2.《山西省社区矫正实施细则》第33条	1. 自接收社区矫正对象之日起5个工作日内，制定有针对性的矫正方案并负责落实。 2. 矫正方案应当根据分类管理的要求、实施效果以及社区矫正对象表现等情况适时进行相应调整。 3. 制定和调整矫正方案可以征求矫正小组成员意见，制定和调整完成后应当通知矫正小组成员。	
7	刑事执行权	SFS－07	提出分类管理级别调整意见	1.《山西省社区矫正实施细则》第31条 2.《山西省社区矫正对象考核奖惩及分类管理办法（试行）》第38条	根据社区矫正对象考核结果和奖惩情况，向县级社区矫正机构提出管理类别调整意见，经县级社区矫正机构审批同意后执行。	
8	刑事执行权	SFS－08	实施日常考核	1.《社区矫正法实施办法》第32条 2.《山西省社区矫正实施细则》第47条 3.《山西省社区矫正对象考核奖惩及分类管理办法（试行）》第4、18条	1. 根据社区矫正对象认罪悔罪、遵守有关规定、服从监督管理、接受教育等情况，定期对其进行考核。 2. 对新入矫的社区矫正对象在入矫后3个月内实行月考核，之后实行季度考核。	

序号	权责类型	权责编码	权责事项	实施依据	责任事项	备注
9	刑事执行权	SFS－09	信息化核查	1.《社区矫正法实施办法》第23、28条 2.《山西省社区矫正实施细则》第32、34条 3.《山西省安置帮教工作办法（试行）》第6条	1. 通过"山西省社区矫正一体化平台"或者电话通讯、实时视频等方式，对社区矫正对象实施监督管理。 2. 对一类管理社区矫正对象点名抽检每周不少于1次，二类管理社区矫正对象点名抽检每两周不少于1次，三类管理社区矫正对象点名抽检每月不少于1次。 3. 接收社区矫正对象之日起1个月内，通过全国安置帮教工作信息管理系统对该社区矫正对象基本信息进行核查，并在1个月内将核查情况反馈至县级社区矫正机构。	
10	刑事执行权	SFS－10	实地查访	1.《社区矫正法实施办法》第23条 2.《山西省社区矫正实施细则》第32条	1. 有针对性地采取实地查访，了解掌握社区矫正对象的活动情况和行为表现。 2. 对一类管理社区矫正对象实地查访每月不少于1次，二类管理社区矫正对象实地查访每2个月不少于1次，三类管理社区矫正对象实地查访每3个月不少于1次。 3. 对不实施分类管理的社区矫正对象，每月进行不少于1次的实地查访或者见面约谈。	

续表

序号	权责类型	权责编码	权责事项	实施依据	责任事项	备注
11	刑事执行权	SFS–11	组织社区矫正对象定期报告	1.《社区矫正法实施办法》第24条 2.《山西省社区矫正实施细则》第28、32、35、36、40条	1. 社区矫正对象应当按照有关规定和要求，定期报告遵纪守法、接受监督管理、参加教育学习、公益活动和社会活动等情况。一类管理社区矫正对象每周到司法所报告情况不少于1次，每月递交书面思想汇报；二类管理社区矫正对象每2周到司法所报告情况不少于1次，每月递交书面思想汇报；三类管理社区矫正对象每月到司法所报告情况不少于1次，每月递交书面思想汇报。 2. 社区矫正对象应在外出期限届满前返回居住地，及时向司法所报告，并办理相关手续。因特殊原因无法按期返回的，应及时向司法所报告情况。 3. 社区矫正对象发生居所变化、工作变动、家庭重大变故以及接触对其矫正可能产生不利影响人员等情况时，应当及时报告。 4. 被宣告禁止令的社区矫正对象应当定期报告遵守禁止令的情况。 5. 暂予监外执行的社区矫正对象应当每个月报告本人身体情况。保外就医的，应当到省级人民政府指定的医院检查，每3个月向执行地县级社区矫正机构、受委托的司法所提交病情复查情况。	

续表

序号	权责类型	权责编码	权责事项	实施依据	责任事项	备注
12	刑事执行权	SFS－12	外出申请审批（7日以下）	1.《社区矫正法实施办法》第27条 2.《山西省社区矫正实施细则》第6、39、40、43条	1. 对社区矫正对象外出时间在7日内的申请进行审批，并报执行地县级社区矫正机构备案。 2. 社区矫正对象确有正当理由需要离开所居住的市、县的，一般应当提前3日提出书面申请，并通过"山西省社区矫正一体化平台"履行申请外出审批手续。 3. 社区矫正对象因本人突发疾病、直系亲属突发疾病或者亡故等不可预知情况，需立即外出的，经受委托的司法所核实并报执行地县级社区矫正机构批准同意后，社区矫正对象可以立即外出，但事后应当履行申请外出审批手续。	
13	刑事执行权	SFS－13	对社区矫正相关申请事项签署审核意见	1.《社区矫正法实施办法》第27、29、30条 2.《山西省社区矫正实施细则》第39、40、41、44、45条 3.《山西省社区矫正对象考核奖惩及分类管理办法（试行）》第18条	1. 对社区矫正对象外出时间在7日以上的申请，受委托的司法所签署意见后上报县级社区矫正机构审批。 2. 对社区矫正对象确因工作、就学和生活需要提出的经常性跨市、县活动的申请，受委托的司法所签署意见后上报县级社区矫正机构审批。 3. 对社区矫正对象因工作、生活等原因需要提出的变更执行地的申请，受委托的司法所应当自收到变更执行地申请之日起5个工作日内签署意见，并报执行地县级社区矫正机构审批。 4. 对社区矫正对象确有正当理由需申请进入特定区域（场所）的申请，受委托的司法所签署意见后上报县级社区矫正机构审批。	

续表

序号	权责类型	权责编码	权责事项	实施依据	责任事项	备注
13	刑事执行权	SFS－13	对社区矫正相关申请事项签署审核意见	1.《社区矫正法实施办法》第27、29、30条 2.《山西省社区矫正实施细则》第39、40、41、44、45条 3.《山西省社区矫正对象考核奖惩及分类管理办法（试行）》第18条	5. 对社区矫正对象提出接触其犯罪案件中的被害人、控告人、举报人、同案犯等有关人员的申请，受委托的司法所签署意见后上报县级社区矫正机构审批。 6. 对社区矫正对象因身体或者文化程度等原因，提出的思想汇报由本人口述、他人代写的申请，受委托的司法所签署意见后上报县级社区矫正机构审批。 7. 对社区矫正对象因特殊职业原因提出的调整其签到时间的申请，受委托的司法所签署意见后上报县级社区矫正机构审批。 8. 对社区矫正对象因年老或身体原因提出的不参加公益活动的申请，受委托的司法所签署意见后上报县级社区矫正机构审批。	
14	刑事执行权	SFS－14	对社区矫正对象奖惩事项签署意见	1.《山西省社区矫正实施细则》第6条 2.《山西省社区矫正对象考核奖惩及分类管理办法（试行）》	1. 社区矫正对象具有符合表扬情形的，受委托的司法所签署意见后上报县级社区矫正机构审批。 2. 社区矫正对象具有法定应当给予训诫、警告以及使用电子定位装置情形的，受委托的司法所签署意见后上报县级社区矫正机构审批。 3. 社区矫正对象具有法定应当提请治安管理处罚、提请撤销缓刑、提请撤销假释、提请暂予监外执行、收监执行以及提请减刑情形的，受委托的司法所签署意见建议后上报县级社区矫正机构。	

续表

序号	权责类型	权责编码	权责事项	实施依据	责任事项	备注
15	刑事执行权	SFS－15	组织实施教育矫正	1.《社区矫正法实施办法》第43条 2.《山西省社区矫正实施细则》第32、55、56、57条	1. 采用集中教育、网上培训、实地参观等多种形式开展集体教育。 2. 根据社区矫正对象的矫正阶段、犯罪类型、现实表现等实际情况，对其实施分类教育；结合社区矫正对象的个体特征、日常表现等具体情况，进行个别教育。 3. 一类管理社区矫正对象每月到司法所接受集中教育或者个别教育不少于2次；二类管理社区矫正对象每月到司法所接受集中教育或者个别教育不少于1次；三类管理社区矫正对象每月到司法所接受集中教育或者个别教育不少于1次。 4. 开展教育帮扶可以直接组织，也可以采取政府购买服务或者项目委托等方式，由相关专业机构或者社会组织实施。	
16	刑事执行权	SFS－16	落实帮扶保障措施	1.《社区矫正法实施办法》第45条 2.《山西省社区矫正实施细则》第60、61条	1. 为社区矫正对象提供必要的协助，定期了解掌握社区矫正对象在就学、就业、生活等方面的帮扶需求，及时协调相关单位，依法依规落实帮扶措施。告知其社会救助、社会保险、法律援助有关法律法规，指导社区矫正对象向相关部门提出申请。 2. 对遇到暂时生活困难的社区矫正对象提供临时救助。 3. 对就业困难的社区矫正对象提供职业技能培训和就业指导。 4. 帮助符合条件的社区矫正对象落实社会保障措施。 5. 协助在就学、法律援助等方面遇到困难的社区矫正对象解决问题。	

序号	权责类型	权责编码	权责事项	实施依据	责任事项	备注
17	刑事执行权	SFS－17	组织公益活动	1.《社区矫正法实施办法》第44条 2.《山西省社区矫正实施细则》第32、58、59条	1. 可以根据社区矫正对象的年龄、性别、健康状况、劳动能力、技能水平、个人特长等情况，组织社区矫正对象参加公益活动，修复社会关系，培养社会责任感。公益活动可以集中组织，也可以分散进行。 2. 分类管理社区矫正对象每月参加公益活动。	
18	刑事执行权	SFS－18	协助组织解矫宣告	1.《社区矫正法实施办法》第54条 2.《山西省社区矫正实施细则》第6条 3.《山西省社区矫正宣告规定（试行）》	社区矫正对象矫正期满，协助执行地县级社区矫正机构解除矫正宣告，或受县级社区矫正机构委托组织解除矫正宣告。	

社区矫正监管执法的机构设置

学习目标

知识目标：掌握社区矫正监管执法的领导体制和工作机制；掌握社区矫正监管执法的机构设置及其职责；明确社区矫正监管执法工作队伍的构成及其职责。

能力目标：培养学生具有探究学习、整合知识、综合运用知识，分析问题和解决问题的能力；具备依法、严格、规范、公正、文明执法管理的基本能力。

素质目标：培养学生具有法治思维意识和忠诚敬业精神；树立严谨规范、科学文明的执法管理职业素养；具备高度社会责任感和职业担当精神。

知识树

```
                      ┌ 监管执法的领导体制和工作机制 ┤ 领导体制
                      │                              └ 工作机制
                      │
社区矫正监管执法        │                        ┌ 主管机构及其职责
的机构设置       ─────┤ 监管执法的机构          │ 统筹协调和指导机构及其职责
                      │ 设置及其职责        ────┤
                      │                        └ 具体实施机构及其职责
                      │
                      │                              ┌ 监管执法工作队伍及其职责
                      └ 监管执法工作队伍及其职责 ────┤
                                                     └ 辅助工作队伍及其职责
```

案例 2 - 1

吴某某，男，1991 年 5 月生，户籍地为 S 省 Z 市 Z 区，居住地为 S 省 Z 市 G 区。2021 年 2 月 23 日，因犯交通肇事罪被判处有期徒刑 1 年 8 个月，缓刑 2 年，社区矫正期限自 2021 年 3 月 8 日起至 2023 年 3 月 7 日止。2021 年 3 月，吴某某到 G 区社区矫正机构报到并办理接收入矫手续，由执行地县级社区矫正机构负责对其实施监管教育。[1]同时，G 区社区矫正机构委托吴某某居住地的司法所完成社区矫正的相关工作。

此案例说明，社区矫正工作是由执行地县级社区矫正机构和受委托开展社区矫正工作的司法所来完成的。

任务 1　社区矫正监管执法的领导体制和工作机制

社区矫正在完善中国特色社会主义刑事执行制度，推进国家治理体系和治理能力现代化水平方面发挥着重要作用，在我国司法体制和工作机制的改革中做出了积极的贡献。

科学地设置和建立社区矫正的领导体制和工作机制具有十分重要的意义，只有科学地设置社区矫正领导体制和工作机制，才能有效地发挥机制的功能，才能使社区矫正工作达到理想的效果。

我国自 2003 年开展社区矫正试点工作以来，经过多年的探索与实践，建立起了一套行之有效的领导体制和工作机制，并在实践中不断予以完善。

任务 1.1　社区矫正监管执法的领导体制

党的二十大报告指出"坚持和加强党的全面领导。坚决维护党中央权威和集中统一领导，把党的领导落实到党和国家事业各领域各方面各环节，使

---

〔1〕 "社区矫正监督管理案例——四川省自贡市贡井区对缓刑社区矫正对象吴某某依法经批准经常性跨市县活动案例"，中国法律服务网司法行政（法律服务）案例库，http://alk. 12348. gov. cn/Detail? dbID = 81&dbName = SJJDGL&sysID = 3570，最后访问时间：2022 年 8 月 17 日。

党始终成为风雨来袭时全体人民最可靠的主心骨，确保我国社会主义现代化建设正确方向，确保拥有团结奋斗的政治凝聚力、发展自信心，集聚起万众一心、共克时艰的磅礴力量"。据此，社区矫正工作的领导体制在《社区矫正法实施办法》第2条中予以了明确规定："社区矫正工作坚持党的绝对领导，实行党委政府统一领导。""中国特色最本质的特征是中国共产党领导，中国特色社会主义制度的最大优势是中国共产党领导，中国共产党是最高政治领导力量。"坚持党的领导是我国宪法确定的一项基本原则。近年来，中国共产党坚持以习近平新时代中国特色社会主义思想为指导，认真贯彻落实党中央全面推进依法治国和司法体制改革决策部署，认真贯彻落实党的十九届四中全会提出的加强系统治理、依法治理、综合治理、源头治理和坚持依法治国、依法执政、依法行政共同推进的要求，坚持和完善共建共治共享的社会治理制度，坚持和发展新时代枫桥经验，构建基层社会治理新格局，着力解决工作实践中的突出问题，为社区矫正工作提供有力的法治保障。

社区矫正监管执法工作必须旗帜鲜明地坚持党的全面领导，认真贯彻落实党中央关于司法体制和工作机制改革的决策部署，确保社区矫正监管执法工作始终沿着正确方向前进、规范顺利进行。

任务 1.2　社区矫正监管执法的工作机制

党的二十大提出："规范司法权力运行，健全公安机关、检察机关、审判机关、司法行政机关各司其职、相互配合、相互制约的体制机制。强化对司法活动的制约监督，促进司法公正。加强检察机关法律监督工作。"

社区矫正工作是关系到社区安全、刑事执行、罪犯矫正、犯罪预防等诸多问题的一项复杂工程，为了更好地推动社区矫正工作的有效运行和良好发展，就必须建立一套科学、完整、合理、高效、灵活、协调的社区矫正工作机制系统。这是确保社区矫正工作依法、依规、准确落实国家刑事执行制度的关键。[1]

社区矫正自 2003 年试点、2005 年扩大试点、2009 年全国全面试行乃至

---

〔1〕　张建明、吴艳华主编：《社区矫正实务》，中国政法大学出版社 2021 年版，第 54 页。

2014 年在全国全面推进，其工作机制不断完善。《社区矫正法》和《社区矫正法实施办法》对社区矫正监管执法的工作机制作出了明确规定。《社区矫正法》第 8 条规定：司法行政部门主管社区矫正工作，是社区矫正监管执法的领导机构，其他机关、有关部门和社会力量依据相关职责依法开展社区矫正。《社区矫正法实施办法》第 2 条中也明确规定："社区矫正工作坚持党的绝对领导，实行党委政府统一领导、司法行政机关组织实施、相关部门密切配合、社会力量广泛参与、检察机关法律监督的领导体制和工作机制。"

"工作机制，是工作程序、规则的有机联系和有效运转。泛指一个系统中各元素之间的相互作用的过程和功能。工作机制是一个相辅相成的整体，贯穿于工作的各个环节。"[1]

科学合理的工作机制是该项工作高效运转的保障。社区矫正监管执法的工作机制是实践经验的总结、提炼和升华，是经过实践证明了的能保证社区矫正工作高效运转的科学合理的机制。

任务 2 社区矫正监管执法的机构设置及其职责

任务 2.1 社区矫正监管执法主管机构及其职责

社区矫正监管执法主管机构，从一定程度上说，决定着社区矫正工作的发展方向和发展进程，所以，必须本着"创新发展驱动战略"，贯彻新发展理念，加快构建新发展格局，着力推动社区矫正高质量发展。

《社区矫正法》第 8 条第 1 款规定："国务院司法行政部门主管全国的社区矫正工作。县级以上地方人民政府司法行政部门主管本行政区域内的社区矫正工作。"本款规定包括两方面的内容：

（一）国务院司法行政部门主管全国的社区矫正工作

2008 年 7 月《国务院办公厅关于印发司法部主要职责内设机构和人员编制规定的通知》（国办发〔2008〕64 号）中明确规定："司法部负有指导管理

---

〔1〕 360 搜索网，https://kuai.so.com/7c42f036327500dc215973826052097e/wenda/selectedabstracts/www.zhidaolib.com，最后访问时间：2022 年 8 月 25 日。

社区矫正工作的职责"，因此，此处所说的"国务院司法行政部门"是指司法部。2012 年 1 月，中央机构编制委员会办公室《关于设立司法部社区矫正管理局的批复》（中央编办复字〔2012〕4 号）同意司法部设立社区矫正管理局。根据司法部机构设置，其内设的社区矫正管理局具体负责指导管理全国的社区矫正工作。

司法部作为全国社区矫正工作的主管部门，负有对全国范围内开展社区矫正工作的主管职责。具体职责包括：

制定社区矫正工作的方针、政策和规范性文件；拟定社区矫正工作发展规划、管理制度；制定社区矫正对象需要遵守的有关报告、会客、外出、迁居、保外就医等监督管理规定；出台相关政策鼓励、支持社会力量参与社区矫正工作；推进高素质的社区矫正工作队伍建设；支持社区矫正机构提高信息化水平；监督检查社区矫正法律法规和政策的执行情况；指导各地方司法行政部门依法开展社区矫正工作等。[1]

（二）县级以上地方人民政府司法行政部门主管本行政区域内的社区矫正工作

这里所说的"县级以上地方人民政府司法行政部门"，主要是指省、市、县三级地方人民政府的司法厅、司法局等部门。省级司法厅（局）社区矫正机构直接设在各省、自治区、直辖市的司法厅（局）内，是省级司法厅（局）内的二级机构。目前各地名称不一，主要有社区矫正工作办公室、社区矫正管理处、社区矫正管理局等，负责监督检查本省（直辖市、自治区）社区矫正法律法规和政策的执行，指导、监督本省（直辖市、自治区）对社区矫正对象的刑事执行、监督管理和教育帮扶，指导本省（直辖市、自治区）社会力量和志愿者参与社区矫正工作。地市级司法局的社区矫正机构设在本地、市、州司法局内，具体名称为社区矫正处（科），负责监督检查地市级社区矫正法律法规和政策的执行，指导地市级对社区矫正对象的刑事执行、监督管理和教育帮扶，指导地市级社会力量和志愿者参与社区矫正工作。县

---

〔1〕 王爱立、姜爱东主编：《中华人民共和国社区矫正法释义》，中国民主法制出版社 2020 年版，第 52 页。

级司法局的社区矫正机构设在县、县级市、区司法局内，具体名称为社区矫正科（股），是社区矫正机构的基本执行机构，负责县级社区矫正工作的具体实施。[1]

县级以上地方人民政府司法行政部门作为本行政区域内的社区矫正主管部门，负责指导管理本行政区域内的社区矫正工作。[2]其职责主要包括：

1. 拟定本行政区域内的社区矫正工作发展规划、管理制度；

2. 推进本行政区域内社区矫正机构建设；

3. 加强对社区矫正机构和司法所工作人员的管理、监督、培训和职业保障；

4. 推动社会力量参与本行政区域内社区矫正工作；

5. 支持本行政区域内社区矫正机构运用现代信息技术开展监督管理和教育帮扶；

6. 监督检查本行政区域内社区矫正法律法规和政策的执行情况；

7. 指导本行政区域内下级司法行政部门社区矫正工作等。[3]

《社区矫正法》对县级以上地方人民政府司法行政部门的有关职责还作了其他规定，如《社区矫正法》第9条规定，社区矫正机构的设置和撤销，由县级以上地方人民政府司法行政部门提出意见，按照规定的权限和程序审批；第29条规定，社区矫正对象有本条规定的情形，需要使用电子定位装置的，经县级司法行政部门负责人批准等等。

任务2.2　社区矫正决定机构（关）及其职责

《社区矫正法》第17条第4款规定："《社区矫正法》所称的社区矫正决定机关，是指依法判处管制、宣告缓刑、裁定假释、决定暂予监外执行的人民法院和依法批准暂予监外执行的监狱管理机关、公安机关。"在管制、缓刑、暂予监外执行和假释等四种社区矫正的情形中，人民法院及监狱管理机

〔1〕参见连春亮主编：《社区矫正理论与实务》，法律出版社2020年版，第135页。
〔2〕王爱立主编：《中华人民共和国社区矫正法解读》，中国法制出版社2020年版，第49页。
〔3〕王爱立、姜爱东主编：《中华人民共和国社区矫正法释义》，中国民主法制出版社2020年版，第53页。

关、公安机关分别作为审判机关和刑罚执行机关的管理机关，各自履行法定职责，依法决定社区矫正的适用。

社区矫正的决定机关必须贯彻落实"严格公正司法"的二十大精神，以实现维护社会公平正义的目的。

（一）人民法院的职责

人民法院可以决定管制、缓刑、暂予监外执行、假释的适用。管制作为刑罚的一种、缓刑作为刑罚的执行方式，人民法院在审判刑事案件时可直接依法作出相关判决。关于暂予监外执行，《刑事诉讼法》第 265 条规定，在交付执行前，暂予监外执行由交付执行的人民法院决定。《最高人民法院关于适用〈中华人民共和国刑事诉讼法〉的解释》第 515 条规定，被判处无期徒刑、有期徒刑或者拘役的罪犯，符合刑事诉讼法第 265 条第 1 款、第 2 款的规定，人民法院决定暂予监外执行的，应当制作暂予监外执行决定书，写明罪犯基本情况、判决确定的罪名和刑罚、决定暂予监外执行的原因、依据等。人民法院在作出暂予监外执行决定前，应当征求人民检察院的意见。人民检察院认为人民法院的暂予监外执行决定不当，在法定期限内提出书面意见的，人民法院应当立即对该决定重新核查，并在一个月以内作出决定。关于假释，根据《刑法》第 82 条、第 79 条的规定，对于犯罪分子的假释，由执行机关向中级以上人民法院提出假释建议书。人民法院应当组成合议庭进行审理，对确实符合假释条件的，裁定予以假释。非经法定程序不得假释。

根据《社区矫正法实施办法》第 5 条规定，人民法院依法履行以下职责：

1. 拟判处管制、宣告缓刑、决定暂予监外执行的，可以委托社区矫正机构或者有关社会组织对被告人或者罪犯的社会危险性和对所居住社区的影响，进行调查评估，提出意见，供决定社区矫正时参考；

2. 对执行机关报请假释的，审查执行机关移送的罪犯假释后对所居住社区影响的调查评估意见；

3. 核实并确定社区矫正执行地；

4. 对被告人或者罪犯依法判处管制、宣告缓刑、裁定假释、决定暂予监外执行；

5. 对社区矫正对象进行教育，及时通知并送达法律文书；

6. 对符合撤销缓刑、撤销假释或者暂予监外执行收监执行条件的社区矫正对象，作出判决、裁定和决定；

7. 对社区矫正机构提请逮捕的，及时作出是否逮捕的决定；

8. 根据社区矫正机构提出的减刑建议作出裁定；

9. 其他依法应当履行的职责。

（二）监狱管理机关的职责

监狱管理机关可以决定暂予监外执行的适用。根据《刑事诉讼法》第265 条规定，在交付执行后，暂予监外执行由监狱……提出书面意见，报省级以上监狱管理机关……批准。《监狱法》第 26 条亦规定，暂予监外执行，由监狱提出书面意见，报省、自治区、直辖市监狱管理机关批准。《监狱暂予监外执行程序规定》第 24 条规定，监狱管理局应当自收到监狱提请暂予监外执行材料之日起 15 个工作日内作出决定。批准暂予监外执行的，应当在 5 个工作日内，将《暂予监外执行决定书》送达监狱，同时抄送同级人民检察院、原判人民法院和罪犯居住地县级司法行政机关社区矫正机构。不予批准暂予监外执行的，应当在 5 个工作日内将《不予批准暂予监外执行决定书》送达监狱。人民检察院认为暂予监外执行不当提出书面意见的，监狱管理局应当在接到书面意见后 15 日内对决定进行重新核查，并将核查结果书面回复人民检察院。

根据《社区矫正法实施办法》第 8 条规定，监狱管理机关以及监狱依法履行以下职责：

1. 对监狱关押罪犯拟提请假释的，应当委托进行调查评估；对监狱关押罪犯拟暂予监外执行的，可以委托进行调查评估；

2. 对监狱关押罪犯拟暂予监外执行的，依法核实并确定社区矫正执行地；对符合暂予监外执行条件的，监狱管理机关作出暂予监外执行决定；

3. 对监狱关押罪犯批准暂予监外执行的，进行教育，及时通知并送达法律文书；依法将社区矫正对象交付执行；

4. 监狱管理机关对暂予监外执行罪犯决定收监执行的，原服刑或者接收其档案的监狱应当立即将罪犯收监执行；

5. 其他依法应当履行的职责。

（三）公安机关的职责

公安机关可以决定暂予监外执行的适用。根据《刑事诉讼法》第265条规定，在交付执行后，暂予监外执行由……看守所提出书面意见，报……设区的市一级以上公安机关批准。公安部《看守所留所执行刑罚罪犯管理办法》第25条规定，对需要暂予监外执行的罪犯，看守所应当填写暂予监外执行审批表，并附病情鉴定、妊娠检查证明、生活不能自理鉴定，或者哺乳自己婴儿证明；需要保外就医的，应当同时附保外就医保证书。县级看守所应当将有关材料报经所属公安机关审核同意后，报设区的市一级以上公安机关批准；设区的市一级以上看守所应当将有关材料报所属公安机关审批。

根据《社区矫正法实施办法》第7条规定，公安机关依法履行以下职责：

1. 对看守所留所服刑罪犯拟暂予监外执行的，可以委托开展调查评估；

2. 对看守所留所服刑罪犯拟暂予监外执行的，核实并确定社区矫正执行地；对符合暂予监外执行条件的，批准暂予监外执行；对符合收监执行条件的，作出收监执行的决定；

3. 对看守所留所服刑罪犯批准暂予监外执行的，进行教育，及时通知并送达法律文书；依法将社区矫正对象交付执行；

4. 对社区矫正对象予以治安管理处罚；到场处置经社区矫正机构制止无效，正在实施违反监督管理规定或者违反人民法院禁止令等违法行为的社区矫正对象；协助社区矫正机构处置突发事件；

5. 协助社区矫正机构查找失去联系的社区矫正对象；执行人民法院作出的逮捕决定；被裁定撤销缓刑、撤销假释和被决定收监执行的社区矫正对象逃跑的，予以追捕；

6. 对裁定撤销缓刑、撤销假释，或者对人民法院、公安机关决定暂予监外执行收监的社区矫正对象，送交看守所或者监狱执行；

7. 执行限制社区矫正对象出境的措施；

8. 其他依法应当履行的职责。

任务2.3 社区矫正监管执法的监督机构（关）及其职责

党的二十大报告指出：要"强化对司法活动的制约监督，促进司法公正"。

《社区矫正法》第 8 条第 2 款规定："人民检察院依法对社区矫正工作实行法律监督。"因此，人民检察院是社区矫正的监督机关，依照职责对社区矫正工作实行法律监督。社区矫正法律监督重点在于实现三个"防止"，即"加强交付执行检察，防止社区矫正对象漏管；加强监督管理检察，尤其是对'重点类型''重点罪名''重点对象'的社区矫正对象监管活动进行重点跟踪监督，防止脱管；加强变更执行检察，及时对收监执行的提请活动和裁定、决定活动以及终止执行活动进行监督，防止违法"。在保障刑事执行依法进行、维护司法权威和公信力的同时，检察机关注重保障社区矫正对象依法享有人身权利、财产权利和其他权利不受侵犯，在就业、就学和享受社会保障等方面不受歧视。统计显示，2021 年 1 月至 11 月，全国检察机关共监督纠正脱管 7727人，纠正漏管 5855 人，监督有关机关办理收监执行案件共 2894 人。[1]

根据《社区矫正法实施办法》第 6 条规定，人民检察院依法履行以下职责：

1. 对社区矫正决定机关、社区矫正机构或者有关社会组织的调查评估活动实行法律监督；

2. 对社区矫正决定机关判处管制、宣告缓刑、裁定假释、决定或者批准暂予监外执行活动实行法律监督；

3. 对社区矫正法律文书及社区矫正对象交付执行活动实行法律监督；

4. 对监督管理、教育帮扶社区矫正对象的活动实行法律监督；

5. 对变更刑事执行、解除矫正和终止矫正的活动实行法律监督；

6. 受理申诉、控告和举报，维护社区矫正对象的合法权益；

7. 按照刑事诉讼法的规定，在对社区矫正实行法律监督中发现司法工作人员相关职务犯罪，可以立案侦查直接受理的案件；

8. 其他依法应当履行的职责。

任务2.4 社区矫正监管执法统筹协调和指导机构及其职责

统筹协调和指导机构必须具有高度负责的精神，在统筹协调和指导社区

---

[1] 来源：最高人民检查院网，https://www.spp.gov.cn/spp/zdgz/202202/t20220214_544458.shtml，浏览时间：2022 年 8 月 18 日。

矫正工作中，必须以习近平新时代中国特色社会主义思想和习近平法治思想为依据而开展工作。

《社区矫正法》第 8 条第 3 款规定："地方人民政府根据需要设立社区矫正委员会，负责统筹协调和指导本行政区域内的社区矫正工作。"可见，社区矫正委员会是社区矫正工作的统筹协调和指导机构。社区矫正是一个系统工程，需要在各级党委政府的统一领导下开展工作，需要法院、检察院、公安和司法行政机关通力协作配合，需要财政、教育、卫生、民政、人力资源和社会保障等相关部门的积极支持，需要社会力量的广泛参与。实践中，为了能够协调各方面的力量共同做好社区矫正工作，社区矫正委员会可以由以下部门和人员组成：本级人民政府或者党委有关负责人、人民法院、人民检察院、公安机关、司法行政机关、财政、教育、卫生、民政、人力资源和社会保障等部门。社区矫正委员会还可以根据需要，有工会、共青团、妇联等单位代表，在县、乡镇两级还可以邀请村民委员会、居民委员会或者有关社会组织代表、社会工作者等人员参加。[1]

社区矫正委员会的职责主要是负责统筹协调和指导本行政区域内的社区矫正工作。包括加强对社区矫正工作的领导、督促、检查和指导；协调、研究解决社区矫正工作中的困难和问题等。实践中为加强对社区矫正工作的统筹协调和指导工作，社区矫正委员会一般通过召开联席会议，调研社区矫正工作的有关情况，及时研究解决矫正工作中的实际困难和重大难题，确保社区矫正工作的顺利开展。

社区矫正需要发动社会各方面的力量开展工作，除人民法院、人民检察院、公安机关外，还需要其他有关部门积极配合开展社区矫正相关工作。如教育部门可以利用教育资源为社区矫正对象提供必要的文化教育、法治教育课程；卫生部门可以为社区矫正对象开展心理矫治和辅导提供资源；民政部门可以为社区矫正对象提供临时居所、最低生活保障、社会救助等帮扶；人力资源和社会保障部门可以为社区矫正对象开展职业技能培训、就业指导提供帮助；共青团、妇联等部门可以利用自身资源为未成年人、妇女等提供必

---

〔1〕　张建明、吴艳华主编：《社区矫正实务》，中国政法大学出版社 2021 版，第 57 页。

要的帮扶。

以湖南省为例，社区矫正委员会各部门的主要职责如下：

1. 省委政法委：将社区矫正工作纳入全省平安建设考评内容，将社区矫正对象纳入各地网格管理。

2. 省高级人民法院：指导全省各级人民法院严格准确执行刑事法律和司法解释，依法适用非监禁刑和非监禁刑罚执行措施，依法适用禁止令；做好委托调查评估、核实居住地、确定执行地工作；依法通知社区矫正机构及送达法律文书；依法审理撤销缓刑、撤销假释、对暂予监外执行罪犯收监执行和减刑案件；对可能逃跑或者可能发生社会危险的社区矫正对象作出逮捕决定，通知公安机关执行；其他依法应当履行的职责。

3. 省人民检察院：指导全省各级人民检察院对调查评估、决定适用、交付执行、监管教育帮扶、执行变更、解除终止等社区矫正工作实行法律监督，对违法情况依法提出纠正意见、检察建议，对司法工作人员相关职务犯罪依法进行立案侦查；受理社区矫正对象的申诉、控告和检举，维护社区矫正对象的合法权益；其他依法应当履行的职责。

4. 省公安厅：指导全省各级公安机关依法履行以下职责：依法做好本机关决定社区矫正对象委托调查评估、核实居住地、确定执行地工作；对在看守所服刑符合条件的罪犯批准暂予监外执行，符合收监执行条件的及时作出收监执行决定；做好法律文书和社区矫正对象交付执行；对正在实施违反监督管理规定行为经制止无效的社区矫正对象予以现场处置、治安处罚；协助查找失去联系的社区矫正对象；将裁定撤销缓刑、假释，或者暂予监外执行决定收监执行的社区矫正对象，送交监狱或看守所执行；追捕被裁定撤销缓刑、假释和被决定收监执行后逃跑的社区矫正对象；配合社区矫正机构对社区矫正对象采取限制出境措施；其他依法应当履行的职责。

5. 省教育厅：指导全省各级教育管理部门帮助在校社区矫正对象完成学业，为未成年社区矫正对象完成义务教育提供条件；指导就读学校协助社区矫正机构做好社区矫正工作，履行矫正小组成员职责，加强对社区矫正对象的教育；指导各类职业技术院校按照有关部门的要求对就业困难的社区矫正对象开展职业技能培训；对歧视未成年社区矫正对象复学、升学等方面的行为依法作出处理等。

6. 省民政厅：指导全省各级民政部门将社区矫正工作纳入城乡社区建设和治理工作；指导居（村）民委员会依法协助社区矫正机构做好社区矫正工作，履行矫正小组成员职责，引导志愿者和社区居（村）群众，利用社区资源，对有特殊困难的社区矫正对象进行必要的教育帮扶；鼓励支持、组织动员社会组织、志愿者等社会力量依法参与社区矫正工作；对生活困难、符合条件的社区矫正对象按政策纳入社会保障、救助范围。

7. 省司法厅：主管全省社区矫正工作，指导监狱管理机关依法做好社区矫正相关工作；拟定社区矫正工作发展规划和管理制度，监督检查社区矫正法律法规和政策的执行情况；推动社会力量参与社区矫正工作；推进社区矫正工作队伍建设，加强对社区矫正工作人员的管理、监督培训和职业保障；协调有关部门加强对社区矫正工作经费、场所、装备、机构和人员的保障，解决社区矫正工作中的问题；承担省社区矫正委员会办公室日常工作；其他依法应当履行的职责。

8. 省财政厅：按照省委、省政府的有关决策部署，结合实际统筹做好社区矫正有关经费保障，加强预算管理，提高资金使用绩效。

9. 省卫健委：协助省高级人民法院、社区矫正机构以及监狱、看守所主管部门，指导全省各级卫生健康行政部门和相关医疗机构规范开展对暂予监外执行罪犯（社区矫正对象）的病情诊断、病情复查、妊娠检查以及生活不能自理鉴别等工作；加强对严重精神障碍社区矫正对象的救治收治。

10. 省人社厅：指导全省各级人力资源和社会保障部门为就业困难的社区矫正对象开展职业技能培训、就业指导；对歧视未成年社区矫正对象就业的行为依法作出处理；对在社区矫正工作中做出突出贡献的组织、个人，按照国家有关规定给予表彰奖励。

11. 共青团省委：指导和组织广大团员、青年志愿者和相关青年社会组织依法参与社区矫正工作；依法协助社区矫正机构做好未成年人社区矫正工作。

12. 省妇联：指导全省各级妇联组织和妇女依法参与社区矫正工作，依法协助社区矫正机构做好女性未成年人社区矫正工作。

13. 省监狱管理局及各监狱：对监狱关押罪犯拟暂予监外执行的，监狱管理机关可以委托开展调查评估；对监狱关押罪犯拟暂予监外执行的，监狱管理机关依法核实并确定社区矫正执行地；对符合暂予监外执行条件的，作出暂予监外执行决定；监狱管理机关对监狱关押罪犯批准暂予监外执行的，进行教育，及时通知并送达法律文书；监狱依法将社区矫正对象交付执行；监狱管理机关对暂予监外执行罪犯决定收监执行的，原服刑或者接收其档案的监狱应当立即将罪犯收监执行；其他依法应当履行的职责。

任务2.5 社区矫正监管执法具体实施机构及其职责

社区矫正监管执法具体实施机构必须"高举中国特色社会主义伟大旗帜，全面贯彻新时代中国特色社会主义思想"，在具体实施监管执法工作中，做到"守正创新、踔厉奋发、勇毅前行"，履行好自己的职责，为实现中国式现代化社区矫正工作场景而努力奋斗！

《社区矫正法》第9条规定："县级以上地方人民政府根据需要设置社区矫正机构，负责社区矫正工作的具体实施。社区矫正机构的设置和撤销，由县级以上人民政府司法行政部门提出意见，按照规定的权限和程序审批。司法所根据社区矫正机构的委托，承担社区矫正相关工作。"

《刑事诉讼法》第279条规定，社区矫正机构负责执行社区矫正。可见，社区矫正机构是社区矫正的执行机关，负责具体实施社区矫正。关于社区矫正监管执法的具体实施机构《社区矫正法》也作了明确规定。《社区矫正法》第9条规定："县级以上地方人民政府根据需要设置社区矫正机构，负责社区矫正工作的具体实施。社区矫正机构的设置和撤销，由县级以上人民政府司法行政部门提出意见，按照规定的权限和程序审批。司法所根据社区矫正机构的委托，承担社区矫正相关工作。"因此，社区矫正执行机构主要是是县级以上地方人民政府设置的社区矫正机构和司法所。社区矫正机构负责对被判处管制、宣告缓刑、假释和暂予监外执行的社区矫正对象具体实施，司法所根据社区矫正机构的委托承担社区矫正部分工作。

一、社区矫正机构的职责

根据《社区矫正法实施办法》第9条规定，社区矫正机构依法履行以下职责：

1. 接受委托进行调查评估，提出评估意见；

2. 接收社区矫正对象，核对法律文书、核实身份、办理接收登记，建立档案；

3. 组织入矫和解矫宣告，办理入矫和解矫手续；

4. 建立矫正小组、组织矫正小组开展工作，制定和落实矫正方案；

5. 对社区矫正对象进行监督管理，实施考核奖惩；审批会客、外出、变更执行地等事项；了解掌握社区矫正对象的活动情况和行为表现；组织查找失去联系的社区矫正对象，查找后依情形作出处理；

6. 提出治安管理处罚建议，提出减刑、撤销缓刑、撤销假释、收监执行等变更刑事执行建议，依法提请逮捕；

7. 对社区矫正对象进行教育帮扶，开展法治道德等教育，协调有关方面开展职业技能培训、就业指导，组织公益活动等事项；

8. 向有关机关通报社区矫正对象情况，送达法律文书；

9. 对社区矫正工作人员开展管理、监督、培训，落实职业保障；

10. 其他依法应当履行的职责。

二、司法所的职责

根据《社区矫正法实施办法》第 10 条规定："司法所根据社区矫正机构的委托，承担社区矫正相关工作。"目前，对司法所承担哪些社区矫正工作，法律没有作出具体规定，社区矫正机构根据当地情况具体确定委托事项。根据有关方面的要求和实践，司法所一般来说主要履行以下社区矫正工作职责：

1. 根据县级司法行政机关的授权，对拟适用社区矫正对象进行调查评估；

2. 根据县级司法行政机关的指派，接收社区矫正对象；

3. 组织社区矫正宣告和解除社区矫正宣告；

4. 确定矫正小组，制定矫正方案；

5. 建立社区矫正工作档案；

6. 监督社区矫正对象定期报告；

7. 落实日常监督管理措施；

8. 定期走访社区矫正对象；

9. 组织日常教育学习、社区服务和心理辅导活动；

10. 按时对社区矫正对象进行考核并实施分类管理；

11. 提出社区矫正对象的奖惩建议；

12. 负责社区矫正对象外出的审批或者审核并上报；

13. 组织动员基层社会力量参与社区矫正工作；

14. 按时做出社区矫正对象矫正期满书面鉴定；

15. 办理解除矫正手续，提出安置帮教建议，做好与安置帮教工作衔接；

16. 其他依法应当履行的职责。[1]

三、社区矫正监管执法工作辅助力量及其职责

党的二十大报告提出："推进多层次多领域依法治理，提升社会治理法治化水平。"社区矫正是一个涉及社会多层次多领域的复杂的系统化工程，除专门机关的力量外，还必须借助社会多方面的力量共同完成。所以，社区矫正监管执法工作辅助力量的加入对高质量完成社区矫正工作至关重要。

社区矫正监管执法工作辅助力量是指接受社区矫正机构的委托从事社区矫正工作管理的其他组织和社会力量。根据《社区矫正法》第 10 至第 13 条的规定，这类组织和社会力量主要包括社区矫正社工机构、基层组织、相关亲属和单位、企事业单位、社会组织、志愿者等社会力量。

（一）社区矫正社工组织

《社区矫正法》第 11 条规定："社区矫正机构根据需要，组织具有法律、教育、心理、社会工作等专业知识或者实践经验的社会工作者开展社区矫正相关工作。"社区矫正机构通过招聘、公开购买服务或者项目委托等方式将部分社区矫正工作委托给社工组织。社工组织是社区矫正工作的一支重要力量，一方面在一定程度上解决了司法行政机关人员力量不足的问题，另一方面社会工作者以平等身份与社区矫正对象沟通交流，更容易获得矫正对象的信任，能够很好地发挥其在教育、心理等方面的专业技能，从而更好地帮扶矫正对象，有着社区矫正监管执法工作人员不可替代的优势。

（二）基层组织

《社区矫正法》第 12 条第 1 款规定："居民委员会、村民委员会依法协助

---

[1] 来源：《漯河日报》数字报刊，http://rb.lhrb.com.cn/html/2018 - 05/24/content_22317.htm，浏览时间：2022 年 8 月 5 日。

社区矫正机构做好社区矫正工作。"2014年《司法部、中央综治办、教育部、民政部、财政部、人力资源社会保障部关于组织社会力量参与社区矫正工作的意见》提出，发挥基层群众性自治组织的作用，村（居）民委员会是协助开展社区矫正工作的重要力量。村（居）民委员会应发挥其贴近社区矫正对象日常工作、生活的优势，及时掌握社区矫正对象的思想动向和行为表现，积极协助社区矫正机构做好社区矫正对象的困难帮扶、社区服务等工作，及时向社区矫正机构反映社区矫正对象情况，发动引导社会组织、志愿者和居民群众广泛参与社区矫正工作，扩大交往融合，促进社区矫正对象融入社会、回归社会。实践中，居民委员会、村民委员会在社区矫正工作具有十分重要的作用，尤其在农村实行社区矫正的，主要依靠村民委员会对社区矫正对象进行监督管理和教育帮扶。

基层组织具有贴近群众、贴近社区矫正对象，整合利用社区资源对社区矫正对象进行监督帮教的基础条件和显著优势。加强村（居）民委员会依法协助社区矫正工作机制建设，有利于筑牢社区矫正第一道防线，构建基层社区矫正工作新格局，提高社区治理现代化水平。

《社区矫正法》出台后，多地省司法厅、民政厅联合印发《关于村（居）民委员会协助做好社区矫正工作的实施意见》，对全面推动村（居）民委员会协助开展社区矫正工作，整合社区资源对社区矫正对象进行监督管理、教育帮扶提出了具体要求。例如湖南省司法厅、湖南省民政厅联合印发《关于村（居）民委员会协助做好社区矫正工作的实施意见》，明确村（居）民委员会协助社区矫正工作的范围与职责：

1. 协助进行调查评估和奖惩评议。对涉及社区矫正对象的调查评估和考核奖惩等提供必要的协助。

2. 履行矫正小组成员责任和义务。参加矫正小组的村（居）民委员会人员负责落实矫正方案的有关安排，按照《社区矫正法实施办法》第19条的规定协助开展工作。

3. 参加矫正宣告。安排有关矫正小组成员到场参加社区矫正对象的入（解）矫宣告。

4. 协助组织公益活动。依托社区资源，协助建立公益活动基地、开发公益活动项目。协助社区矫正机构、司法所组织社区矫正对象参加公益活动。

5. 协助做好教育帮扶。引导志愿者和社区群众，利用社区资源，采取多种形式，对有特殊困难的社区矫正对象进行必要的教育帮扶，帮助其解决实际困难和问题。

6. 协助发动社会力量参与。根据村（社区）现实条件，协助引导社区矫正对象的监护人、家庭成员，所在单位或者就读学校，所在村（社区）的企业事业单位、社会组织、社会工作者等社会力量，协助组织驻（包）村干部、社区民警（村辅警）、大学生村官、网格员、志愿者、社区群众等社区力量，发挥多方优势，协力消除社区矫正对象可能重新犯罪的因素。

（三）相关亲属和单位

《社区矫正法》第12条第2款规定："社区矫正对象的监护人、家庭成员，所在单位或者就读学校应当协助社区矫正机构做好社区矫正工作。"社区矫正的相关亲属主要指的是"社区矫正对象的监护人和家庭成员"。社区矫正对象被判刑后更加需要相关亲属的关爱，与其共同生活的家庭成员有义务也有责任协助社区矫正机构帮助其消除可能再犯罪的因素，成为守法公民。社区矫正对象的相关单位主要指的是"社区矫正对象在工作的单位或者就读的学校"。为了促进社区矫正对象顺利融入社会，社区矫正对象的工作单位和就读学校有责任和义务协助社区矫正机构做好监督管理和教育帮扶工作。

（四）企事业单位、社会组织、志愿者等社会力量

《社区矫正法》第13条规定："国家鼓励、支持企业事业单位、社会组织、志愿者等社会力量依法参与社区矫正工作。"社区矫正区别于传统监禁刑最大的特点是将社区矫正对象置于社区之内，让社会力量参与到对社区矫正对象的矫正教育帮扶之中。社会力量的介入改变了传统的刑罚执行方式的格局，使社会的人力资源、组织资源、物质资源、环境资源、文化资源、技术资源等成为社区矫正的有力支撑。社会力量参与社区矫正工作是社区矫正工作自试点以来就一直遵循的原则，也是实现社区矫正目标和任务的实际需要。

任务3　社区矫正监管执法工作队伍及其职责

目前，我国社区矫正监管执法工作队伍主要由专职的社区矫正工作人员和辅助的社区矫正工作人员构成。专职的社区矫正工作人员主要负责监管执法工作；辅助的社区矫正工作人员主要参与监督管理和教育帮扶工作。

任务3.1　社区矫正监管执法工作人员及其职责

党的二十大报告指出："全面建设社会主义现代化国家，必须有一支政治过硬、适应新时代要求、具备领导现代化建设能力的干部队伍。……加强实践锻炼、专业训练，注重在重大斗争中磨砺干部，增强干部推动高质量发展本领、服务群众本领、防范化解风险本领。"

社区矫正是一项刑事执行工作，对社区矫正对象的监督管理具有刑事惩罚性，必须有一支职业化、专业化、规范化的执法队伍作为组织保障，以体现法律的严肃性和权威性。《社区矫正法》第10条规定"社区矫正机构应当配备具有法律等专业知识的专门国家工作人员，履行监督管理、教育帮扶等执法职责。"根据该条规定，社区矫正监管执法工作人员是指在社区矫正机构从事社区矫正执法工作的专门国家工作人员，其执法职责从宏观上来说主要包括两大内容，一是监督管理职责，二是教育帮扶职责。

社区矫正监管执法工作人员的监督管理职责主要是指根据《社区矫正法》的规定，对社区矫正对象依法进行监督、考察和管理，保障刑事判决、裁定和暂予监外执行决定的正确执行，包括制定有针对性的矫正方案，确定矫正小组落实矫正方案，了解掌握社区矫正对象的活动情况和行为表现，对表现突出的给予表扬，对违反规定的依法予以处理等。社区矫正监管执法工作人员的教育帮扶职责主要是指针对社区矫正对象在重新融入社会方面存在的问题和困难，有针对性地帮助解决问题，以增强其社会适应能力，防止因为这些问题而重新犯罪。如有的社区矫正对象在就业、就学、生活等方面存在的困难和问题，为促进其顺利融入社会，成为守法公民，除去对社区矫正对象进行法治道德教育外，社区矫正工作人员还会协调有关方面开展职业技能培训、就业指导、帮助完成学业，组织公益活动，申请社会救助、社会保险、法律援助等帮扶活动。[1]

社区矫正监管执法工作人员负责辖区内所有的社区矫正事务，主要依法履行以下职责：

1. 接受委托进行调查评估，提出评估意见；

2. 接收社区矫正对象，办理登记；

3. 组织入矫和解矫宣告，办理入矫和解矫手续；

4. 对社区矫正对象进行监督管理；

5. 审批考核奖惩有关事项；

6. 提出刑罚执行变更等建议；

7. 组织实施对社区矫正对象的教育帮扶；

8. 法律、法规规定的其他职责。

总之，社区矫正监管执法工作人员不仅要负责拟适用社区矫正的调查评估、矫正对象的接收、监督管理、矫正教育、考核奖惩、矫正对象的解除或终止等刑事执行工作，而且还要组织政府资源和社区资源开展社区矫正工作。不仅要负责宏观的、微观的社区矫正事务，还要充分重视对社区志愿者组织及个人的培育以及这些组织活动的协调。

另外，为强化监管执法力量，规范执法工作，在"刑罚执行一体化"的理念指导下，我国各地还抽掉了部分监狱、强制隔离戒毒所的人民警察帮助专职的社区矫正工作人员开展监管执法工作。从实践中来看，取得了较好的监管执法效果，大大提高了社区矫正监管执法的力度和监管执法的规范化建设。

任务3.2 社区矫正辅助工作人员及其职责

党的二十大报告指出："完善社会治理体系。健全共建共治共享的社会治理制度，提升社会治理效能。""强化社会治安整体防控，推进扫黑除恶常态

---

〔1〕 王爱立、姜爱东主编：《中华人民共和国社区矫正法释义》，中国民主法制出版社 2020 年版，第 71 页。

化，依法严惩群众反映强烈的各类违法犯罪活动。发展壮大群防群治力量，营造见义勇为社会氛围，建设人人有责、人人尽责、人人享有的社会治理共同体。"借助社区矫正辅助工作人员的力量高效完成社区矫正工作就是对二十大报告精神的具体贯彻和落实。

社区矫正辅助工作人员是指接受社区矫正机构的委托从事社区矫正工作的其他人员。坚持专门机关为主体，社会力量广泛参与，是社区矫正工作区别于其他刑事执行工作的重要特征。社区矫正的社会性和开放性的特征决定了社区矫正必然是一项综合性的社会系统工程，参与社区矫正管理的人员不应只局限于国家机构专门工作人员，更应当包括承担了社区矫正管理职能的其他人员。根据《社区矫正法》第 10 条 ~ 13 条的规定，这类人员主要包括社区矫正社会工作者、基层组织、相关亲属和单位、企事业单位、社会组织、志愿者等社会力量。

一、社区矫正社会工作者的职责

《社区矫正法》第 11 条对社会工作者参与社区矫正工作进行了明确的规定。社区矫正社会工作者是指经政府公开招聘，专门协助社区矫正工作者对矫正对象进行监督管理、教育疏导、生活救助等日常事务性管理的工作人员。社会工作者在社区矫正机构、司法所的组织下，协助开展社区矫正工作。社会工作者依法履行下列职责：

1. 参加社区矫正小组，协助制定社区矫正方案；

2. 协助做好对社区矫正对象的日常管理工作；

3. 参与组织社区矫正对象学习、社区服务和技能培训；

4. 运用社会工作方法，提供专业化服务，帮助解决社区矫正对象在就学、就业、工作生活和心理健康等方面的困难和问题。

很明显，社区矫正社会工作者要协助制定个性化矫正方案，运用社会工作理念和方法开展矫治教育工作；参与组织社区矫正对象学习、公益活动和技能培训；掌握和记载社区矫正对象现实表现，为社区矫正对象的日常管理、司法奖惩及期满鉴定提供基本依据；帮助社区矫正对象解决心理、生活、就业等方面的实际问题和困难等。

二、相关亲属和单位的职责

《社区矫正法》对社区矫正对象的监护人、家庭成员，所在单位或者就读学校的人员的职责和要求作了一些规定，如第25条规定，为社区矫正对象确定的矫正小组，可以由监护人、家庭成员，所在单位或者就读学校的人员等组成；第39条规定，社区矫正对象的监护人、家庭成员，所在单位或者就读学校应当协助社区矫正机构做好对社区矫正对象的教育；第51条规定，社区矫正对象在社区矫正期间死亡的，其监护人、家庭成员应当及时向社区矫正机构报告；第53条第1款规定，未成年社区矫正对象的监护人应当履行监护责任，承担抚养、管教等义务；第55条第1款规定，未成年社区矫正对象的监护人应当依法保证其按时入学接受并完成义务教育。

三、企事业单位、社会组织、志愿者等社会力量的职责

社会力量参与社区矫正工作是社区矫正试点以来一直遵循的原则，是贯彻党的十八届三中、四中全会关于健全社区矫正制度的要求，是实现社区矫正目标和任务的实际需要。

《社区矫正法》对充分调动社会各方面力量，积极参与社区矫正工作作了规定。例如：

1. 参与调查评估。《社区矫正法》第18条规定，社区矫正决定机关可以委托社会组织对被告人或者罪犯的社会危险性和对所居住社区的影响进行调查评估。

2. 提供教育帮扶活动。《社区矫正法》第35条第2款规定，有关人民团体应当协助做好教育帮扶工作；第40条规定，社区矫正机构可以通过公开择优购买社会服务、项目委托等方式，委托社会组织提供教育、心理辅导、职业技能培训、社会关系改善等专业化的帮扶；国家鼓励有经验和资源的社会组织跨地区开展帮扶交流和示范活动；第41条规定，国家鼓励企业事业单位、社会组织为社区矫正对象提供就业岗位和职业技能培训。招用符合条件的社区矫正对象的企业，按照规定享受国家优惠政策。

3. 参加矫正小组。《社区矫正法》第25条规定，为社区矫正对象确定的矫正小组可以有志愿者参加，矫正小组负责落实相应的矫正方案。

4. 对未成年社区矫正对象提供必要的帮扶。《社区矫正法》第 56 条规定，共产主义青年团、妇女联合会、未成年人保护组织应当依法协助做好未成年人的社区矫正工作。国家鼓励其他未成年人相关社会组织参与未成年人社区矫正工作，依法给予政策支持。

任务 4　（实训项目 1）走进社区矫正机构

材料 1：截至 2017 年年底，全国各省（区、市）和新疆生产建设兵团司法局经编制部门批准，均设立了社区矫正局（处）。其中，宁夏、青海、江苏、湖北、湖南、西藏、浙江、河南、上海、内蒙古、重庆、广西、河北、吉林、安徽、北京、天津、福建、辽宁、江西、广东、海南 22 个省（区、市）司法厅（局）单独设立社区矫正局（总队），黑龙江、贵州、云南、山西、新疆、甘肃、山东、陕西、四川 9 个省（区）司法厅（局）单独设立社区矫正处，新疆生产建设兵团司法局在基层处加挂社区矫正局（处）牌子。全国共有 347 个地（市、州）司法局单独设立社区矫正局（支队、处、科）、2885 个县（市、区）司法局单独设立社区矫正局（大队、科、股），分别约占全国地（市、州）和县（市、区）建制数（含新疆生产建设兵团的师、团场）的 99% 和 98%。[1]

材料 2：2021 年 6 月 21 日，司法部颁布并施行了《社区矫正中心建设规范（SF/T 0087－2021）》标准。该规范规定了社区矫正中心建设的总体要求以及规划设计、功能区域设置和设施设备的要求，适用于全国社区矫正中心的建设与运行，进一步规范了全国司法行政信息化建设，加强了对全国司法行政业务工作的指导。

材料 3：截至 2017 年年底，全国省、市、县三级专职社区矫正国家工作人员总数为 12 610 人，专职从事社区矫正工作的警察共计 3017 人，其中从监狱戒毒人民警察中抽调 2040 人，省（区、市）司法厅（局）授予的社区矫正

---

〔1〕 司法部社区矫正管理局编：《2012～2017 年全国社区矫正工作统计分析报告》，法律出版社 2018 年版，第 8 页。

工作警察977人，从事社区矫正工作的社会工作者80 008人（其中专职社区矫正社会工作者54 180人，临时聘用人员25 828人），社会志愿者659 352人。[1]

根据以上材料，完成以下实训任务：

1. 根据材料1，分析在社区矫正监管执法工作中，社区矫正管理局的性质是什么？从中央到地方是如何进行机构设置的？社区矫正管理局承担的具体职责有哪些？

2. 根据材料2，分析社区矫正中心规范化建设有何意义？社区矫正中心设置了哪些功能室？各功能室的作用分别是什么？

3. 根据材料3，分析社区矫正监管执法工作队伍有哪些？各工作队伍在社区矫正监管执法工作中处于什么地位？各工作队伍的职责有哪些？

【课堂活动2-1】

黄某，因犯绑架罪被H省W市G区人民法院判处有期徒刑11年，因病被H省监狱管理局决定暂予监外执行。暂予监外执行期间由执行地司法所负责对其进行社区矫正期间日常管理。随着黄某身体变差，痊愈的希望愈加渺茫，加之其家庭因生活困难而放弃了治疗，使他思想日渐消沉，愈加寡言少语，出现不愿沟通、情绪低落的现象。执行地司法所在对黄某的日常监管中，依托G区社区矫正管理局、检察院、华夏心理咨询公司等部门开展联合教育、帮扶活动。通过几年来各方的努力，黄某思想行为都发生了明显改变。不仅对其犯罪行为有了正确认识，负面心理情绪得到了明显改善，重新恢复了自信的生活状态，还确定了生活的目标，并为之不断努力。

讨论：社区矫正工作为什么需要社会力量积极参与？

【课堂活动2-2】

王某某系S省Y市L县庙上乡司法所所长，在任职期间，一名社区矫正对象陈某某在Y区C镇承包了80亩枣树地，长期违规越界往返作业，王某某

---

[1] 司法部社区矫正管理局编：《2012～2017年全国社区矫正工作统计分析报告》，法律出版社2018年版，第9页。

作为陈某某的社区矫正监管责任人，在发现陈某某有越界行为之后，虽按规定要求陈某某将社区矫正档案转到 Y 区，但因其不愿意而未再坚持，致使其长期越界。在社区矫正期间，陈某某在 Y 区因涉嫌故意杀人罪被立案侦查，最终被 Y 市中级人民法院以故意杀人罪判处死刑，剥夺政治权利终身。

L 县司法局撤销王某某司法所所长职务，停止其司法所工作。法院认定王某某的行为构成玩忽职守罪，但被告人到案后如实供述自己的罪行，认罪悔罪，且犯罪情节轻微不需要判处刑罚，对被告人免予刑事处罚。

讨论：该案例对你以后从事社区矫正工作有何启示？

【思考题】

1. 你认为现阶段我国社区矫正监管执法的领导机制和工作机制有何优势？
2. 你认为社区矫正监管执法工作人员应当具备哪些基本素质？
3. 如果你是一名社区矫正社会工作者，你将如何参与社区矫正工作？

拓展 学习

我国社区矫正机构和司法所承担社区矫正 工作的历史沿革和立法背景[1]

1979 年《刑事诉讼法》规定，对于被判处管制、缓刑、被假释、暂予监外执行的罪犯，由公安机关监督考察。2012 年修正《刑事诉讼法》时，明确对这四类罪犯依法实行社区矫正，由社区矫正机构负责执行。在《刑事诉讼法》修改过程中，对于社区矫正的执行一直存在不同的认识，有的认为应由司法行政机关或者其内设部门执行社区矫正，也有的认为应由司法行政机关、法院、检察院、公安部等多部门及社会各界共同执行社区矫正。有的提出，由司法行政机关或其内设部门执行社区矫正，可能存在以下问题：一是法院参与积极性不高，导致矫正工作的权威性不足，影响社区矫正的效果。二是

---

〔1〕 王爱立、姜爱东主编：《中华人民共和国社区矫正法释义》，中国民主法制出版社 2020 年版，第 66～68 页。

公安机关的积极性也不高，可能使部分带有强制性的工作，如对违法人员的治安处罚、对矫正对象的追捕和出境管控等，不能及时进行，那么司法行政机关就要设立专门的社区矫正警察。三是教育、卫生、民政、人力和社会保障等部门的积极性不足，参与力度不够，也会影响社区矫正工作的开展。因此，《刑事诉讼法》修改后，没有规定社区矫正由司法行政机关执行，而是明确规定由社区矫正机构执行。《刑事诉讼法》第 269 条规定，对被判处管制、宣告缓刑、假释或者暂予监外执行的罪犯，依法实行社区矫正，由社区矫正机构负责执行。这样规定主要考虑到：从刑法、刑事诉讼法规定社区矫正的立法本意看，依法实行社区矫正，不是简单的执行机关的转换，将执行主体由公安机关更换为司法行政机关，而是执行方式理念的转变，是在开放环境下，通过个别化矫正，消除社区矫正对象可能重新犯罪的因素，帮助其顺利融入社会，成为守法公民。但这并非意味着公安机关不再承担对被判处管制、宣告缓刑、假释或暂予监外执行的罪犯的监督管理职责，在社区矫正工作中，公安机关作为主要的社会治安管理部门，仍然需要承担相应的职责，发挥重要的作用。如果只规定由司法行政机关执行，其他相关部门就更不参与了，无法保证社区矫正工作的顺利开展。当然，实践中司法行政机关作为主管部门，在其中起着积极主导的作用。

2012 年最高人民法院、最高人民检察院、公安部、司法部联合发布的《社区矫正实施办法》（已失效）规定，县级司法行政机关社区矫正机构对矫正人员进行监督管理和教育帮助，司法所承担社区矫正日常工作。在社区矫正机构的设置上，基本沿袭了根据行政区划，分中央省地县的层级进行设置的办法，司法部设立了社区矫正管理局，各省（区、市）司法厅（局）普遍设立了社区矫正管理局（处局办），地（市、州）和县（市、区）普遍设立了社区矫正工作机构，有的称为社区矫正管理局，有的称为社区矫正处、科、股。社区矫正的日常管理职责主要是由司法所承担。

在社区矫正立法过程中，有人提出，按照目前传统的方法设置社区矫正机构，会带来以下几个方面的问题：一是人力资源分配的不平衡。由于我国经济发展不平衡，流动人口多，犯罪地域分布不均衡，适用社区矫正的对象分布也不均衡。如果机构设置和人员配置大范围铺开，分层级进行，势必会导致工作人员分配不均衡，忙闲不均——社区矫正对象数量多的地方，工作人员人均负责社区矫正对象的数量大，工作量也大；社区矫正对象数量少的地区，人均负责社区矫正对象的数量小，工作量也小。而工作量超负荷的地方开展矫正工作的积极性就会打折扣，进而影响矫正工作的效果。二是法律适用的不匹配。人力资源配置不到位的地方，可能会影响开展工作的积极主动性。目前部分法院为保证社区矫正对象的矫正工作顺利开展，在决定是否适用社区矫正时，会委托司法行政部门出具能否接收被判刑人进行社区矫正的报告，若居住地、户籍地的司法行政部门因各种困难而拒绝接收，会影响法院适用社区矫正。这种因社区矫正力量配置不到位，使得对符合条件的被告人、罪犯不适用社区矫正，会引起法律适用的不匹配、影响司法的公正性和权威性。三是增加额外的财政负担，不符合社区矫正节省行刑成本的初衷。四是司法所受县级司法机关和乡镇（街道）双重管理，职能多、人手缺、力量弱，除承担社区矫正工作外，还需承担人民调解、基层法律服务、安置帮教、法治宣教等职能及乡镇党委政府安排的中心工作，且专业能力与高水平社区矫正工作的要求还存在差距，影响社区矫正工作实效。

在制定《社区矫正法》时，针对上述种种情况，从着眼长远和考虑现实需要出发，设立一个社区矫正委员会作为综合性的议事协调机构，负责统筹协调工作；社区矫正机构具体负责实施社区矫正工作；同时明确司法行政机关主管社区矫正工作；司法所根据委托承担社区矫正相关工作。这样规定的目的是建设一支专业化、职业化的社区矫正机构队伍，不断提高社区矫正工作的规范化水平，同时考虑到司法所作为司法行政最基层的组织，在社区矫正工作中一直发挥着十分重要的作用，司法所工作人员在长期社区矫正工作中也积累了一定的实践经验，今后仍然需要司法所协助社区矫正机构承担相关社区矫正工作。

项目三

拟适用社区矫正调查评估

学习目标

知识目标：掌握拟适用社区矫正调查评估的概念、启动与实施主体、调查评估的内容；掌握拟适用社区矫正调查评估的工作流程。

能力目标：具备拟适用社区矫正调查评估的职业能力；具备严谨的逻辑思维能力和良好的沟通协调能力以及创新能力。

素质目标：具备忠诚敬业的职业道德，文明执法的执法意识；勇于担当的职业精神。

知识树

```
                          拟适用社区矫正  ┌启动的主体
                          调查评估的启动  └实施的主体

                                         拟适用社区矫正调查  ┌接收委托函
                                         评估实施前的工作   └登记备案
        拟适用社区
        矫正调查评估    拟适用社区矫正                      ┌组建调查评估小组
                       调查评估的实施                      │确定调查评估内容
                                         拟适用社区矫正调查 │确定调查评估的对象
                                         评估实施的具体工作 │确定调查评估的时间、方式
                                                          └制作调查评估笔录
```

92

拟适用社区
矫正调查评估
├─ 拟适用社区矫正
│　调查评估的实施
│　├─ 拟适用社区矫正调查
│　│　评估实施的具体工作
│　│　├─ 整理分析调查评估材料
│　│　├─ 开展调查评议
│　│　├─ 调查评估意见书的制作
│　│　├─ 文书寄送
│　│　└─ 建立档案
└─ 拟适用社区矫正调查
　　评估应注意的事项
　　├─ 调查人员的注意事项
　　└─ 采信情况的说明

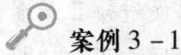 **案例 3 - 1**

杨某某，男，1958 年 6 月出生，户籍地和居住地均为 H 省 S 市 G 区。犯罪嫌疑人杨某某，于 2020 年 10 月 12 日 19 时 30 分许，酒后驾驶小型普通客车沿 S 市 Z 县某商业街行驶时，与他人驾驶的小汽车相撞，杨某某负事故的主要责任。经鉴定，杨某某静脉血中乙醇含量为 109mg/100ml，系醉酒驾驶。

2020 年 11 月 25 日，Z 县人民法院以发函的方式委托 G 区司法局社区矫正机构对拟适用缓刑的被告人杨某某进行调查评估。

S 市 G 区司法局社区矫正机构收到委托后，立即按照法律规定开展评估调查工作。为了最大限度地提供真实可靠的参考依据，更好地体现司法公正，保障当事人合法权利，G 区司法局社区矫正机构成立了由 1 名社区矫正工作人员、1 名村干部和 1 名社区矫正志愿者共同组成的调查评估小组，通过走访、谈话等方式对杨某某的居所情况、家庭和社会关系、犯罪行为的后果和影响、被害人意见、社会危险性等情况进行全面调查。

经调查，杨某某所在村委会和街坊邻居对其评价较好，表示其在该村居住期间无不良行为、不良嗜好，其本人没有其他违法犯罪前科，在此次事故发生后积极履行了赔偿义务，得到被害人家属谅解，社会危险性较低。2020 年 11 月 30 日，经集体讨论、分管领导批准，S 市 G 区司法局社区矫正机构形成了调查评估意见，认为杨某某适宜接受社区矫正，并于当日将调查评估意见和相关材料邮寄至 Z 县人民法院，为法院判决最大限度地提供真实可靠的参考依据。

该案例主要反映了拟适用社区矫正调查评估启动的部门、实施的部门以及调查评估的内容。那么什么是拟适用社区矫正调查评估呢？

拟适用社区矫正调查评估是指社区矫正决定机关根据需要，对拟适用社区矫正的被告人或罪犯，委托社区矫正机构或有关社会组织对其社会危险性和对所居住社区的影响进行调查评估，提出意见，供决定社区矫正时参考的一种制度。在社区矫正工作中，科学的调查评估及其结果，是帮助社区矫正决定机关准确、合理适用社区矫正的重要的基础性工作，也对社区矫正决定作出后有针对性地制订矫正方案、有效地对矫正对象开展监督管理和教育帮扶工作具有积极价值。因此，严把社区矫正入口关，不仅能够促进矫正质量的提高，为社区矫正工作的顺利开展奠定坚实的基础，还为社区矫正决定机关提供重要参考。

在我国，调查评估制度最早运用于审理未成年人刑事案件。2001年4月颁布的《最高人民法院关于审理未成年人刑事案件的若干规定》（已失效）第21条规定："开庭审理前，控辩双方可以分别就未成年被告人性格特点、家庭情况、社会交往、成长经历以及实施被指控的犯罪前后的表现等情况进行调查，并制作书面材料提交合议庭。必要时，人民法院也可以委托有关社会团体组织就上述情况进行调查或者自行进行调查。"2012年修正的《刑事诉讼法》第268条，以及2018年修正的《刑事诉讼法》第279条，均规定："公安机关、人民检察院、人民法院办理未成年人刑事案件，根据情况可以对未成年犯罪嫌疑人、被告人的成长经历、犯罪原因、监护教育等情况进行调查。"在开展社区矫正工作的过程中，一些地方借鉴了未成年人刑事案件的相关做法，将拟适用社区矫正调查评估制度作为社区矫正机构的工作内容之一。

目前，拟适用社区矫正调查评估已成为社区矫正工作的一项重要的法律制度。《社区矫正法》第18条规定："社区矫正决定机关根据需要，可以委托社区矫正机构或者有关社会组织对被告人或者罪犯的社会危险性和对所居住社区的影响，进行调查评估，提出意见，供决定社区矫正时参考。居民委员会、村民委员会等组织应当提供必要的协助。"《社区矫正法实施办法》第5条第1项规定："人民法院拟判处管制、宣告缓刑、决定暂予监外执行的，可以委托社区矫正机构或者有关社会组织对被告人或者罪犯的社会危险性和对所居住社区的影响，进行调查评估，提出意见，供决定社区矫正时参考。"第

7 条第 1 项规定："公安机关对看守所留所服刑罪犯拟暂予监外执行的，可以委托开展调查评估。"第 8 条第 1 项规定："监狱管理机关以及监狱对监狱关押罪犯拟提请假释的，应当委托进行调查评估；对监狱关押罪犯拟暂予监外执行的，可以委托进行调查评估。"

从上述规定看，拟适用社区矫正调查评估包括两类：①"可以委托"调查评估。适用于拟判处管制、宣告缓刑、决定暂予监外执行的案件。在一般情况下，是否进行调查评估，由社区矫正决定机关根据案件具体情况决定，并不是适用相关社区矫正措施的必经前置程序。②"应当委托"调查评估。该类型适用于拟裁定假释的案件，这是决定机关依法必须进行的调查评估。

拟适用社区矫正调查评估是一项严肃的执法工作，必须贯彻落实"依法执政、依法行政""严格执法、公正司法""全面推进严格规范公正文明执法"的二十大精神，贯彻落实《社区矫正法》和《社区矫正法实施办法》的法律法规规定。

任务 1　拟适用社区矫正调查评估的启动

任务 1.1　拟适用社区矫正调查评估启动的主体

根据《社区矫正法》第 17 条第 4 款的规定，……社区矫正决定机关，是指依法判处管制、宣告缓刑、裁定假释、决定暂予监外执行的人民法院和依法批准暂予监外执行的监狱管理机关、公安机关。第 18 条规定，社区矫正决定机关根据需要，可以委托社区矫正机构或者有关社会组织对被告人或者罪犯的社会危险性和对所居住社区的影响，进行调查评估。可见，依据《社区矫正法》和《社区矫正法实施办法》，拟适用社区矫正调查评估的启动主体是人民法院、监狱管理机关及公安机关。但根据 2019 年 12 月 30 日实施的《人民检察院刑事诉讼规则》第 277 条的规定，犯罪嫌疑人认罪认罚，人民检察院拟提出适用缓刑或者判处管制的量刑建议，可以委托犯罪嫌疑人居住地的社区矫正机构进行调查评估，也可以自行调查评估。根据 2021 年 3 月 1 日实施的《最高人民法院关于适用〈中华人民共和国刑事诉讼法〉的解释》第

282 条第 1 款之规定，人民检察院可以提出量刑建议并说明理由；建议判处管制、宣告缓刑的，一般应当附有调查评估报告，或者附有委托调查函。根据 2021 年 12 月 3 日施行的《人民检察院办理认罪认罚案件开展量刑建议工作的指导意见》第 10 条第 1 款之规定，侦查机关未委托调查评估，人民检察院拟提出判处管制、缓刑量刑建议的，一般应当委托犯罪嫌疑人居住地的社区矫正机构或者有关组织进行调查评估，必要时，也可以自行调查评估。再结合各地《社区矫正实施细则》中的规定，人民检察院也有权进行调查评估，如《河北省社区矫正工作细则》第 19 条第 1 款规定，侦查机关、人民检察院对于可能判处管制、宣告缓刑的案件，可以委托社区矫正机构、有关社会组织进行调查评估。

综上，拟适用社区矫正调查评估的启动主体就是人民法院、人民检察院、公安机关、监狱管理机关。

拟适用社区矫正调查评估启动的主体"要把握好新时代中国特色社会主义思想的世界观和方法论，坚持好、运用好贯穿其中的立场观点方法""坚持解放思想、实事求是、与时俱进、求真务实，一切从实际出发，着眼解决新时代改革开放和社会主义现代化建设的实际问题""全面准确落实司法责任制，加快建设公正高效权威的社会主义司法制度，努力让人民群众在每一个司法案件中感受到公平正义"。

任务1.2　拟适用社区矫正调查评估的实施主体

根据《社区矫正法》和《社区矫正法实施办法》的相关规定，拟适用社区矫正调查评估的实施主体主要有两个：一是社区矫正机构；二是社会组织。但从司法实践来看，决定机关一般是委托社区矫正机构开展拟适用社区矫正的调查评估工作。故，在此只以社区矫正机构作为调查评估的实施主体。

任务2　拟适用社区矫正调查评估的实施

拟适用社区矫正调查评估的实施，必须贯彻落实"严格执法、规范执法、公正执法、文明执法"的二十大精神，努力提升社会治理法治化水平。

任务2.1　拟适用社区矫正调查评估实施前的工作

一、接收委托函

委托机关委托调查评估时，应出具调查评估委托函。社区矫正机构收到委托文书后应当及时通知执行地县级人民检察院。内容包括：委托机关、委托时间、调查评估期限，以及被调查评估对象的基本情况、所涉罪名等。

1. 调查评估委托函的内容。调查评估委托函应当注明委托机关的地址、联系人、联系方式，被调查评估对象家庭主要成员的姓名、住址、联系方式、案由等内容。

2. 调查评估委托函的送达。委托机关应将调查评估委托函以适当方式（当面送达或以邮寄等方式）送达社区矫正机构。委托机关不得将材料交由案件当事人、代理人或者其他利害关系人转递。社区矫正机构不得接收委托机关以外的其他单位或个人转递的委托材料。

3. 委托机关委托调查评估，应当附带的材料。①人民法院委托调查评估时，应当附带起诉书或者自诉状复印件，有被害人的，附带被害人谅解书；②人民检察院委托调查评估时，应当附带起诉意见书；③监狱管理机关、公安机关委托调查评估时，应当附带刑事判决书、裁定书、执行通知书、历次减刑裁定书复印件以及罪犯服刑表现材料等；④拟暂予监外执行的，委托机关还应当附带由省级人民政府指定医院出具的病情诊断，妊娠检查证明，监狱、看守所有医疗专业人员参加的鉴别小组出具的生活不能自理的证明等相应的证明材料；⑤侦查阶段委托时，应当附带立案决定书、采取刑事强制措施的决定、案件简要说明；⑥被调查评估对象的居住、户籍情况证明材料。[1]

4. 社区矫正机构对调查评估委托函的核查。社区矫正机构收到调查评估委托函后，应当对调查评估委托函及所附材料进行核查，发现材料不全或有误的，应当及时函告委托机关补正，补正期限不计入调查评估期限。

---

〔1〕　河北省高级人民法院、河北省人民检察院、河北省公安厅、河北省司法厅关于印发《河北省社区矫正工作细则》（冀司发〔2022〕4号）的通知，第13页。

二、登记备案

社区矫正机构收到调查评估委托函后应及时登记，记录签收日期、委托机关、委托内容、联系方式、联系人、办理期限，并根据后续工作进程相应注明调查人员、调查方式、评估意见、办结日期等，建立统一规范的调查评估案件登记台账。

序号	委托单位	收到时间	指派单位	指派时间	完成时间	姓名	罪名	意见	回复时间	委托单位采信情况	备注

专栏 3−1　调查评估登记簿

单位：　　　期限：　　年　月　日至　年　月　日　××县（市、区）社区矫正机构

任务2.2　拟适用社区矫正调查评估实施的具体工作

一、组建调查评估小组

社区矫正机构接到委托调查函后，应当及时组织或指导司法所组建调查评估小组，按照回避原则及双人办案原则，对被告人或罪犯开展拟适用社区矫正的调查评估。

调查小组的成员，由承担社区矫正工作的专职矫正工作人员和具有法律、教育、心理、社会工作等专业知识或者实践经验的社会工作者和社会志愿者等组成。被告人或罪犯为未成年人的，调查评估小组应有熟悉未成年人身心特点的工作人员参加。

调查小组成员有下列情形之一，应主动回避或由县级社区矫正机构作出回避决定：

（1）本案当事人或者当事人近亲属；

（2）本人或本人的近亲属与本案有利害关系；

（3）担任过本案的证人、鉴定人、辩护人或诉讼代理人；

（4）与本案当事人有其他关系，可能影响调查评估客观公正的。

二、确定调查评估内容

调查评估是围绕着被调查人的人身危险性以及对所居住社区的影响来展开的。人身危险性也被称为"社会危险性"或者"再犯可能性"，是指再次实施违法犯罪行为的可能性，主要是指是否可能实施新的犯罪，是否有危害国家安全、公共安全或者社会秩序的现实危险，是否有可能自杀或逃跑等情况。对所居住社区的影响是指对被告人、罪犯适用社区矫正是否会对其所居住社区的安全、秩序和稳定带来重大、现实的不良影响。[1]

《社区矫正法实施办法》第14条第1款规定："社区矫正机构、有关社会组织接受委托后，应当对被告人或者罪犯的居所情况、家庭和社会关系、犯罪行为的后果和影响、居住地村（居）民委员会和被害人意见、拟禁止的事项、社会危险性、对所居住社区的影响等情况进行调查了解，形成调查评估意见，与相关材料一起提交委托机关。调查评估时，相关单位、部门、村（居）民委员会等组织、个人应当依法为调查评估提供必要的协助。"

根据上述规定，并结合司法实践，调查评估的内容具体应包括以下几个方面：

（一）被告人或罪犯的基本情况

基本情况包括被告人或罪犯的基本信息、学习或者工作生活情况、主要经济来源等。具体包括姓名、性别、年龄、民族、户籍地、受教育程度、健康状况、成长经历、婚姻状况、品德情况、职业状况、经济收入、兴趣嗜好、性格特征、有无前科劣迹等。这些情况往往会对行为人的性格形成和行为习得有很大影响，从而影响行为人在特定的环境中做出是否实施犯罪的选择，

---

〔1〕 王爱立、姜爱东主编：《中华人民共和国社区矫正法释义》，中国民主法制出版社2020年版，第104页。

以及再犯罪可能性的大小。

（二）被告人或罪犯的居所情况

《社区矫正法》第17条第1至3款规定，社区矫正决定机关判处管制、宣告缓刑、裁定假释、决定或者批准暂予监外执行时应当确定社区矫正执行地。

社区矫正执行地为社区矫正对象的居住地。社区矫正对象在多个地方居住的，可以确定经常居住地为执行地。

社区矫正对象的居住地、经常居住地无法确定或者不适宜执行社区矫正的，社区矫正决定机关应当根据有利于社区矫正对象接受矫正、更好地融入社会的原则，确定执行地。

根据《社区矫正法实施办法》第12条第2、3款的规定，社区矫正对象的居住地是指其实际居住的县（市、区）。社区矫正对象的经常居住地是指其经常居住的，有固定住所、固定生活来源的县（市、区）。社区矫正对象应如实提供其居住、户籍等情况，并提供必要的证明材料。[1]

对居所情况的调查评估主要是为了了解和确认被告人或罪犯有无固定居所、居住房屋的权属性质和居住状况等，以便判断其是否具备适用社区矫正的条件和是否归本辖区管辖。

以河北省高级人民法院、河北省人民检察院、河北省公安厅、河北省司法厅印发的《河北省社区矫正工作细则》（冀司发〔2022〕4号）第21条第2、3款的规定为例，符合下列情形之一的，可以认定为居住地：

（1）被调查评估对象或者共同生活的家庭成员在当地拥有房产，并能出具产权证或者其他具有法律效力的房产所有权、使用权证明的；

（2）被调查评估对象或者共同生活的家庭成员在当地租赁房屋，能出具与产权人签订租赁房屋6个月以上证明和被调查评估对象居住证的；

（3）就读学校出具的录取通知书或者学籍证明，就学期间在校居住的；

---

[1]《河北省社区矫正工作细则》第21条第4款规定，被调查评估对象应如实提供其所居住房屋所有权或者共有不动产权证；已经或者能够连续居住6个月以上的房屋租赁合同；为被调查评估对象提供固定住所的人员的房屋所有权证明和意向证明；被调查评估对象的居民身份证、居民户口本、居住证等。

（4）其他能够认定为居住地的情形。

有合法住所且已经或者能够连续居住 6 个月以上的，可以认定为有固定住所。本人有合法稳定工作、固定收入，或者家庭成员、近亲属以及其他人员愿意为社区矫正对象生活提供经济支持的，可以认定为具有固定生活来源。

（三）被告人或罪犯的家庭和社会关系

被告人或罪犯的家庭和社会关系，包括家庭情况及对适用社区矫正的态度、社会交往和主要社会关系等。

1. 被告人或罪犯的家庭情况。被告人或罪犯的家庭情况包括家庭成员的构成、家庭氛围、家庭财产状况、父母工作或者生活现状、婚姻状况、子女生活现状、家庭成员对被告人或罪犯适用社区矫正的态度等。家庭对一个人的成长过程有非常大的影响，特别是未成年被告人或罪犯，往往与父母离婚、感情不和、家庭疏于管教、自身成长环境不佳等因素有关。这些导致被告人或罪犯走向违法犯罪的家庭因素应是调查的重点。家庭情况调查具体内容包括：

（1）家庭品德状况调查。对被告人或罪犯实施社区矫正时，如果其家庭中已有成员犯过罪，或者其家庭本身就是一个行为不良家庭，家庭没有正当的社会道德观念，则决定对该被告人或罪犯适用社区矫正应谨慎。只有当被告人或罪犯原先生活的家庭是一个正常健康的家庭，且其是因为家庭以外的因素而犯罪，被告人或罪犯家庭对其接受社区矫正会产生良好的帮助，才应考虑对被告人或罪犯开展社区矫正。

（2）家庭成员相互关系状况调查。被告人或罪犯和家庭成员的关系也是需要调查的一个重点方面，当被告人或罪犯和家庭成员关系融洽时，就可以在家庭中健康地生活下去，一定程度上可以抵御不良行为的侵扰，对未成年人来说，尤其如此。相反，如果一个被告人或罪犯的家庭对其产生拒斥力量，被告人或罪犯与家庭矛盾较为尖锐，甚至正是因为家庭矛盾而导致其犯罪的，则不宜将他们留在社区中，至少不宜留在该家庭生活的社区中。

不管被告人或罪犯是否已经结婚，都可以找被告人或罪犯所在居委会或者村委会、街坊邻居了解他们在家庭中的表现。主要包括是否服从父母的管教，对父母是否尊敬，成年的被告人或罪犯是否赡养父母，与兄弟姐妹的关系如何，与配偶子女的关系是否融洽；对为人父母的被告人或罪犯来说，是否尽了做父母的义务，履行抚养、教育子女的责任，以及在家庭关系中的亲和力如何；等等。很难想象，一个对自己父母不尽赡养义务、对配偶实施家庭暴力、对子女不尽抚养义务的被告人或罪犯会在社区矫正中能够表现良好。当然，对被告人或罪犯家庭表现的调查不应局限在其父母、配偶和子女范围内，因为这样做往往不具有客观性，更多的调查视角应放在周围的街坊邻居和居委会、村委会上，以便对被告人或罪犯的家庭表现调查得出相对客观的结论。

（3）家庭生活状况调查。家庭的生活条件有时会直接导致犯罪。根据最近几年我国刑释人员的重新犯罪情况来分析，不少人之所以会走上重新犯罪道路，一个重要的原因是回到社会时，他们的生活无着落，外出找工作难度相当大，在很长一段时间无经济来源，他们的家庭经济无力保障他们失业期间的基本生活。因此，家庭生活状况特别是家庭经济条件是否能够给被告人或罪犯今后的矫正生活在经济上予以保障，也是进行家庭情况调查时必须要考虑的一个重要因素。

（4）家庭成员对被告人或罪犯适用社区矫正的态度调查。如果家庭成员能够接纳被告人或罪犯，愿意其回到社区接受矫正并履行帮助的义务，则该被告人或罪犯就具备适用社区矫正的条件；否则，就不具备适用社区矫正的条件。

（5）监护人的履职能力调查。被告人或罪犯的监护人是否具备履职能力，也意味着他们能否履行对被告人或罪犯的监督管理、教育等任务。如果不能履行，则被告人或罪犯就不具备社区矫正的条件。

2. 被告人或罪犯的社会交往和主要社会关系。

（1）被告人或罪犯所在学校的老师和同学。被告人或罪犯的老师和同学因曾经与其近距离接触过很长一段时间，所以对其学习、生活习惯、性格等方面较为了解。因此，被告人或罪犯所在学校的老师和同学应作为了解其有无社会危险性的重要调查对象。另外，老师和同学与被告人或罪犯往往没有利益之争，老师和同学对被告人或罪犯的评价往往更为客观真实。

（2）被告人或罪犯工作单位的同事。被告人或罪犯的同事与其有着较长时间的工作关系，对其性格、人品、工作能力有着比较清晰的了解，因此通过对同事的调查，可以了解被告人或罪犯的真实品格。

（3）与被告人或罪犯同一社区的邻里关系。与被告人或罪犯生活在同一社区，对其生活中的一点一滴可能都有所了解。通过对同一社区居民的了解，可以全面了解生活中的被告人或罪犯的脾气、性格、为人处事的特点、与邻里的关系、邻里的评价以及邻里是否愿意接纳其到社区接受矫正，也关系到被告人或罪犯是否具备社区矫正的条件。

（4）被告人或罪犯交往密切的朋友。俗话说，物以类聚，人以群分。与被告人或罪犯交往密切的朋友，往往与其具有大体相似的脾气性格、价值取向。通过对与其交往密切朋友的调查，可以从中窥见被告人或罪犯的大体性格或者性格的一部分，从而判断被告人或罪犯是否具有社会危险性，是否适用社区矫正，从而为社区矫正决定机关做出正确判断奠定良好的基础。

（四）被告人或罪犯犯罪行为的后果和影响

被告人或罪犯犯罪行为的后果和影响，主要是指其犯罪行为给社会和被害人所造成的侵害程度以及不良的社会影响。

1. 被告人和罪犯的犯罪情况。犯罪情况包括犯罪原因、主观恶性程度、是否有犯罪前科、认罪悔罪态度、不良心理及行为转化情况、犯罪的性质、犯罪的动机和犯罪手段方法、平日与被害人的关系、犯罪人的悔罪态度、过去的违法犯罪史等。

2. 被告人或罪犯的犯罪后果及影响。被告人或罪犯因犯罪所造成的危害后果和社会影响如何，犯罪手段是否残忍，是共同犯罪还是单独犯罪，是偶然犯罪还是再次犯罪，是有预谋的犯罪还是临时起意的犯罪。通过对这些情况的调查分析，可以判断出犯罪的危害程度的大小，犯罪恶习有多深或者过失程度的大小等，均为是否适用社区矫正提供重要的参考依据。

（五）居住地村（居）民委员会与社区居民的意见

居住地村（居）民委员会是否愿意接纳被告人或罪犯回到本社区接受矫正，是否愿意履行监督管理、教育帮扶的职责以及社区居民对被告人或罪犯所持的态度，是决定被告人或罪犯是否适用社区矫正的至关重要的因素。

（六）被害人或其近亲属的意见

被告人或罪犯是否已经和被害人或其近亲属达成了谅解，也是影响被告人或罪犯能否适用社区矫正的重要因素。如果双方达成了谅解，被害人或其近亲属就有可能同意其适用社区矫正，否则，就会不同意其适用社区矫正。所以，被告人或罪犯与被害人或其近亲属是否达成了谅解，以及他们是否同意被告人或罪犯适用社区矫正，是拟适用社区矫正调查评估的重要内容。

因被害人死亡、限制民事行为能力、丧失民事行为能力等无法调查被害人意见的，应当调查其近亲属或者法定监护人的意见。

（七）社会危险性和对所居住社区的影响

社会危险性的大小直接影响着被告人或罪犯是否有重新犯罪的可能，是否影响居住社区的安全。因此，对社会危险性和对所居住社区的调查是拟适用社区矫正调查评估的重要内容，主要通过对被告人或罪犯犯罪前的一贯表现、犯罪后的悔罪表现和服刑期间的表现加以调查的形式进行。

1. 被告人或罪犯犯罪前的一贯表现。被告人或罪犯犯罪前的一贯表现，包括犯罪前在家庭的表现、在学校的表现、在单位（工作期间）的表现，日常遵纪守法情况，以及是否具有不良嗜好、行为恶习等。

（1）在家庭的表现。被告人或罪犯在犯罪前在家庭中能否做到孝顺父母、兄友弟恭，是否有责任感，是否尽到了在家庭中应尽的义务和责任等。

（2）上学期间的表现。在校期间，被告人或罪犯是否遵守学校的校规校纪，是否尊敬师长、团结同学，是否热爱班集体，是否爱护公物，与同学之间的关系是否融洽等。这些会反映被告人或罪犯的一贯表现，在一定程度上反映了被告人或罪犯的心理状况和行为发展轨迹，是了解其有无社会危险性的重要方面。尤其对未成年被告人或罪犯具有参考价值。

（3）工作期间的表现。如果被告人或罪犯在被捕前有工作，应调查其在工作单位的工作状况，包括工作态度是否积极，是否遵守工作纪律，工作业绩及能力如何，单位同事与领导对其评价等，这些可以为是否适用社区矫正提供参考性的依据。

（4）遵纪守法情况。考察被告人或罪犯的一贯表现，还应到被告人或罪犯所在的基层公安机关了解其是否有违法犯罪的记录。若其有违法犯罪的记录，要看是什么性质的违法犯罪行为，主观是故意还是过失，客观上造成了什么样的危害结果，以及对周围人的影响等。

（5）是否具有不良嗜好、行为恶习等。是否具有吸毒、赌博、暴力等恶习行为；是否涉及涉黑、涉恶、涉邪教等影响社会稳定的因素；是否有加入非法社团、组织等不良行为。这些调查结果可作为被告人或罪犯是否适用社区矫正的参考因素。

2. 被告人或罪犯犯罪后的表现。被告人或罪犯犯罪后，是不思悔改，自认为不构成犯罪、拒不认罪悔罪或认为判处刑罚过重，还是积极赔偿被害人、坦白交代，具有自首、立功情形，认罪认罚等。这些将成为是否适用社区矫正的参考依据。

3. 服刑期间的表现。根据罪犯在服刑期间的表现，可以了解其是否具有认罪服法和积极改造的态度，从而为拟适用假释、暂予监外执行的罪犯提供是否适用社区矫正的参考依据。

专栏 3 - 2　被告人或罪犯社会危险性和对所居住社区的影响因素[1]

　　县级社区矫正机构、有关社会组织应当综合分析调查材料，对被调查评估对象的社会危险性和对所居住社区的影响作出评价。根据需要，可以对被调查评估对象是否适合社区矫正提出意见。

　　一、下列情形作为可能发生社会危险性的考虑因素：

1. 扬言或者预备实施新的犯罪的；
2. 企图自杀、自残或者逃跑的；
3. 本人明确表示不接受社区矫正的；
4. 可能对被害人、举报人、控告人等实施打击报复的；
5. 以违法犯罪所得为主要生活来源的；
6. 有吸毒、赌博、暴力倾向等恶习的；
7. 加入非法社团、组织的；
8. 因不服从管理，在社区矫正期间被收监执行的；

---

〔1〕　参见《河北省社区矫正工作细则》第 25 条。

9. 涉黑、涉恶、涉邪教等影响社会稳定的；

10. 有犯罪前科的；

11. 具有其他危害社会情形的。

二、下列情形作为可能对所居住社区具有不良影响的考虑因素：

1. 所在村民委员会、居民委员会、工作单位或者就读学校，认为不适合社区矫正，或者明确表示不参与监管的；

2. 家庭成员、监护人不具备监管条件或者明确表示不参与监管的；

3. 没有赔偿被害人及其近亲属经济损失并进行恰当的精神抚慰，造成被害人或者其近亲属不谅解，反对适用社区矫正的；

4. 拒不认罪悔罪或者犯罪前一贯表现较差或者犯罪行为影响恶劣的；

5. 没有固定住所或者提供的住所证明材料明显不符合实际情况的；

6. 没有固定生活来源的；

7. 拟决定或者批准暂予监外执行的罪犯，保证人不具备保证条件的；

8. 其他具有不良影响的情形。

（八）拟判处管制、宣告缓刑的被告人建议禁止的事项

在对被告人或罪犯开展调查评估时，也应该对拟禁止的事项一并进行调查了解，并将意见提交给人民法院作为是否适用社区矫正时拟禁止事项的参考。根据《刑法》的规定，拟禁止的事项指的是禁止令相关情况。

根据《刑法》第38条第2款、第72条第2款的规定，判处管制、宣告缓刑的犯罪分子，可以根据犯罪情况，同时禁止犯罪分子在管制执行期间、缓刑考验期间内从事特定活动，进入特定区域、场所，接触特定的人。所以，禁止令的适用对象是判处管制、宣告缓刑的犯罪分子。禁止令的决定机关是人民法院。禁止令适用的目的是促进犯罪分子认罪服法、服从监督管理、接受教育矫正，有效维护社会秩序。禁止令的内容是在管制执行期间、缓刑考验期限内禁止从事特定活动，禁止进入特定区域、场所，禁止接触特定的人。

根据最高人民法院、最高人民检察院、公安部、司法部于2011年4月发布的《关于对判处管制、宣告缓刑的犯罪分子适用禁止令有关问题的规定（试行）》第3、4、5条的规定，"禁止从事特定活动，禁止进入特定区域、场所，禁止接触特定的人"的具体规定如下：

1. 禁止从事特定活动，是指犯罪分子在管制执行期间、缓刑考验期限内禁止从事以下一项或者几项活动：

（1）个人为进行违法犯罪活动而设立公司、企业、事业单位或者在设立公司、企业、事业单位后以实施犯罪为主要活动的，禁止设立公司、企业、事业单位；

（2）实施证券犯罪、贷款犯罪、票据犯罪、信用卡犯罪等金融犯罪的，禁止从事证券交易、申领贷款、使用票据或者申领、使用信用卡等金融活动；

（3）利用从事特定生产经营活动实施犯罪的，禁止从事相关生产经营活动；

（4）附带民事赔偿义务未履行完毕，违法所得未追缴、退赔到位，或者罚金尚未足额缴纳的，禁止从事高消费活动；

（5）其他确有必要禁止从事的活动。

2. 禁止进入特定区域、场所，是指犯罪分子在管制执行期间、缓刑考验期限内禁止进入以下一类或者几类区域、场所：

（1）禁止进入夜总会、酒吧、迪厅、网吧等娱乐场所；

（2）未经执行机关批准，禁止进入举办大型群众性活动的场所；

（3）禁止进入中小学校区、幼儿园园区及周边地区，确因本人就学、居住等原因，经执行机关批准的除外；

（4）其他确有必要禁止进入的区域、场所。

3. 禁止接触特定人，是指犯罪分子在管制执行期间、缓刑考验期限内禁止接触以下一类或者几类人员：

（1）未经对方同意，禁止接触被害人及其法定代理人、近亲属；

（2）未经对方同意，禁止接触证人及其法定代理人、近亲属；

（3）未经对方同意，禁止接触控告人、批评人、举报人及其法定代理人、近亲属；

（4）禁止接触同案犯；

（5）禁止接触其他可能遭受其侵害、滋扰的人或者可能诱发其再次危害社会的人。

由于人民法院宣告禁止令根据的是犯罪分子的犯罪原因、犯罪性质、犯罪手段、犯罪后的悔罪表现、个人一贯表现等情况，并考虑与犯罪分子所犯罪行的关联程度，因此，拟适用社区矫正调查评估有必要对拟判处管制、宣告缓刑的被告人，进行拟禁止事项的调查。调查评估意见可以作为人民法院有针对性地决定禁止犯罪人在管制执行期间、缓刑考验期限内"从事特定活动，进入特定区域、场所，接触特定的人"的一项或者几项内容的重要参考。

（九）拟适用暂予监外执行的罪犯，保证人是否具备保证条件

对拟适用暂予监外执行的罪犯进行调查评估时，还要调查其保证人是否愿意做保证人、是否愿意配合社区矫正机构对罪犯进行监督管理和教育帮扶，身体是否健康，经济条件如何，作为保证人能否完成其应尽的责任和义务等，以确定拟适用暂予监外执行的罪犯是否具备社区矫正的条件。

（十）其他需要调查评估的情况

除上述列举的需要进行调查评估的内容外，如果还有其他一些需要调查评估的特殊事项，也应一并调查，并向委托机关提供相应的调查评估意见。从而为委托机关决定是否适用社区矫正提供客观、全面的参考依据。

三、确定调查评估的对象

调查评估的对象主要包括被告人或罪犯本人及其家庭成员、监护人（保证人）或其近亲属；被害人及其近亲属；村（居）民委员会；邻居、同学或同事等；户籍或居住地派出所；工作单位、就读学校等有关人员。

四、确定调查评估的时间、方式

（一）调查时间

根据《社区矫正法实施办法》第14条第2款的规定，社区矫正机构、有关社会组织应当自收到调查评估委托函及所附材料之日起10个工作日内完成调查评估，提交评估意见。对于适用刑事案件速裁程序的，应当在5个工作日内完成调查评估，提交评估意见。……需要延长调查评估时限的，社区矫正机构、有关社会组织应当与委托机关协商，并在协商确定的期限内完成调查评估。因被告人或者罪犯的姓名、居住地不真实、身份不明等原因，社区矫正机构、有关社会组织无法进行调查评估的，应当及时向委托机关说明情况。

同一被调查评估对象，未发生可能影响调查评估结果情形的，社区矫正机构作出的调查评估意见 1 年内有效。有效期内，再次收到委托的，社区矫正机构、有关社会组织应当及时向委托机关书面说明情况。[1]

（二）调查方式

调查评估人员进行调查评估可采取的方式，包括但不限于以下几种：①走访法。调查走访与被告人或罪犯相关的工作单位、生活的社区以及与其生活关系密切的人员，以期了解社区矫正对象的行为表现、心理状况等。②阅卷调查法。通过查阅调取被告人或罪犯的相关资料，了解社区矫正对象的基本情况。③座谈法，通过与相关人员召开座谈会的方式进行调查。④问卷调查法。根据需要设置一定的问题，让被调查对象进行回答，以了解被告人或罪犯的行为表现并判定其人身危险性。问卷调查法可采用线上或线下方式开展。⑤个别谈话法。就是通过与被调查对象进行个别谈话的方法进行调查。

调查人员应详细了解被调查人的个人、家庭、生活、就业、违法犯罪、认罪态度、人身危险性等各方面情况，为最终作出正确的调查评估结论提供依据。为促进调查评估结论的准确性、科学性，在调查过程中可以引入心理学、统计学等方法。

调查时，调查人员应当向被调查单位和个人出示工作证件、《调查评估委托函》等证明材料。

如果被害人或其近亲属不配合调查评估或者不提出调查评估意见，社区矫正机构应当综合分析其他调查材料，完成调查评估，并向委托机关书面说明有关情况。

五、制作调查评估笔录

对于采取走访、座谈、个别谈话等方式进行调查的，调查人员应当现场制作调查笔录，经被调查人员核实无误后签字确认；被调查人拒绝签字的，应当在笔录中注明。对于通过查阅调取相关资料的方式进行调查的，应当由提供单位确认无误后盖章。必要时，调查过程可以录音、录像。

调查评估时，相关单位、部门、村民委员会、居民委员会等组织、个人应当依法提供必要的协助。

---

[1]《河北省社区矫正工作细则》，第 17 页。

六、整理分析调查评估材料

调查完成后，社区矫正机构对收集来的材料，需要认真进行审核、整理、分析，以备为撰写调查评估意见服务。通常按照以下内容进行整理、分析：

（一）被告人或罪犯的基本情况

根据调查材料，按照以下情况进行整理、分析：

1. 被告人或罪犯的自然情况。年龄、出生地、民族、健康状况、成长经历、兴趣嗜好、精神状态、心理特点等。这些情况往往会对行为人的性格和行为习得有很大影响，所以，应对被告人或罪犯的自然情况进行整理、分析。

2. 被告人或罪犯的居所情况。主要是居住地的确认问题。

3. 被告人或罪犯的教育背景。文化程度的高低影响着其今后的行为，尤其是对一些涉及人生方向的关键问题。在调查评估中应注意对被告人或罪犯的教育背景、受教育程度等进行整理、分析，以便更科学、更准确地制作调查评估意见及采取更有针对性的矫正措施。

4. 被告人或罪犯的捕前职业背景。包括求职经历、从事职业、工作表现、与同事关系的融洽程度、职业技能、工作现状、经济收入等。具有长期职业生活经历和体验的人，比没有职业经历的人更具有可矫正性，因此，应了解、整理、分析被告人或罪犯的捕前职业。

5. 被告人或罪犯的社会交往情况。整理、分析与被告人或罪犯进行交往的人的情况，如是否存在与不良习惯的人交往，是否有吸毒、酗酒、赌博等不良表现，从而判断被告人或罪犯是否具有社会危险性、是否适用社区矫正，进而为人民法院或其他社区矫正决定机关做出正确判断奠定良好的基础。

（二）被告人或罪犯的犯罪情况

根据调查材料，对被告人或罪犯的主观恶性程度、犯罪事实、犯罪后果、认罪悔罪态度进行整理、分析，可判断出其危害程度大小、犯罪恶习深浅或过失的程度，只有在适用社区矫正措施前掌握了犯罪人的犯罪情况，才能知道社区矫正是否适合被告人或罪犯。

（三）被告人或罪犯的家庭情况

根据调查材料，按照被告人或罪犯的家庭成员构成、与家庭成员的关系、家庭经济状况、家人对他的态度等进行整理、分析，可得知其家庭品德状况、家庭成员相互关系状况、家庭生活状况及监护人的履职能力。一个正常健康的家庭，可以为被告人或罪犯接受社区矫正提供良好的帮助，是对其开展社区矫正的重要因素。

（四）被告人或罪犯的人际关系情况

根据调查材料，对被告人的人际交往情况进行整理、分析，以便了解其主要社会关系和社会交往情况，以此判断其是否具有再犯罪的可能性。

（五）人身危险性及再犯可能性

根据调查材料，按照被告人或罪犯犯罪前的一贯表现、犯罪后的悔罪表现和服刑期间的改造表现整理、分析其人身危险及再犯可能性的大小，这是调查评估意见的重要内容。

（六）村（居）民委员会、邻居、被害人或其近亲属、同事、同学、保证人等的意见

根据调查材料，对村（居）民委员会、邻居、被害人或其近亲属、同事、同学、保证人等的意见进行整理分析，以确定被告人或罪犯是否具备适用社区矫正的条件。

根据分析的结果，经调查小组人员集体讨论，得出初步的调查评估意见。

七、开展调查评议

（一）组成社区矫正执法案件审查小组

社区矫正机构收到调查小组提交的调查评估意见书、调查笔录和相关调查材料后，应当提交社区矫正执法案件审查小组进行评议。

社区矫正执法案件审查小组成员一般不少于 5 人，由司法局局长任组长；分管局长、纪检组长任副组长；驻局纪检部门、驻局监察室，社区矫正、法治等职能部门负责人及调查小组成员为成员。其主要任务是评议调查笔录、调查评估意见书和相关的调查材料等。

（二）评议的内容及结果

1. 评议的内容：社区矫正执法案件审查小组应主要围绕被告人或罪犯是否有人身危险性、是否对社区有影响、生活状况或生活环境是否适用社区矫正、能否进行有效的监管等问题，对调查评估材料进行认真梳理分析，鉴别归类积极因素和消极因素，进行集体评议，并将评议情况记录在案，必要时可全程录音录像。

2. 评议的结果：根据参加人数的 2/3 以上通过的意见形成评估意见，对存在分歧的问题再次组织调查并进行评估审核。评估结果不宜简单以"同意"或"不同意"作为调查评估的结论性意见。调查评估意见应当公正反映被告人或罪犯适用社区矫正对其所居住社区的影响。根据审查小组的评议审核结果，拟定《调查评估意见书》。不论调查评估意见如何，都要在《调查评估意见书》后随附详实齐全的相关证据材料，客观反映相关方面的意见，供委托机关参考。

八、调查评估意见书的制作

根据调查了解到的情况，经社区矫正执法案件审查小组评议，最终得出一个综合性的调查评估意见，并制作成《调查评估意见书》，提交委托机关。

九、文书寄送

社区矫正机构应当按时将《调查评估意见书》通过邮寄或当面送达的方式提交委托机关，同时抄送居住地县级人民检察院。特殊情况下，可先采取传真等方式送达，然后再将《调查评估意见书》邮寄或当面送达。

十、建立档案

社区矫正机构应当建立调查评估案件档案。社区矫正机构和司法所应当将《调查评估意见书》、调查笔录、社区矫正执法案件审查小组评议记录等调查评估材料归入到社区矫正对象档案中。

任务3　拟适用社区矫正调查评估应注意的事项

拟适用社区矫正的调查评估工作涉及的对象多、内容广、事项复杂、工作难度较大；调查评估意见书提交委托机关后，会对被告人或罪犯的量刑产生影响。因此，拟适用社区矫正的调查评估是一项极其严肃的执法工作，也是专业性很强的工作，对调查者有较高的要求。

一、调查人员的注意事项

在调查过程中，调查人员应注意：

1. 调查事项、范围要全面。凡是同案件发生和被告人或罪犯处遇有关的事实因素，都应纳入调查的范围，不遗漏任何可能对案件处理结果有影响的细节。

2. 调查结论要可靠、真实。调查人员在调查中应面对面接触被调查对象，力戒道听途说，以保障调查结论的准确性、可靠性。如，调查人员应尽可能地当面会见被告人或罪犯，亲自走访其家人、同事、同学、邻居、居（村）委会干部等，以取得第一手的资料和信息。

3. 调查人员要保持中立立场。在调查过程中，调查人员应秉持中立立场，实事求是地开展调查工作，切忌以感情取代理性、以价值判断取代事实描述，这样得出的调查评估结论才能体现刑事司法的公正性和犯罪人处遇的合理性。

为了保证调查结论的科学性，在必要时，应委托专业机构及人员对被告人或罪犯进行医学、心理学及精神病学等方面的鉴定。要善于运用各种相关的科学知识与技术手段，以提高调查结论的精确度。

4. 调查信息要保密。对调查评估意见以及调查中涉及的国家秘密、商业秘密、个人隐私等信息，应当保密，不得泄露。[1]

二、采信情况的说明

社区矫正决定机关对调查评估意见的采信情况，应当在相关法律文书中说明。

任务4 （实训项目2）拟适用社区矫正调查评估的技能训练

陈某某，男，1956年7月出生，无业，捕前居住地为H省H市C县。陈某某在捕前无任何收入，其妻子已去世，有两个儿子，大儿子长期在国外，与家里断了联系，小儿子还在上学。陈某某因年龄偏大，身体欠佳，法律知识匮乏，法治观念较为淡薄，对常识的判断能力较弱，且自我认知存在偏差，情绪调控能力较差，性格脾气易冲动，易走极端，易受他人影响，极端关注

---

[1]《社区矫正法实施办法》第14条第3款。

他人对自己的评价。2012年10月，陈某某因绑架罪被C县人民法院判处有期徒刑11年，并处罚金人民币5000元；本案是因陈某某不懂法又缺钱而引起。因陈某某极爱要面子，怕影响小儿子上学及被别人笑话，入狱后精神压力非常大，但还能够认罪服法，服从管教。2020年12月，陈某某被查出患有右肺癌并脑转移。监狱管理机关拟对其适用暂予监外执行。故委托C县的社区矫正机构对其是否适用社区矫正开展调查评估。

请根据案例完成以下实训任务：

1. 掌握拟适用社区矫正调查评估的工作流程。
2. 掌握拟适用调查评估的典型工作任务。

附：实训任务书和实训考核表

实训任务书

实训项目	拟适用社区矫正调查评估的工作流程及所应完成的典型工作任务。
实训课时	4课时。
实训目的	学生通过模拟实训，掌握拟适用社区矫正调查评估的工作流程和需要完成的典型工作任务，从而具备拟适用社区矫正调查评估的职业能力。
实训任务	1. 掌握拟适用社区矫正调查评估的工作流程和典型工作任务； 2. 掌握拟适用社区矫正调查评估的内容和方法； 3. 整理、分析调查评估资料。
实训成果形式	实训总结。
实训地点	理实一体化教室。
实训进程	1. 教师讲解（利用多媒体教室介绍实训步骤、注意事项、进行角色分配）； 2. 阅读准备好的实训案例； 3. 根据实训需要将学生分成若干小组； 4. 对资料进行整理分析； 5. 小组讨论确定拟适用社区矫正调查评估的工作流程、所要完成的典型工作任务； 6. 明确调查评估的内容和方法； 7. 模拟开展拟适用社区矫正调查评估工作； 8. 指导教师进行点评总结，每组学生根据教师的点评总结找出不足。

实训考核表

班级＿＿＿＿＿＿＿＿＿　　姓名＿＿＿＿＿＿＿＿＿＿　　学号＿＿＿＿＿＿＿＿＿

任务描述：通过模拟实训，掌握拟适用社区矫正调查评估的工作流程和所要完成的典型工作任务，从而具备拟适用社区矫正调查评估的工作技能。 项目总分：100 分 完成时间：200 分钟（4 课时）		
考核内容	评分细则	等级评定
一、实训过程与要求 1. 根据实训需要，学生迅速分成若干小组； 2. 小组成员自行分配好所扮演的角色； 3. 小组进行讨论，确定拟适用社区矫正社会调查评估的工作流程、典型工作任务、内容和方法； 4. 根据任务书中的要求，模拟开展拟适用社区矫正调查评估工作，完成所有的实训任务； 5. 指导教师进行点评总结，每组学生根据教师的点评总结找出不足。	分值：50 分 1. 实训过程中与小组成员合作良好（15 分）； 2. 实训演练认真、表现积极（15 分）； 3. 能成功完成所有实训任务（20 分）。	实训成绩评定分为四等： 1. 优（100 ~ 85 分）； 2. 良（84 ~ 70 分）； 3. 及格（69 ~ 60 分）； 4. 不及格（59 ~ 0 分）。 注意事项： 1. 实训期间做与实训无关的操作，不能评定为"优"；
二、实训表现与态度	分值：20 分 1. 无迟到（1 分）； 2. 无早退（1 分）； 3. 无旷课（3 分）； 4. 实训预习、听讲认真（2 分）； 5. 实训态度认真（5 分）； 6. 实训中不大声喧哗（1 分）； 7. 能爱护实训场所、设备，保持环境整洁（2 分）； 8. 能完全遵守实训各项规定（1 分）； 9. 实训效果好，基本掌握了拟适用社区矫正调查评估的方法和所要完成的工作任务、具备了拟适用社区矫正调查评估的工作技能（4 分）。	2. 有旷课现象，不能评为"优、良"； 3. 旷课××节及以上，评为"不及格"； 4. 实训内容没有完成，评为"不及格"； 5. 两份或多份报告雷同，评为"不及格"； 6. 具体评分标准由教师根据实训项目具体要求确定。

续表

| 三、实训总结
1. 实训中出现的问题及解决办法（对遇到的问题、问题产生的原因进行分析判断，把解决过程写出来）；
2. 实训效果（本次实训有哪些收获，掌握了哪些知识、技能，有哪些不明白，有什么疑问等）。 | 分值：30 分
1. 按规定时间上交（5 分）；
2. 格式规范（5 分）；
3. 字迹清楚（5 分）；
4. 内容详尽、实训分析总结正确（5 分）；
5. 无抄袭现象（5 分）；
6. 能提出合理化建议或有创新见解（5 分）。 | |
| 合计 | | |

评分人：　　　　　　　　　　　　　　日期：　　年　月　日

【课堂活动 3-1】

蔡某，女，1985 年 11 月出生，户籍地和居住地均为 J 省 N 市 H 区，2019 年 11 月，蔡某因犯诈骗罪被 J 省 N 市 H 区人民法院拟判处缓刑。2019 年 7 月 18 日，J 省 N 市 H 区人民法院委托 H 区社区矫正机构对被告人蔡某进行拟适用社区矫正的调查评估。H 区社区矫正机构接到委托函后，依法对蔡某开展了拟适用社区矫正的调查评估，并形成了调查评估意见，于 2019 年 7 月 26 日向 H 区人民法院提交了《调查评估意见书》。

根据所学的知识，请讨论：H 区社区矫正机构对蔡某进行调查评估的内容有哪些？

【课堂活动 3-2】

叶某，男，1988 年 10 月出生，户籍地、居住地均为 L 省 K 市。叶某于 2020 年 3 月，因犯故意伤害罪被逮捕。2020 年 2 月 4 日，K 市人民检察院对叶某拟适用社区矫正，需要调查其对所居住社区的影响，遂委托 K 市社区矫正机构进行调查评估。

K 市社区矫正机构依据《社区矫正法实施办法》和当地的社区矫正工作实施细则等文件规定，委托叶某居住地司法所对其进行调查评估。司法所接到任务后，立即展开了调查评估工作。

根据所学的知识，请讨论：司法所开展调查评估都需要完成哪些工作任务？

【思考题】

1. 如何启动拟适用社区矫正调查评估工作？

2. 如果你是一名社区矫正国家工作人员，在开展调查评估工作时应注意哪些问题？

拓展 学习

调查评估表[1]

被告人调查评估表

调查评估对象基本情况	姓名		性别		民族		年龄	
	文化程度		家庭住址				联系方式	

序号	项目	评估标准	分值	评分		备注
				得分	小计	
1	居所情况（5分）	有固定住所	3			
		有固定生活来源	2			
2	家庭与社会关系（20分）	家庭结构完整	2			
		家庭成员间关系融洽且愿意接纳	3			
		家庭有稳定的经济收入	3			
		家庭成员无恶习（如赌博、吸食毒品等）或犯罪记录	3			

---

〔1〕 四川省司法厅主持编制的《社区矫正调查评估规范》（DB51/T 2832－2021），2021年9月1日施行。

社区矫正监管执法实务

续表

2	家庭与社会关系（20分）	家庭有监管能力和约束力，且愿意承担监管责任	4			
		人际关系融洽	2			
		与社会劣迹（如赌博、吸食毒品等）人员无密切交往	3			
3	犯罪行为的后果和影响（12分）	未造成人员伤亡	4			
		未造成重大经济财产损失	4			
		未产生严重的社会舆论负面影响	4			
4	居住地村（居）民委员会和被害人意见（12分）	居住地村（居）民委员会同意接纳	4			
		居住地村（居）民委员会愿意配合监管	4			
		取得被害人及其家属谅解，同意判处非监禁刑	4			
5	拟禁止的事项（3分）	人民法院拟不宣告禁止令，或被调查人参与拟禁止事项的风险低	3			
6	社会危险性（20分）	本次犯罪前无刑事处罚记录	4			
		无暴力、故意等主观恶性犯罪情形	4			
		非共同犯罪，或共同犯罪但起次要作用	4			
		能认清犯罪原因与危害，认罪服法	4			
		真诚悔罪，积极减轻危害，已履行部分或全部民事赔偿责任	4			

118

7	对所居住社区的影响（20分）	邻里及社区成员愿意接纳，不排斥	4		
		无重度传染性疾病（艾滋病、肺结核等）	4		
		无精神疾病	4		
		无吸毒史	4		
		无酗酒、赌博等恶习	2		
		无沉迷网络游戏等行为	2		
8	其他事项（8分）	有从事相关工作的能力（如：公务员、私营企业主、个体户、医生、教师、工人、农民等）	3		
		购买有社会保险、医疗保险或其他商业保险	3		
		身体健康，生活能够自理	2		
总计			100		
调查评估小组意见		□适用/□不适用社区矫正			
		评估人员（签字）： 日　　期：			

注：调查评估对象具有本表未涉及但易引发重新犯罪的因素，可另行提供相关佐证材料，供社区矫正机构参考。

罪犯调查评估表

调查评估对象基本情况	姓名		性别		民族		年龄	
	文化程度		家庭住址				联系方式	

续表

序号	项目	评估标准	分值	评分 得分	评分 小计	备注	
1	居所情况 (8分)	有固定住所	5				
		有固定生活来源	3				
2	家庭与社会关系 (24分)	家庭结构完整	2				
		家庭成员间关系融洽且愿意接纳（有通信、会见等）	5				
		家庭有稳定的经济收入	4				
		家庭成员无恶习（如赌博、吸食毒品等）或犯罪记录	4				
		家庭有监管能力和约束力，且愿意承担监管责任	5				
		人际关系融洽	2				
		与社会劣迹（如赌博、吸食毒品等）人员无密切交往	2				
3	犯罪行为的后果和影响 (8分)	未造成人员伤亡	2				
		未造成重大经济财产损失	2				
		未产生严重的社会舆论，或负面影响已消除	4				
4	居住地村（居）民委员会和被害人意见 (10分)	居住地村（居）民委员会同意接纳	4				
		居住地村（居）民委员会愿意配合监管	4				
		取得被害人及其家属谅解，同意判处非监禁刑	2				
5	社会危险性 (22分)	本次犯罪前无刑事处罚记录	3				
		本次犯罪时未满18岁	3				
		无暴力、故意等主观恶性犯罪情形	4				

5	社会危险性(22分)	非共同犯罪，或共同犯罪但起次要作用	4		
		能认清犯罪原因与危害，认罪服法	4		
		真诚悔罪，积极减轻危害，已履行部分或全部附加财产刑、民事赔偿	4		
6	对所居住社区的影响（20分）	邻里及社区成员愿意接纳，不排斥	4		
		无重度传染性疾病（艾滋病、肺结核等）	4		
		无精神疾病	4		
		无吸毒史	4		
		无酗酒、赌博等恶习	2		
		无沉迷网络游戏等行为	2		
7	其他事项（8分）	近两年服刑期间获得过表扬奖励3次以上或有重大立功表现	3		
		有从事相关工作的能力（如：公务员、私营企业主、个体户、医生、教师、工人、农民等）	3		
		身体健康，生活能够自理	2		
总计			100		
调查评估小组意见			□适用/□不适用社区矫正 评估人员（签字）： 　日　期：		

注：调查评估对象具有本表未涉及但易引发重新犯罪的因素，可另行提供相关佐证材料，供社区矫正机构参考。

未成年人调查评估表

调查评估对象基本情况	姓名		性别		民族		年龄	
	文化程度		家庭住址				联系方式	

序号	项目	评估标准	分值	得分	小计	备注
1	居所情况 （5分）	有固定住所	3			
		在校就学，或已经就业	2			
2	家庭与社会关系 （21分）	家庭结构完整	2			
		家庭成员间关系融洽且愿意接纳	3			
		家庭有稳定的经济收入	2			
		家庭成员无恶习（如赌博、吸食毒品等）或犯罪记录	2			
		家庭有监管能力和约束力，且愿意承担监管责任	4			
		家庭成员支持、理解、配合社区矫正工作	3			
		人际关系融洽	3			
		与社会劣迹（如赌博、吸食毒品等）人员无密切交往	2			
3	犯罪行为的后果和影响 （12分）	未造成人员伤亡	4			
		未造成重大经济财产损失	4			
		未产生严重的社会负面影响，或负面影响已消除	4			
4	居住地村（居）民委员会和被害人意见 （11分）	居住地村（居）民委员会同意接纳	3			
		居住地村（居）民委员会愿意配合监管	4			
		取得被害人及其家属谅解，同意判处非监禁刑	4			

5	拟禁止的事项（4分）	人民法院拟不宣告禁止令，或被调查人参与拟禁止事项的风险低	4			
6	社会危险性（20分）	本次犯罪前无刑事处罚记录	3			
		无暴力、故意等主观恶性犯罪情形	4			
		非共同犯罪，或共同犯罪但起次要作用	3			
		能认清犯罪原因与危害，认罪服法	3			
		真诚悔罪，减轻危害，积极履行民事赔偿	3			
		有自首、立功、坦白等情节，向司法机关如实陈述犯罪事实	4			
7	对所居住社区的影响（24分）	邻里及社区成员愿意接纳，不排斥	4			
		无重度传染性疾病（艾滋病、肺结核等）	4			
		无精神疾病	4			
		无吸毒史	4			
		无酗酒、赌博等恶习	4			
		无沉迷网络游戏等行为	4			
8	其他事项（3分）	身体健康，生活能够自理	3			
总计			100			
调查评估小组意见			□适用/□不适用社区矫正 评估人员（签字）： 日　期：			

注：调查评估对象具有本表未涉及但易引发重新犯罪的因素，可另行提供相关佐证材料，供社区矫正机构参考。

根据调查评估得分情况，调查评估小组对被告人或罪犯是否纳入社区矫正提出以下意见：

1. 评估得分≥80分，调查评估小组可提出适宜纳入社区矫正的意见；

2. 评估得分≤80分，调查评估小组可提出不适宜纳入社区矫正的意见。

项目四

社区矫正对象的交付接收

学习目标

知识目标：掌握社区矫正对象交付接收的内容、程序及时间。

能力目标：具备接收社区矫正对象的工作技能。

素质目标：具有严格、规范、文明、人性化的执法意识；具备认真负责、履职尽责的职业精神和以人为本的服务意识。

知识树

社区矫正对象的交付接收
├─ 社区矫正法律文书的交付接收
│   ├─ 法律文书送达期限的规定
│   ├─ 应交付的法律文书及相关材料
│   ├─ 法律文书的登记、核查及处理
│   └─ 法律文书流转及建立档案
└─ 社区矫正对象的交付接收
    └─ 社区矫正对象交付接收的期限及方式
        ├─ 交付接收的期限
        ├─ 交付接收的方式
        │   ├─ 管制、缓刑、假释的交付接收方式
        │   └─ 暂予监外执行的交付接收方式
        └─ 例外情况的处理

社区矫正对象
交付接收 { 社区矫正对象的
交付接收 { 社区矫正对象
交付接收的程序 {
核对法律文书、核实身份、
办理登记接收手续
采集并录入矫正对象的基本信息
建立社区矫正档案
确定矫正小组
组织入矫宣告
书面告知其权利义务
通报相关机关

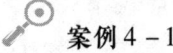 **案例 4 - 1**

陈某，女，1991 年 1 月出生，户籍地为 F 省 F 市 T 县，居住地为 F 省 F 市 L 区，经居住地派出所核查，陈某除本案外无其他犯罪前科。2020 年 9 月 30 日，陈某因开设赌场罪被 F 省 F 市中级人民法院判处有期徒刑 1 年 10 个月，缓刑 2 年，并处罚金人民币 10 000 元。缓刑考验期自 2020 年 10 月 29 日起至 2022 年 10 月 28 日止。判决生效后，人民法院在法律规定的时间内将陈某的相关法律文书送达 L 区社区矫正机构。同时，人民法院也告知了陈某应在法律生效后的 10 日内到 L 区社区矫正机构报到，否则将承担相应的法律责任，直至被撤销缓刑收监执行。

L 区社区矫正机构在收到人民法院送达的相关法律文书后，进行了核实，确认无误后，向人民法院送达了回执。同时，在陈某来报到时，按照法律规定，为陈某办理了入矫手续。

这就是社区矫正对象交付接收的过程。那什么是社区矫正对象的交付接收呢？

社区矫正对象的交付接收，是指社区矫正机构依法接收社区矫正对象并办理相关手续的活动。交付接收既包括相关法律文书的交付接收，又包括矫正对象的交付接收。社区矫正对象的交付接收是社区矫正对象进入矫正的第一个工作环节，意味着矫正工作的正式启动，只有准确无误地完成交付接收工作，才可能开展监督管理和教育帮扶等工作。

任务1 社区矫正法律文书的交付接收

社区矫正法律文书的交付接收，必须贯彻落实"严格、规范"执法的原则，切实维护国家法律的权威和尊严。

任务1.1 法律文书送达期限的规定

《社区矫正法》第20条规定，社区矫正决定机关应当自判决、裁定或者决定生效之日起5日内通知执行地社区矫正机构，并在10日内送达有关法律文书，同时抄送人民检察院和执行地公安机关。社区矫正决定地与执行地不在同一地方的，由执行地社区矫正机构将法律文书转送所在地的人民检察院、公安机关。可见，社区矫正决定机关应将有关法律文书在法律规定的期限内通知并送达给社区矫正机构。

《社区矫正法实施办法》第16条第1款规定，社区矫正决定机关应当自判决、裁定或者决定生效之日起5日内通知执行地县级社区矫正机构，并在10日内将判决书、裁定书、决定书、执行通知书等法律文书送达执行地县级社区矫正机构，同时抄送人民检察院。收到法律文书后，社区矫正机构应当在5日内送达回执。

上述规定明确了有关法律文书送达的主体、时限和送达对象。提前通知社区矫正机构，其目的主要有：一是给社区矫正机构一定的准备时间，以便做好接收社区矫正对象的相关准备工作；二是社区矫正机构可以提前掌握社区矫正对象应当前来报到的最后时间期限，如果该期限届满时，社区矫正对象仍未报到，社区矫正机构应立即采取相关措施进行查找，以避免发生脱管漏管的情况。

任务1.2 应交付的法律文书及相关材料

不同类型的社区矫正对象，交付的法律文书有所不同：

第一，人民法院判处管制、宣告缓刑的，应向社区矫正机构送达的法律文书包括刑事判决书、执行通知书、结案登记表、起诉书、社区矫正告知书、接受社区矫正保证书、送达回执等。

第二，人民法院裁定假释的，看守所或监狱应向社区矫正机构送达的法律文书包括假释裁定书、刑事判决书、最后一次减刑裁定书、出监所鉴定表、假释证明书、社区矫正告知书、接受社区矫正保证书、送达回执等。

第三，人民法院决定暂予监外执行的，应向社区矫正机构送达的法律文书包括暂予监外执行决定书、起诉书、刑事判决书、结案登记表、执行通知书、暂予监外执行具保书、罪犯病情诊断、妊娠检查或生活不能自理的鉴别意见、社区矫正告知书、接受社区矫正保证书、送达回执等。

第四，公安机关、监狱管理机关批准暂予监外执行的，看守所或监狱应向社区矫正机构送达的法律文书包括暂予监外执行决定书、刑事判决书、暂予监外执行审判表、暂予监外执行具保书、罪犯病情诊断、妊娠检查或生活不能自理的鉴别意见、社区矫正告知书、接受社区矫正保证书、送达回执等。

任务1.3　法律文书的登记、核查及处理

社区矫正机构在接到法律文书后，应当于当日做好收文登记，核查法律文书是否齐全。法律文书齐全的，社区矫正机构应当在5日内送达回执。法律文书不齐全或者有误的，应当及时通知或者函告决定机关补正。决定机关应当在5日内补正，并送达执行地县级社区矫正机构。

任务1.4　法律文书流转及建立档案

根据司法实践，执行地县级社区矫正机构在法律文书及相关材料收齐后，应建立社区矫正档案，有关法律文书存入档案。社区矫正对象已办理过调查评估的，应当将调查评估档案归入社区矫正档案。如果社区矫正机构委托社区矫正对象居住地的司法所承担社区矫正相关工作，则应当在法律文书及相关材料收齐之日起3个工作日内将法律文书和相关材料复印件转送社区矫正对象居住地司法所，并通知其做好接收社区矫正对象的准备，并与受委托的司法所签订委托协议。

任务2 社区矫正对象的交付接收

社区矫正对象的交付接收，要贯彻落实"全面推进严格规范公正文明执法"的二十大精神，"严格落实执法责任制和责任追究制度""规范司法权力运行，健全公安机关、检察机关、审判机关、司法行政机关各司其职、相互配合、相互制约的体制机制。强化对司法活动的制约监督，促进司法公正"。社区矫正机构在接收社区矫正对象时，要深入开展法治宣传教育，增强社区矫正对象的法治观念，引导社区矫正对象做社会主义法治的忠实崇尚者、自觉遵守者、坚定捍卫者。

任务2.1 社区矫正对象交付接收的期限及方式

一、社区矫正对象交付接收的期限

根据《社区矫正法》第21条的规定，社区矫正对象应自判决、裁定生效之日起或决定之日起10日内到社区矫正机构报到。

二、社区矫正对象交付接收的方式

根据《社区矫正法》第21条的规定，对不同类型的社区矫正对象交付接收的方式不同。总体上分为两类：一是自行报到；二是移送报到。

（一）管制、缓刑、假释社区矫正对象的交付接收方式：自行报到

对于判处管制、宣告缓刑、裁定假释这三类社区矫正对象的交付接收方式是自行到执行地社区矫正机构报到。

《社区矫正法》第21条第1款规定，人民法院判处管制，宣告缓刑、裁定假释的社区矫正对象应当自判决、裁定生效之日起10日内到执行地社区矫正机构报到。

（二）暂予监外执行社区矫正对象的交付接收方式：移送报到

《社区矫正法》第21条第2款规定，人民法院决定暂予监外执行的社区矫正对象，由看守所或者执行取保候审、监视居住的公安机关自收到决定之日起10日内将社区矫正对象移送至社区矫正机构。

《社区矫正法》第21条第3款规定，监狱管理机关、公安机关批准暂予

监外执行的社区矫正对象，由监狱或者看守所自收到批准决定之日起10日内将社区矫正对象移送社区矫正机构。

公安机关、监狱或者看守所移送暂予监外执行的社区矫正对象前，应当联系执行地县级社区矫正机构，商定移交的时间、地点和方式等，并通知保证人到场。

三、例外情况的处理

（一）对自行报到确有困难的社区矫正对象的接收方式

《社区矫正法实施办法》第17条第1款规定："……对社区矫正对象存在因行动不便、自行报到确有困难等特殊情况的，社区矫正机构可以派员到其居住地等场所办理登记接收手续。"《河北省社区矫正工作细则》第31条第2款规定："对已经在社会医院住院治疗、脱离医疗监护会有生命危险的，经协商可以在社区矫正对象接受治疗的医院办理有关法律文书和人员交接手续。"

（二）对报到时法律文书未送达或法律文书不全的社区矫正对象的接收方式

根据《社区矫正法实施办法》第16条第2款的规定，社区矫正对象前来报到时，执行地县级社区矫正机构未收到法律文书或法律文书不齐全，应当先记录在案，为其办理登记接收手续，并通知社区矫正决定机关在5日内送达或者补齐法律文书。

《河北省社区矫正工作细则》第32条第2款规定："社区矫正决定机关延迟送达、错误送达或者未送达法律文书，导致社区矫正对象未按规定时限报到的，社区矫正决定机关应当变更执行通知书，明确社区矫正期限。"

（三）对未按时报到的社区矫正对象的处置

社区矫正对象未按时报到，但相关法律文书已经送达的，社区矫正机构应当及时组织查找，公安机关等有关单位和人员应当予以配合协助。社区矫正机构应当及时将有关情况书面通报社区矫正决定机关和人民检察院。如果社区矫正机构能够联系上社区矫正对象的，应当督促其立即报到，并告知其不报到的法律后果；如果联系不上社区矫正对象，需要向其居住的村（居）委会说明情况，并了解社区矫正对象去向，向其监护人、亲属书面告知社区矫正对象未按规定的时间报到的情况及其需要承担的法律后果。对社区矫正对象未按规定时间报到或逃避监管的，社区矫正机构将根据不同情况给予不同的处罚。

（四）对暂予监外执行的罪犯服刑地与居住地不一致的情况处置

根据《社区矫正法实施办法》第 17 条第 2 款的规定："……罪犯原服刑地与居住地不在同一省、自治区、直辖市，需要回居住地暂予监外执行的，原服刑地的省级以上监狱管理机关或者设区的市一级以上公安机关应当书面通知罪犯居住地的监狱管理机关、公安机关，由其指定一所监狱、看守所接收社区矫正对象档案，负责办理其收监、刑满释放等手续。对看守所留所服刑罪犯暂予监外执行，原服刑地与居住地在同一省、自治区、直辖市的，可以不移交档案。"

任务 2.2 社区矫正对象交付接收的程序

《社区矫正法》第 19 条第 2 款规定，社区矫正决定机关应当对社区矫正对象进行教育，告知其在社区矫正期间应当遵守规定以及违反规定的法律后果，责令其按时报到。

《社区矫正法》第 22 条规定，社区矫正机构应当依法接收社区矫正对象，核对法律文书、核实身份、办理接收登记、建立档案，并宣告社区矫正对象的犯罪事实、执行社区矫正的期限以及应当遵守的规定。

据此，社区矫正对象交付接收的程序主要是：

一、核对法律文书、核实身份、办理登记接收手续

社区矫正对象前来报到时，执行地县级社区矫正机构工作人员应当依法接收，并核对法律文书、核实身份、住址等基本信息，核验无误后，办理登记接收手续。同时，对社区矫正对象是否按时报到进行审查，超出规定时限的，按照法律法规的相关规定给予处罚。为保障刑事判决、刑事裁定和暂予监外执行的正确执行，预防和减少犯罪，在接收时还应核查社区矫正对象是否有出国（境）证照，如有，责令其上交社区矫正机构代为保管，社区矫正机构应将此情况及时通报给执行地公安机关。同时，告知社区矫正对象在社区矫正期间不得申请办理出国（境）证照，并让社区矫正对象填写《法定不批准出国（境）人员通报备案通知书》一式两份，一份送县（市、区）

公安局出入境管理部门备案；另一份经县（市、区）公安局出入境管理部门确认后存入社区矫正对象档案。

专栏 4 – 1　法定不批准出境人员通报备案通知书					
姓名		性别		民族	
出生地		出生日期			照片
文化程度		婚姻状况		身份证号码	
出入境证件名称及号码					
工作单位			电话		
现住址			电话		
户口所在地					
通报备案期限	年　　月　　日至　　　年　　月　　日				
通报备案事由和法律依据	该　　　　因犯　　　　　　罪于　　年　　月　　日被　　　　机关判处、决定　　　，社区矫正期限为：　　　　　。根据出入境相关规定，呈请报备，当否，请审批。				
通报单位意见	负责人签名： （公章） 年　月　日	审批机关意见	负责人签名： （公章） 年　月　日		
联系人		填表时间		联系电话	

公安（分）局出入境管理（处、科）　　　通报单位：

接收人签名：_____　　　　　　报送人签名：_____

　　　　　年　月　日　　　　　　　　　　　　　年　月　日

二、采集并录入矫正对象的基本信息

执行地县级社区矫正机构接收社区矫正对象后，应当采集其基本情况、指纹或者面部等信息，录入社区矫正工作系统，并制作《社区矫正对象基本信息表》一式两份，一份存入社区矫正对象档案，另一份转递司法所。

专栏 4-2 社区矫正对象基本信息表

单位： 编号： 填表日期：

姓名		曾用名		身份证号码			
性别		民族		出生日期			一寸免冠照片
文化程度		健康状况		原政治面貌		婚姻状况	
居住地							
户籍地							
所在工作单位（学校）				联系电话			
个人联系电话							
罪名		刑种			原判刑期		
社区矫正决定机关				原羁押场所			
禁止令内容				禁止期限起止日			
矫正类别			矫正期限			起止日	
法律文书收到时间及种类				接收方式及报到时间			
在规定时限内报到			超出规定时限报到			未报到且下落不明	
主要犯罪事实							
本次犯罪前的违法犯罪记录							
个人简历							

续表

家庭成员及主要社会关系			
备注			

注：此表抄报居住地公安机关。

三、建立社区矫正档案

在相关法律文书齐备后，社区矫正机构应当建立社区矫正对象矫正档案。已办理过社区矫正调查评估的，应将调查评估材料归入矫正档案。《社区矫正法实施办法》第18条规定，执行地县级社区矫正机构接收社区矫正对象后，应当建立社区矫正档案，包括以下内容：①适用社区矫正的法律文书；②接收、监管审批、奖惩、收监执行、解除矫正、终止矫正等有关社区矫正执行活动的法律文书；③进行社区矫正的工作记录；④社区矫正对象接受社区矫正的其他相关材料。接受委托对社区矫正对象进行日常管理的司法所应当建立工作档案。

四、确定矫正小组

（一）确定矫正小组成员

矫正小组是指在矫正期限内对社区矫正对象进行监督管理、教育帮扶的工作人员组成的群体。《社区矫正法》第25条规定："社区矫正机构应当根据社区矫正对象的情况，为其确定矫正小组，负责落实相应的矫正方案。根据需要，矫正小组可以由司法所、居民委员会、村民委员会的人员，社区矫正对象的监护人、家庭成员，所在单位或者就读学校的人员以及社会工作者、志愿者等组成。社区矫正对象为女性的，矫正小组中应有女性成员。"

《社区矫正法》第52条第2款规定，社区矫正机构为未成年社区矫正对象确定矫正小组，应当吸收熟悉未成年人身心特点的人员参加。

《社区矫正法实施办法》第19条第1款规定，执行地县级社区矫正机构、受委托的司法所应当为社区矫正对象确定矫正小组，与矫正小组签订矫正责任书，明确矫正小组成员的责任和义务，负责落实矫正方案。

（二）明确矫正小组的职责

《社区矫正法实施办法》第 19 条第 2 款规定，矫正小组主要开展下列工作：①按照矫正方案，开展个案矫正工作；②督促社区矫正对象遵纪守法，遵守社区矫正规定；③参与对社区矫正对象的考核评议和教育活动；④对社区矫正对象走访谈话，了解其思想、工作和生活情况，及时向社区矫正机构或者司法所报告；⑤协助对社区矫正对象进行监督管理和教育帮扶；⑥协助社区矫正机构或者司法所开展其他工作。

为了更好地发挥矫正小组的作用，社区矫正机构或者受委托的司法所应当与矫正小组成员签订一份社区矫正责任书。

专栏 4－3　社区矫正责任书

为了共同做好社区矫正对象＿＿＿＿＿＿的监督管理和教育帮助工作，提高矫正质量，＿＿＿＿＿＿社区矫正机构/司法所与矫正小组签订本责任书，共同遵守。

一、社区矫正机构或者司法所具体做好以下工作：

1. 指导矫正小组对社区矫正对象进行监督管理和教育帮扶；

2. 认真听取矫正小组成员反映的情况并及时处理有关事宜。

二、矫正小组具体做好以下工作：

1. 协助对社区矫正对象进行监督管理和教育帮助；

2. 督促社区矫正对象按要求向社区矫正机构/司法所报告有关情况、参加学习及公益活动，自觉遵守有关监督管理规定；

3. 定期向社区矫正机构/司法所反映社区矫正对象遵纪守法、学习、日常生活和工作等情况；

4. 发现社区矫正对象有违法犯罪或违反监督管理规定的行为，及时向社区矫正机构/司法所报告；

5. 根据小组成员所在单位和身份确定的其他社区矫正事项。

（公章）　　　　　　　　　　　　　矫正小组（成员签字）：

＿＿＿年＿＿月＿＿日

五、组织入矫宣告

根据《社区矫正法实施办法》第 20 条的规定，执行地县级社区矫正机构接收社区矫正对象后，应当组织或者委托司法所组织入矫宣告。

入矫宣告包括以下内容：①判决书、裁定书、决定书、执行通知书等有关法律文书的主要内容；②社区矫正期限；③社区矫正对象应当遵守的规定、被剥夺或者限制行使的权利、被禁止的事项以及违反规定的法律后果；④社区矫正对象依法享有的权利；⑤矫正小组人员组成及职责；⑥其他有关事项。

入矫宣告由社区矫正机构或者司法所的工作人员主持，矫正小组成员及其他相关人员到场，按照规定程序进行。宣告后，社区矫正对象应当在书面材料上签字，确认已经了解所宣告的内容。

入矫宣告后，社区矫正工作人员还要带领社区矫正对象宣读入矫誓词。

专栏4-4　社区矫正对象入矫誓词

我是×××，在此庄严宣誓，认罪服法，痛改前非，接受矫正，遵守社区矫正法律法规，服从工作人员管理，接受志愿者监督，改造自己，重新做人，做一个对社会、对他人有益的人。

今后，无论做任何事都要牢记做人的行为准则，努力学习法律知识，用法律约束自身的行为，遵守国家法律、法规、政策，不断丰富自身，用法律来规范自己的一切言行。积极参加社区矫正机构组织的各项活动，不怕苦、不怕累，奉献自己的爱心，帮助、关心周围的群众，多做一些有益于社会和群众的事，用自己的实际行动来回报社会，做一个讲诚信、讲公德、有责任、有爱心、有觉悟的合格守法公民。

六、书面告知其权利义务

为了使社区矫正对象尽快进入角色，并牢记自己在矫正过程中的权利义务，在入矫宣告完成后，社区矫正机构还会给社区矫正对象发放书面的权利义务告知书。

（一）权利告知

书面告知社区矫正对象在社区矫正期间依法享有以下权利：①人格尊严不受侮辱；②人身安全和合法财产不受侵犯；③在就学、就业和享有社会保障等方面不受歧视；④享有辩护、申诉、控告、检举以及其他未被依法剥夺或限制的权利。

（二）义务告知

社区矫正对象按照《社区矫正法》《社区矫正法实施办法》《刑法》《刑事诉讼法》等规定，履行以下义务：①严格遵守国家法律、法规、禁止令和有关管理规定；②积极参加学习、教育和公益活动；③定期报告思想、活动情况；发生居所变化、工作变动、家庭重大变故以及接触对其矫正产生不利影响人员的，应当及时报告；④迁居或离开所居住的市、县，必须经社区矫正机构批准；⑤服从其他监督管理规定。

（三）特殊情况的告知

1. 被决定保外就医的社区矫正对象在接受社区矫正期间，同时应当遵守下列规定：①在指定的医院接受治疗；②确需转院或者离开所居住区域时，应当经社区矫正机构批准；③治疗疾病以外的社会活动，应当经社区矫正机构批准；④定期向司法所报告本人身体情况和提交病情复查情况。

2. 被宣告禁止令的社区矫正对象应根据禁止令的规定，避免进入特定区域、场所，接触特定的人，如确需进入，须经过申请审批。

七、通报相关机关

执行地社区矫正机构填写《社区矫正对象报到情况通知单》，送原裁判人民法院、执行地人民检察院、执行地公安机关。对于暂予监外执行的，在办理人员接收时，交负责移送的公安或监狱干警。对假释类社区矫正对象，抄送原服刑监狱、看守所。

专栏4-5 社区矫正对象报到情况通知单

单位：_____县（市、区、旗）司法局

姓名	性别	罪名	社区矫正决定机关	裁判文书号及裁判时间	矫正类别	规定报到时限	已在规定时限报到	超出规定时限报到	未报到并下落不明
备注									

注：送_____人民法院，抄报_____人民检察院、_____公安（分）局，_____监狱（看守所）。

专栏 4－6　社区矫正对象未报到通知书

编号：＿＿＿＿＿＿

＿＿＿＿＿＿＿县（市、区、旗）公安局（检察院、法院、监狱）：

社区矫正对象＿＿＿＿＿，性别＿＿＿，身份证号＿＿＿＿＿＿＿＿。根据人民法院（公安、监狱）字第（　　）号刑事判决书（裁定、决定）书，该社区矫正对象应于＿＿＿年＿月＿日到我局报到，并接受社区矫正。截至＿＿＿年＿月＿日，该社区矫正对象仍未到我局报到。特此通知。

＿＿＿＿＿＿＿＿＿（司法局公章）

年　月　日

专栏 4－7　社区矫正对象未报到通知书（存根）

编号：＿＿＿＿＿＿

＿＿＿＿＿＿＿县（市、区、旗）公安局（检察院、法院、监狱）：

社区矫正对象＿＿＿＿＿，性别＿＿＿，身份证号＿＿＿＿＿＿＿＿。根据人民法院（公安、监狱）字第（　　）号刑事判决书（裁定、决定）书，该社区矫正对象应于＿＿＿年＿月＿日到我局报到，并接受社区矫正。截至＿＿＿年＿月＿日，该社区矫正对象仍未到我局报到。特此通知。

＿＿＿＿＿＿＿＿＿（司法局公章）

年　月　日

任务 3　（实训项目 3）社区矫正对象
交付接收的技能训练

社区矫正对象李某某，女，1972 年 12 月出生，户籍地和居住地均为 Z 省 W 市 L 区。因假冒注册商标罪于 2019 年 6 月 18 日被 S 市 X 区人民法院判处有期徒刑 1 年，缓刑 1 年，并处罚金人民币 60 000 元。缓刑考验期自 2019 年 7 月 4 日起至 2020 年 7 月 3 日止。

根据上述案例，请同学们用角色扮演法，完成以下实训任务：

1. 掌握社区矫正交付接收的工作流程；
2. 掌握社区矫正交付接收各工作流程所要完成的典型工作任务。

附：实训任务书和实训考核表

实训任务书

实训项目	社区矫正对象交付接收的工作流程（程序）以及各工作过流程应完成的典型工作任务。
实训课时	2课时。
实训目的	学生通过模拟实训，掌握对社区矫正对象交付接收的工作流程以及各工作流程应完成的典型工作任务，从而具备对社区矫正对象交付接收的职业能力。
实训任务	1. 掌握社区矫正对象交付接收的工作流程； 2. 掌握各工作流程所要完成的典型工作任务。
实训要求	1. 学生应提前掌握社区矫正交付接收的相关知识； 2. 指导教师熟悉社区矫正交付接收工作的法律规定与实践做法； 3. 学生要积极配合指导教师的指导完成实训； 4. 根据实训需要将学生分成若干小组，采用角色扮演的方式完成实训任务； 5. 指导教师进行点评总结，每组学生根据教师的点评总结找出不足。
实训成果形式	实训总结。
实训地点	虚拟仿真实训教室。
实训进程	1. 教师讲解（介绍实训步骤、注意事项、进行角色分配）； 2. 阅读准备好的实训案例； 3. 根据实训需要将学生分成若干小组； 4. 根据案例中所提供资料进行小组讨论，探究应交付接收的法律文书是什么； 5. 明确社区矫正对象交付接收的方式、期限； 6. 社区矫正对象交付接收的程序和所要完成的典型工作任务； 7. 小组模拟开展社区矫正交付接收工作； 8. 指导教师进行点评总结，每组学生根据教师的点评总结找出不足。

实训考核表

班级＿＿＿＿＿＿＿＿＿＿＿＿　　姓名＿＿＿＿＿＿＿＿＿＿＿＿　　学号＿＿＿＿＿＿＿＿＿＿＿＿

任务描述：通过模拟实训，掌握社区矫正交付接收的工作流程和各工作流程所要完成的工作任务，从而具备开展社区矫正交付接收工作的能力。

项目总分：100 分

完成时间：100 分钟（2 课时）

考核内容	评分细则	等级评定
一、实训过程与要求 1. 根据实训需要，学生迅速分成若干小组； 2. 小组成员自行分配好所扮演的角色；	分值：50 分 1. 实训过程与小组成员合作良好（15 分）； 2. 实训演练认真、表现积极（15 分）；	实训成绩评定分为四等： 1. 优（100 分 ~ 85 分）； 2. 良（84 分 ~ 70 分）； 3. 及格（69 分 ~ 60 分）； 4. 不及格（59 分 ~ 0 分）。
3. 小组进行讨论，明确交付接收的内容； 4. 根据任务书中的要求，模拟开展社区矫正交付接收工作，完成所有的实训任务； 5. 指导教师进行点评总结，每组学生根据教师的点评总结找出不足。	3. 能成功完成所有实训任务（20 分）。	注意事项： 1. 实训期间做与实训无关的操作，不能评定为"优"； 2. 有旷课现象，不能评为"优、良"； 3. 旷课 ×× 节及以上，评为"不及格"； 4. 实训内容没有完成，评为"不及格"； 5. 两份报告雷同，评为"不及格"； 6. 具体评分标准由教师根据实训项目具体要求确定。
二、实训表现与态度	分值：20 分 1. 无迟到（1 分）； 2. 无早退（1 分）； 3. 无旷课（3 分）； 4. 实训预习、听讲认真（2 分）； 5. 实训态度认真（5 分）； 6. 实训中不大声喧哗（1 分）； 7. 能爱护实训场所、设备，保持环境整洁（2 分）； 8. 能完全遵守实训各项规定（1 分）； 9. 实训效果好，基本掌握了社区矫正交付接收工作的程序与方法，具备了开展交付接收工作的职业技能（4 分）。	

续表

三、实训总结	分值：30分	
1. 实训中出现的问题及解决办法（对遇到的问题、问题产生的原因进行分析判断，把解决过程写出来）； 2. 实训效果（本次实训有哪些收获，掌握了哪些知识、技能，有哪些地方不明白，有什么疑问等）。	1. 按规定时间上交（5分）； 2. 格式规范（5分）； 3. 字迹清楚（5分）； 4. 内容详尽、完整，实训分析总结正确（5分）； 5. 无抄袭现象（5分）； 6. 能提出合理化建议或有创新见解（5分）。	
合计		

评分人：　　　　　　　　　　　　　　　　日期：　　年　月　日

【课堂讨论4－1】

姚某，男，1960年1月出生，户籍地和居住地均为B市D区，因妨害公务罪被B市D区人民法院判处有期徒刑7个月，缓刑1年。社区矫正期自2020年3月27日起至2021年3月26日止。2020年4月7日，姚某在规定期限内自行到B市D区社区矫正机构报到，由执行地司法所负责其社区矫正期间的相关工作。

根据所学的知识，请同学们讨论：人民法院对姚某宣告缓刑后，应向社区矫正机构交付哪些法律文书及相关材料？

【课堂活动4－2】

张某，男，1992年3月出生，户籍地、居住地均为S省L市X县。因犯故意伤害罪、故意毁坏财物罪被L市中级人民法院判处有期徒刑4年，刑期为2016年5月19日起至2020年5月18日止。判决发生法律效力后，交付S省Y监狱执行。S省Y监狱于2019年7月23日向Y市中级人民法院提出假释建议，Y市中级人民法院于2019年8月21日裁定对张某予以假释，假释考验期自假释之日起至2020年5月18日止，假释考验期间内依法实行社区矫正。

根据所学的知识，请同学们讨论：人民法院对张某裁定假释后，Y监狱应向社区矫正机构交付哪些法律文书及相关材料？张某被假释后，以哪种方式到其执行地县级社区矫正机构报到？

【思考题】

1. 对不同类型的社区矫正对象其交付接收的方式有哪些？

2. 如果你是一名社区矫正工作人员，对社区矫正对象交付接收时应完成哪些工作任务？

3. 对自行报到确有困难的矫正对象，应如何完成报到登记手续？

4. 社区矫正对象在矫正期间应享有哪些权利？应履行哪些义务？

5. 对社区矫正对象进行入矫宣告时，应宣告哪些内容？

拓展 学习

《社区矫正法》施行后，矫正小组的组建发生的变化[1]

第一，关于矫正小组成员构成。2012年《社区矫正实施办法》中，矫正小组成员包括：有关部门、村（居）民委员会、社区矫正对象所在单位、就读学校、家庭成员或者监护人、保证人、社会工作者和志愿者等。而2020年《社区矫正法实施办法》中，矫正小组成员包括：司法所、居民委员会、村民委员会的人员，社区矫正对象的监护人、家庭成员，所在单位或者就读学校的人员以及社会工作者、志愿者等。从上述新老《实施办法》比较来看，2020年《社区矫正法实施办法》中删减了"有关部门"和"保证人"这两者，而增加了"司法所"。"有关部门"删除，意味着"片区民警"不能再进入矫正小组。虽然此举可能对开展矫正工作带来一些不便，但它符合《社区矫正法》的新理念。矫正小组所有成员不着制服帮助矫正对象，有利于营造宽松、和谐的矫正氛围。之所以去掉"保证人"，应该是与"家庭成员、监护人"有重复，因为原则上保证人必须是家庭成员或者监护人。

第二，关于矫正小组的组建。《社区矫正法》规定，矫正小组应当由社区

矫正机构来确定和组建。2020年《社区矫正法实施办法》则进一步明确：执行地县级社区矫正机构、受委托的司法所应当为社区矫正对象确定矫正小组。在这里，关于矫正小组的组建主体，为什么2020年《社区矫正法实施办法》要改变《社区矫正法》的规定而加上"受委托的司法所"呢？在当前，虽然法律规定将司法所较多职权上收到了区（县）社区矫正机构，但很多社区矫正工作仍然离不开司法所。如果不将司法所纳入矫正小组，这项工作就难以开展。2020年《社区矫正法实施办法》第19条还为矫正小组明确了六项职责；同时，矫正小组组长安排也出现变化。2012年《社区矫正实施办法》明确由司法所工作人员担任组长，而2020年《社区矫正法实施办法》中没有说明。未来应该还会出现矫正小组组长由社区矫正机构指定的情况，如指定某某矫正对象的矫正小组组长为村（居）委会主任等。如此，或许在矫正小组功能发挥上，会有意想不到的效果。其实，矫正小组的设置不必"一刀切"。对于一些犯罪情节轻微、配合度高、再犯风险较低的对象，矫正小组的工作容易流于形式，造成资源浪费。判断是否需要针对罪犯组建小组，主要应根据风险评估及工作人员对罪犯情况的把握。可根据罪犯风险程度来建立或者撤销矫正小组。犯罪学研究表明：对少数人的重点关注，就可以预防更多的犯罪。把更多的精力放在重点罪犯身上，在犯罪预防上会起到事半功倍的效果。

目前，矫正小组的运行中存在两个突出问题：一是矫正小组作用弱化、虚化现象严重。设立矫正小组的目的是利用多种资源，从不同专业视角作用于罪犯个体，发挥监管和矫正作用。但在实践中，社区矫正工作人员主要还是力图通过人身管控来实现矫正效果。很多矫正小组成员就是挂个名，仅在入矫宣告时现身，作用几乎没有发挥。因为矫正小组的设立让更多无关人员知晓矫正对象的罪犯身份，对后者声誉甚至可能产生负面影响。矫正小组需要重构和激活其作用。可以适当加重并细化乡镇（街道）和村（社区）对社区矫正工作的责任和常态工作联动机制，细化镇村两级的社区矫正权力责任清单，把社区矫正工作纳入村（居）"两委"政绩考核目标，避免基层社区矫正工作基本由司法所硬撑局面。二是《社区矫正法》等规范性文件缺乏对矫正小组成员的角色定位与法律责任的规定。《社区矫正法》第12条第2款规定，社区矫正对象的监护人、家庭成员、所在单位或者就读学校应当协助社区矫正机构做好社区矫正工作。但没有明确监护人、家庭成员的监督责任，对不履行相应义务的监护人、家庭成员也缺乏相应的惩戒措施。矫正小组职责以及角色的粗放性、笼统性、模糊性规定，就会导致职责不明、任务不清、推诿扯皮或者有关人员在同一任务上重叠部署，从而造成人力资源的浪费。

在英美法系国家，如英国、美国、澳大利亚、加拿大等国的法律都规定了矫正小组中的矫正对象亲属、监护人、保证人等角色的法定义务。在英国，在执行监护令期间，父母需要与当地政府签订一份时间不超过 12 个月的协议，与当地政府和相关机构对旷课、逃学的孩子共同承担监管责任，并履行条款中的指导、课程辅导、交谈等责任。如果父母怠于履行，罚金最高可达1000 英镑。[1]在澳大利亚，申请人向保释机构申请保释时，保证人应提供规定数量的保证金，或保证支付等量价值的没收物。如果保释人员没有遵守保释协议，保证人必须通知警方。当保证人知道或有适当的理由怀疑保释人员不遵守保释协议，保证人必须采取适当的措施并报告警察。

在大陆法系国家，如德国、日本等国的法律，也都规定了矫正小组中的社区矫正对象亲属、监护人、保证人的法定义务。在德国，犯罪人的父母、监护人、法定代理人或学校应在缓刑科员的要求下，为其提供必要的训练或提供与犯罪人相关的信息，尽一切努力帮助缓刑科员完成对犯罪人的监督。在日本，保护观察所对于因执行刑罚而被收容于刑事设施之人或者因执行刑罚或保护处分而被收容于少年院之人，在认为存在为使其顺利回归社会的必要时，可以通过访问其家属或其他相关人员请求协助以及其他方法，对其释放后的住所、就业单位以及其他生活环境进行调整。[2]

基于明晰矫正小组各参与人的角色及其法律责任的需要，建议将《社区矫正法》第 25 条第 1 款修改为："社区矫正机构应当根据社区矫正对象的情况，为其确定矫正小组，负责落实相应的矫正方案。矫正小组成员中应当明确社区矫正对象的矫正监督人、矫正担保人、矫正责任人和矫正协同人等角色定位，以及成员没有履行相应职责所应当承担的法律责任。"

---

〔1〕 刘强主编：《社区矫正组织管理模式比较研究》，中国法制出版社 2010 年，第 148 页。
〔2〕 陈俊生、郭华主编：《国（境）外社区矫正立法》，法律出版社 2013 年版，第 43 页。

社区矫正对象的监督管理

知识目标：掌握社区矫正对象监督管理的概念、内容；了解并熟悉社区矫正档案管理的相关规定以及档案管理的内容；了解并熟悉突发事件应急处置的相关知识。

能力目标：培养学生具备制定矫正方案的能力、监督管理的能力；风险管控的能力、档案管理能力以及突发事件应急处置的基本能力。

素质目标：具备严格执法、规范执法、人性化执法的执法意识；忠诚敬业、履职尽责的职业道德；遵规守纪和安全管理意识以及保密意识。

知识树

社区矫正对象的监督管理
- 社区矫正对象监督管理的实施
  - 制定矫正方案
  - 矫正小组落实矫正方案
  - 开展日常的矫正监督管理
    - 定期报告制度的实施
    - 会客制度的实施
    - 外出审批制度的实施
    - 变更执行地制度的实施
    - 电子定位管理制度的实施
    - 禁止令执行制度的实施

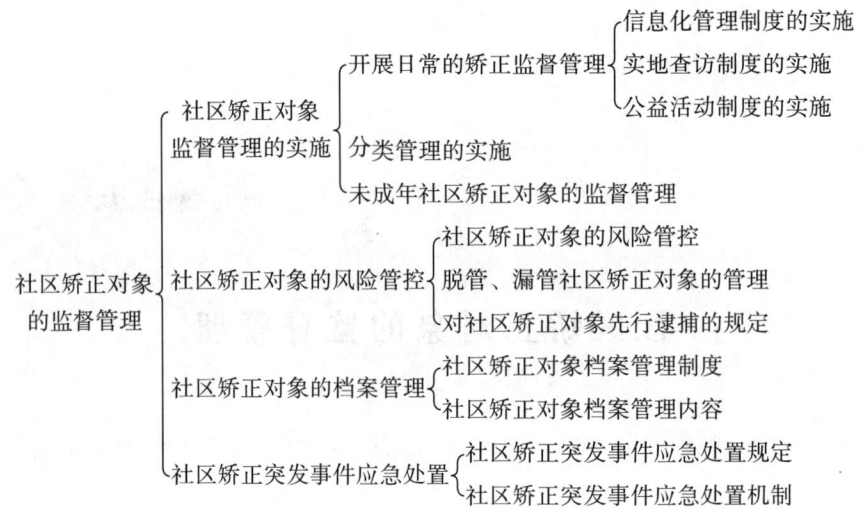

社区矫正对象的监督管理
├─ 社区矫正对象监督管理的实施
│ ├─ 开展日常的矫正监督管理
│ │ ├─ 信息化管理制度的实施
│ │ ├─ 实地查访制度的实施
│ │ └─ 公益活动制度的实施
│ ├─ 分类管理的实施
│ └─ 未成年社区矫正对象的监督管理
├─ 社区矫正对象的风险管控
│ ├─ 社区矫正对象的风险管控
│ ├─ 脱管、漏管社区矫正对象的管理
│ └─ 对社区矫正对象先行逮捕的规定
├─ 社区矫正对象的档案管理
│ ├─ 社区矫正对象档案管理制度
│ └─ 社区矫正对象档案管理内容
└─ 社区矫正突发事件应急处置
   ├─ 社区矫正突发事件应急处置规定
   └─ 社区矫正突发事件应急处置机制

案例 5-1

S省A市Z县对缓刑社区矫正对象田某依法进行监督管理

田某，男，1986年1月出生，汉族，初中文化程度，户籍地S省A市Z县。田某因涉嫌寻衅滋事罪，被S省Z县人民法院判处拘役5个月，缓刑10个月，于2020年12月24日到Z县司法局报到，并被指派到居住地司法所接受社区矫正。对社区矫正对象田某依法实施监督管理情况如下：

一、建立矫正小组

2020年12月24日，社区矫正对象田某到居住地司法所报到，司法所工作人员为其办理了入矫手续并进行了入矫前的首次谈话，对其犯罪原因、认罪态度、家庭及生活情况进行初步了解，针对其犯罪类型和性格特点，建立了由司法所所长、司法所辅助员、村干部、志愿者为成员的矫正小组，签订了帮教协议，司法所会同矫正小组成员在司法所社区矫正接收平台为田某举行了入矫宣告仪式。一是通过向田某宣读执行通知书、社区矫正宣告书等有关法律文书内容，让其明确了社区矫正期限和社区矫正对象身份；二是宣告了有关认罪服法、遵纪守法、报告、参加教育学习、请假等社区矫正对象应当遵守的规定及违反规定的法律后果；三是宣告了社区矫正对象田某依法享有的权利和被限制行使的权利；四是宣告了矫正小组人员组成及职责等有关事项。

二、制定矫正方案

按照《社区矫正法实施办法》及《S省社区矫正实施细则》相关规定制定以下矫正方案：其一，制定矫正目标。入矫前期，田某对接受矫正不是很适应，法律知识淡薄，悔罪态度不端正。司法所采取各项措施使田某在矫正期间能端正态度，遵守相关管理规定，认真学习法律法规、积极参加矫正小组组织的各项活动，主动配合社区矫正工作。其二，制定矫正措施。①通过了解田某家庭情况，进行思想上的改造，劝其多为孩子、妻子考虑，使其能够感受到家庭的重要性，通过家人的帮助让田某认识到所犯罪行的严重性，从而主动接受社区矫正；②根据田某寻衅滋事罪的特点，重点学习《治安管理处罚法》《刑法》《社区矫正法》；③定期与田某谈话，做好其思想工作，一旦发现其出现心理问题，及时进行疏导、帮其纾解心结，使其摆正心态；④通过每周电话汇报、每月思想汇报、每月实地走访本人、家属及所属村委会等方式，了解掌握其生活环境、家庭关系和思想动态；⑤鼓励田某参加每月集中开展的公益活动，加强其社会公益心，修复社会关系，消除再犯罪可能性，实现顺利解矫，回归社会。其三，实施定位管理。田某到司法局社区矫正机构报到后，参与社区矫正的工作人员依法将田某信息录入社区矫正信息系统，并对其常用手机号码实施定位监控。司法所工作人员每天不定时查看田某的活动轨迹是否有异常现象。

三、实施监管效果

经过前期的监督管理、学习教育及家人的帮助，田某逐渐认识到自己所犯罪行的严重性及危害性。在接受矫正监督管理期间，其服从矫正监督管理，遵守社区矫正规定，按时参加每月的集中教育学习和公益活动，并表示今后会认真学习法律法规、积极配合社区矫正，努力提升自我。

该案例严格按照《社区矫正法》《社区矫正法实施办法》的规定实施，入矫当日即完成接收手续，确定矫正小组，进行入矫宣告、日常监督管理，并结合田某自身情况、家庭情况、针对犯罪类型制定个性化矫正方案，通过通讯联络、实地走访等方式了解田某活动情况和行为表现。由于司法所严格按照规定动作和程序对田某实施监督管理、教育帮扶，同时，情理结合，进一步保障执法的高效性，让田某感受到社区矫正宽严相济的执行方式，逐渐认识到自己所犯罪行的严重性，从而主动接受社区矫正，再犯罪可能性减小，社区矫正效果良好。

任务1　社区矫正对象监督管理的实施

对社区矫正对象实施监督管理，是"贯彻总体国家安全观"和"深入贯彻以人民为中心的发展思想"的具体体现。

对社区矫正对象的监督管理是社区矫正刑事执行的重要方式，也是社区矫正监管执法的主要内容。所以，对社区矫正对象依法实施严格的监督管理，既是刑事执行的必然要求，也是对矫正对象开展教育帮扶的前提和基础，更是维护社区安全、预防社区矫正对象重新违法犯罪的前提和保障。通过监督管理，实现对矫正对象的管控以及对特殊人群的社会管理，以维护社会的和谐稳定。

社区矫正对象的监督管理是指执行地社区矫正机构、受委托的司法所根据《刑法》《刑事诉讼法》和《社区矫正法》等相关法律的规定，为保障刑事判决、刑事裁定和暂予监外执行决定的正确执行，对被判处管制、宣告缓刑、裁定假释和暂予监外执行的社区矫正对象矫正期间的行为、思想表现等进行监督管理活动的总称。

《社区矫正法》第23条规定："社区矫正对象在社区矫正期间应当遵守法律、行政法规，履行判决、裁定、暂予监外执行决定等法律文书确定的义务，遵守国务院司法行政部门关于报告、会客、外出、迁居、保外就医等监督管理规定，服从社区矫正机构的管理。"

任务1.1　制定矫正方案

《社区矫正法》第24条规定："社区矫正机构应当根据裁判内容和社区矫正对象的性别、年龄、心理特点、健康状况、犯罪原因、犯罪类型、犯罪情节、悔罪表现等情况，制定有针对性的矫正方案，实现分类管理、个别化矫正。矫正方案应当根据社区矫正对象的表现等情况相应调整。"

《社区矫正法实施办法》第22条规定："执行地县级社区矫正机构、受委托的司法所要根据社区矫正对象的性别、年龄、心理特点、健康状况、犯罪原因、悔罪表现等具体情况，制定矫正方案，有针对性地消除社区矫正对象可能重新犯罪的因素，帮助其成为守法公民。

矫正方案应当包括社区矫正对象基本情况、对社区矫正对象的综合评估结果、对社区矫正对象的心理状态和其他特殊情况的分析、拟采取的监督管理、教育帮扶措施等内容。

矫正方案应当根据分类管理的要求、实施效果以及社区矫正对象的表现等情况，相应调整。"

社区矫正方案是开展社区矫正工作的行动指南，只有矫正方案制定的科学、合理，对社区矫正对象的矫正工作才能收到良好的效果。所以，社区矫正方案的制定必须以问题导向、目标导向、需求导向为原则，根据每个矫正对象的具体情况、存在的问题和需求、要达到的目标，制定带有个性化、差异性的矫正方案，真正实现个别化矫正。唯如此，才能实现精准矫正，并取得良好的矫正效果。如果矫正方案千篇一律，不论矫正对象的情况是怎样的、有什么样的需求，其矫正措施都是一样的，必定导致矫正的失败。

矫正方案不是一成不变的，而是随着社区矫正对象各种情况的变化而不断改变，所以，矫正方案是动态的。根据社区矫正对象认罪悔罪的不同表现、人身危险性的变化、对社区矫正的态度等，其监督管理和教育帮扶措施也会发生改变，这也体现了社区矫正对象处遇措施的改变。

专栏5－1　社区矫正对象矫正方案							
姓名		性别		出生年月		文化程度	
居住地				罪名		原判刑期	
矫正类别		矫正期限		矫正期 起止日	自　年　月　日至　年　月　日		
矫正小组 成员及 变动情况							

续表

犯罪原因、悔罪表现、心理特点、健康状况、生活环境等综合评估情况	
拟采取的监督管理、教育帮扶措施	
实施效果评估	
矫正措施调整	
实施效果评估	
备注	

任务1.2 矫正小组落实矫正方案

《社区矫正法》第25条第1款规定，社区矫正机构应当根据社区矫正对象的情况，为其确定矫正小组，负责落实相应的矫正方案。

《社区矫正法实施办法》第19条第1款规定，执行地县级社区矫正机构、受委托的司法所应当为社区矫正对象确定矫正小组，与矫正小组签订矫正责任书，明确矫正小组成员的责任和义务，负责落实矫正方案。

社区矫正对象入矫后，执行地县级社区矫正机构应当立即根据社区矫正对象的情况为其建立矫正小组，落实矫正方案，帮助社区矫正机构完成对矫正对象的监督管理和教育帮扶等监管执法工作。

加强社区矫正小组建设工作，是贯彻落实习近平总书记关于社区矫正工作的重要指示精神，广泛发动社会力量参与社区矫正工作，全面深化社区矫正工作的重要举措。

任务1.3 开展日常的监督管理

党的二十大报告指出："实践没有止境，理论创新也没有止境。"社区矫正对象的日常监督管理制度，应坚持把"马克思主义原理同具体实际相结合"，"不断谱写马克思主义中国化时代化新篇章"。"紧跟时代步伐，顺应实践发展"，不断推进理论创新以指导实践。

在对社区矫正对象的日常监督管理工作中，"必须完整准确全面贯彻新发展理念"，"全面推进严格规范公正文明执法"，全面体现"爱党报国、忠诚担当、敬业奉献"的精神。

日常的监督管理主要是通过实施监督管理制度来完成的。通过对司法实践经验的总结、凝练、提升，目前社区矫正监督管理制度主要有：定期报告制度、会客制度、外出审批制度、变更执行地制度、电子定位管理制度、禁止令执行制度、信息化管理制度、实地查访制度、公益活动制度等。

一、定期报告制度的实施

（一）定期报告制度的概念

定期报告制度是社区矫正机构根据相关法律法规的规定，要求矫正对象定期汇报自己的思想、行为等情况的一种制度，目的是加强对矫正对象的管控，以避免出现脱管、漏管及违法犯罪情况，更好地完成刑事执行的任务，更好地维护社会的安全与稳定。

（二）定期报告制度的内容

《社区矫正法实施办法》第 24 条第 1 款规定："社区矫正对象应当按照有关规定和社区矫正机构的要求，定期报告遵纪守法、接受监督管理、参加教育学习、公益活动和社会活动等情况。发生居所变化、工作变动、家庭重大变故以及接触对其矫正可能产生不利影响人员等情况时，应当及时报告。被宣告禁止令的社区矫正对象应当定期报告遵守禁止令的情况。"

可见，定期报告制度包括定期报告和及时报告两种情形。

（三）定期报告制度的实施

在司法实践中，定期报告制度一般是这样执行的：严管的社区矫正对象每周 1 次向社区矫正机构或者受委托的司法所汇报情况（这种报告原则上要求采用书面形式，但如果社区矫正工作人员认为口头、电话形式也能达到效果的，也可口头汇报或电话汇报，但工作人员必须做好记录）。严管的社区矫正对象每周报告可与社区矫正机构或者受委托的司法所工作人员见面，也可不与社区矫正机构、受委托的司法所工作人员见面；每半月向社区矫正机构或者受委托的司法所当面报告 1 次并书面汇报情况。普管的社区矫正对象每半月向社区矫正机构或者受委托的司法所电话报告 1 次；每月向社区矫正机构或者受委托的司法所当面报告 1 次并书面汇报情况；未成年社区矫正对象须由监护人陪同前来汇报。社区矫正对象确因下列情形不能到社区矫正机构或者受委托的司法所当面报告的，经社区矫正机构或者受委托的司法所调查核实，并报上级社区矫正机构批准同意，可以委托其家属、监护人或保证人代为提交书面情况报告。社区矫正机构或者受委托的司法所应当将有关情况记录在案：①患严重疾病正在治疗或行动不便的；②怀孕、哺乳期且行动不便的；③生活不能自理的；④年老体弱且行动不便的。

《社区矫正法实施办法》第 24 条第 2、3 款规定，暂予监外执行的社区矫正对象应当每个月报告本人身体状况。保外就医的，应当到省级人民政府指定的医院检查，每 3 个月向执行地县级社区矫正机构、受委托的司法所提交病情复查情况。执行地县级社区矫正机构根据社区矫正对象的病情及保证人等情况，可以调整报告身体情况和提交复查情况的期限。延长一个月至三个月的，报上一级社区矫正机构批准；延长三个月以上的，逐级上报省级社区矫正机构批准。批准延长的，执行地县级社区矫正机构应当及时通报同级人民检察院。

社区矫正机构根据工作需要，可以协调对暂予监外执行的社区矫正对象进行病情诊断、妊娠检查或者生活不能自理的鉴别。

社区矫正机构或者受委托的司法所及其工作人员必须严格执行定期报告制度并按规定的要求，检查督促社区矫正对象遵守定期报告的规定，对汇报不及时或不汇报的人员要进行教育，保证电话汇报的经常性、严肃性。对经教育仍不改正的，社区矫正机构或者受委托的司法所应按规定作出处罚。同时，社区矫正机构或者受委托的司法所的工作人员应当做好定期报告的登记、备案工作。

当然，在实践中为了体现人性化管理的原则，对不同情况的社区矫正对象也要规定不同的报告时间，如对上学的、已就业的社区矫正对象可以规定他们在放学后、下班后报到。

专栏 5 –2 社区矫正对象的报告记录表

序号	报告时间	报告形式	报告内容	记录人

社区矫正对象签名：
年 月 日

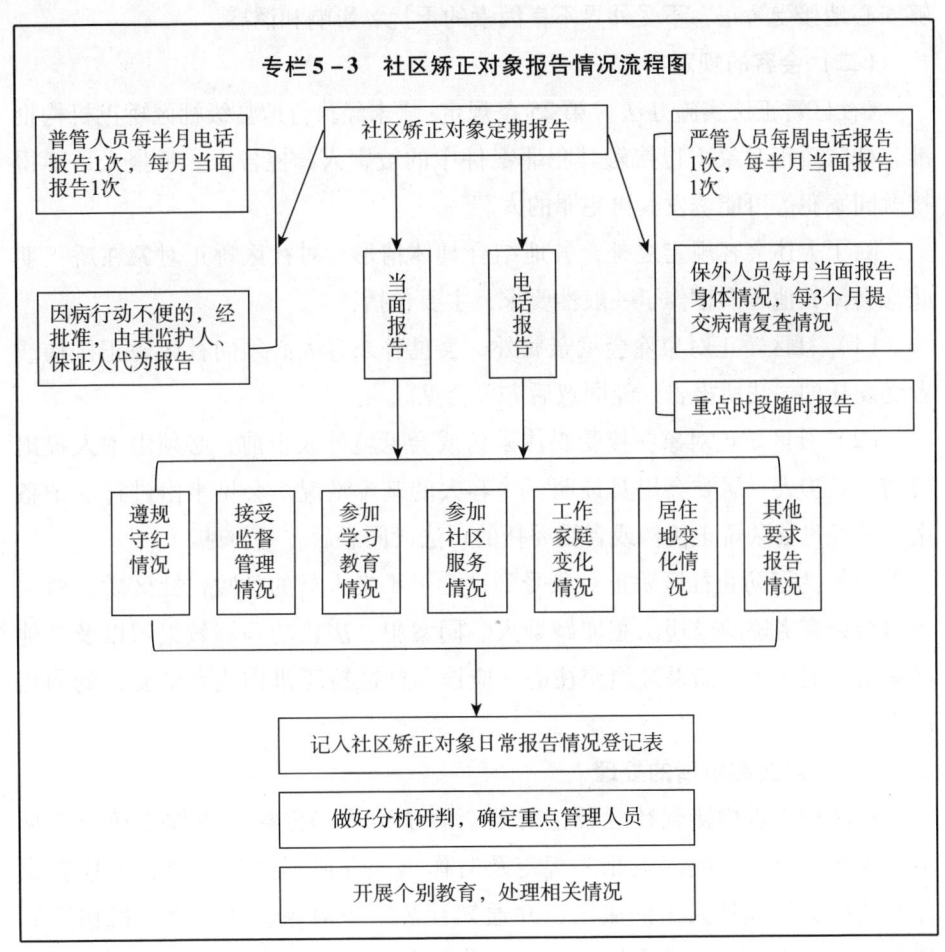

专栏 5 –3 社区矫正对象报告情况流程图

二、会客制度的实施

社区矫正作为刑事执行的一种方式，对矫正对象的监督改造性质和监禁刑执行是一样的，矫正对象的人身自由具有不完全性。为保证社区矫正对象在社区矫正期间能够安心地接受矫正，不受外界的不良影响，必须对其会客情况予以严格监督、管控。

（一）会客制度的概念

会客制度是社区矫正机构根据相关法律法规的规定，对社区矫正对象在矫正期间进行会客加以限制的一种制度，目的是保证矫正对象在矫正期间能够安心地接受矫正，不受外界不良因素的干扰、影响和诱惑。

（二）会客的规定

《社区矫正法实施办法》第 25 条规定："未经执行地县级社区矫正机构批准，社区矫正对象不得接触其犯罪案件中的被害人、控告人、举报人，不得接触同案犯等可能诱发其再犯罪的人。"

除了上述会客规定之外，各地结合具体情形，对社区矫正对象在矫正期间，会见其他客人也作了一般性要求，主要包括：

（1）社区矫正对象除会见亲属外，会见外来客人必须向社区矫正机构或者受委托的司法所报告，经同意后方可会见。

（2）社区矫正对象在接受媒体采访或会见境外人士前，必须由本人提出申请，监护人、居委会出具证明，将客人的基本情况、会见事由进行登记备案，并经过社区矫正机构或者受委托的司法所同意后方可会见。

（3）为了防止社区矫正对象受到社会上不良人员的教唆，社区矫正对象不得会见有劣迹的或违法犯罪嫌疑人、同案犯、法轮功等邪教组织以及其他非法组织的人员，如果必须交往的，应该向社区矫正机构或者受委托的司法所报告。

（三）对会客申请的处理

社区矫正机构接到社区矫正对象会客申请或提出接受媒体采访或会见境外人士申请后，应根据相关规定及时作出允许或不允许其会客或接受媒体采访或会见境外人士的决定，并通知社区矫正对象。社区矫正机构同时还应记录备案。如果社区矫正机构认为会见会影响对其监督、考察的，可以不批准。

（四）对不遵守会客规定的处理

根据《社区矫正法》《社区矫正法实施办法》的相关规定，对于社区矫正对象未经批准擅自会客或接受媒体采访的，情节较轻的，由社区矫正机构进行训诫；造成严重后果的，予以警告。

三、外出审批制度的实施

社区矫正对象在矫正期间虽然被限制了人身自由，但在法律允许的范围内，经过审批，也享有短期外出的权利。于是就形成了外出审批制度。

（一）外出审批制度的概念

外出审批制度是社区矫正机构根据相关法律法规的规定，对矫正对象的外出申请进行审批的一种制度，目的依然是加强对矫正对象的管控，以避免出现脱管、漏管及违法犯罪情况，更好地完成刑事执行的任务，更好地维护社会的安全与稳定。

（二）外出审批制度的规定

根据《社区矫正法实施办法》第26条的规定："社区矫正对象未经批准不得离开所居住市、县。确有正当理由需要离开的，应当经执行地县级社区矫正机构或者受委托的司法所批准。社区矫正对象外出的正当理由是指就医、就学、参与诉讼、处理家庭或者工作重要事务等。前款规定的市是指直辖市的城市市区、设区的市的城市市区和县级市的辖区。在设区的同一市内跨区活动的，不属于离开所居住的市、县。"

《社区矫正法实施办法》第27条规定："社区矫正对象确需离开所居住的市、县的，一般应当提前三日提交书面申请，并如实提供诊断证明、单位证明、入学证明、法律文书等材料。申请外出时间在七日内的，经执行地县级社区矫正机构委托，可以由司法所批准，并报经执行地县级社区矫正机构备案；超过七日的，由执行地县级社区矫正机构批准。执行地县级社区矫正机构每次批准外出的时间不超过三十日。因特殊情况确需外出超过三十日的，或者两个月内外出时间累计超过三十日的，应报上一级社区矫正机构审批。上一级社区矫正机构批准社区矫正对象外出的，执行地县级社区矫正机构应当及时通报同级人民检察院。"

（三）对外出社区矫正对象的监督管理规定

根据《社区矫正法实施办法》第28条的规定："在社区矫正对象外出期间，执行地县级社区矫正机构、受委托的司法所应当通过电话通讯、实时视频等方式实施监督管理。

执行地县级社区矫正机构根据需要，可以协商外出目的地社区矫正机构协助监督管理，并要求社区矫正对象在到达和离开时向当地社区矫正机构报告，接受监督管理。外出目的地社区矫正机构在社区矫正对象报告后，可以通过电话通讯、实地查访等方式协助监督管理。

社区矫正对象应在外出期限届满前返回居住地，并向执行地县级社区矫正机构或者司法所报告，办理手续。因特殊原因无法按期返回的，应及时向社区矫正机构或者司法所报告情况。发现社区矫正对象违反外出管理规定的，社区矫正机构应当责令其立即返回，并视情节依法予以处理。"

（四）特殊情况的监督管理规定

根据《社区矫正法实施办法》第29条的规定："社区矫正对象确因正常工作和生活需要经常性跨市、县活动的，应当由本人提出书面申请，写明理由、经常性去往市县名称、时间、频次等，同时提供相应证明，由执行地县级社区矫正机构批准，批准一次的有效期为六个月。在批准的期限内，社区矫正对象到批准的市、县活动的，可以通过电话、微信等方式报告活动情况。到期后，社区矫正对象仍需要经常性跨市、县活动的，应当重新提出申请。"

根据以上法律法规的规定，在司法实践中制定了社区矫正对象外出审批及管理制度。

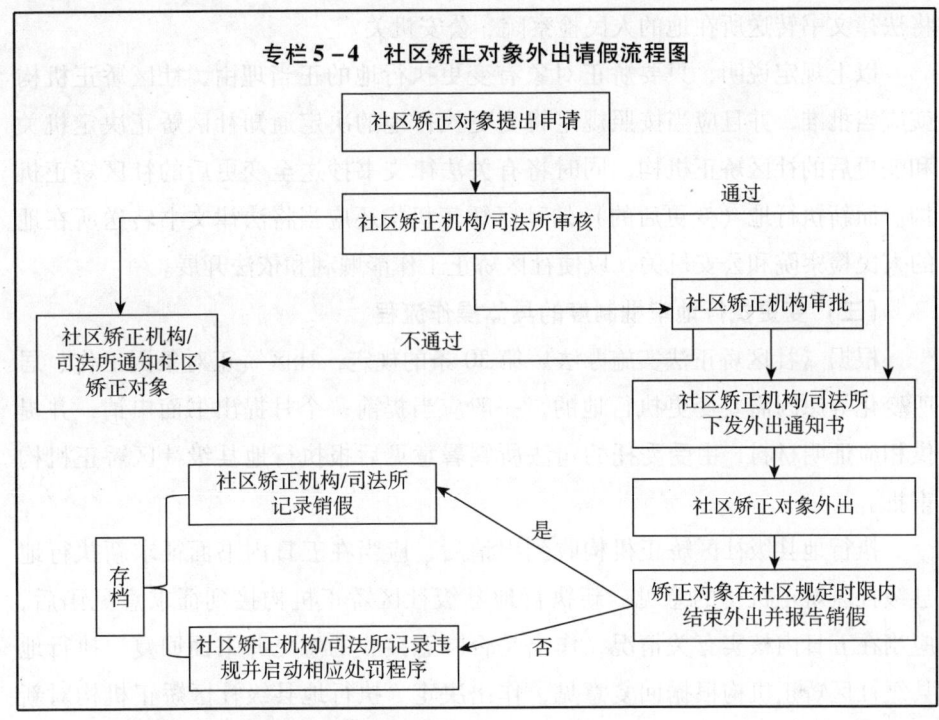

专栏5－4　社区矫正对象外出请假流程图

四、变更执行地制度的实施

社区矫正对象在矫正期间享有限制性的人身自由，短期外出可以实行请销假制度，如果由于工作、迁居等原因需要长期居住外地或者干脆变更居住地的，就会产生社区矫正执行机构变更的问题。

（一）变更执行地审批制度的概念

变更执行地审批制度，是指根据相关法律法规的规定，社区矫正对象由于工作、居所变化等原因，需要变更执行地时，由受委托的司法所签署意见后报经执行地县级社区矫正机构审批的制度。

（二）变更执行地审批制度的规定

根据《社区矫正法》第27条第2款规定，因社区矫正对象迁居等原因需要变更执行地的，社区矫正机构应当按照有关规定作出变更决定。社区矫正机构作出变更决定后，应当通知社区矫正决定机关和变更后的社区矫正机构，并将有关法律文书抄送变更后的社区矫正机构。变更后的社区矫正机构应当将法律文书转送所在地的人民检察院、公安机关。

以上规定说明，只要矫正对象有变更执行地的正当理由，社区矫正机构就应当批准，并且应当按照规定将变更执行地的决定通知社区矫正决定机关和变更后的社区矫正机构，同时将有关法律文书抄送至变更后的社区矫正机构。而新执行地（变更后的）的社区矫正机构还应当将法律文书转送所在地的人民检察院和公安机关，以便社区矫正工作能顺利和依法开展。

（三）变更执行地审批制度的具体操作流程

根据《社区矫正法实施办法》第 30 条的规定，社区矫正对象因工作、居所变化等原因需要变更执行地的，一般应当提前一个月提出书面申请，并提供相应证明材料，由受委托的司法所签署意见后报执行地县级社区矫正机构审批。

执行地县级社区矫正机构收到申请后，应当在五日内书面征求新执行地县级社区矫正机构的意见。新执行地县级社区矫正机构接到征求意见函后，应当在五日内核实有关情况，作出是否同意接收的意见并书面回复。执行地县级社区矫正机构根据回复意见，作出决定。执行地县级社区矫正机构对新执行地县级社区矫正机构的回复意见有异议的，可以报上一级社区矫正机构协调解决。

经审核，执行地县级社区矫正机构不同意变更执行地的，应在决定作出之日起五日内告知社区矫正对象。同意变更执行地的，应对社区矫正对象进行教育，书面告知其到新执行地县级社区矫正机构报到的时间期限以及逾期报到或者未报到的后果，责令其按时报到。

以上规定既说明了变更执行地的原因，即工作变动、居所变化；又说明了变更执行地审批的工作流程和时间期限。

（四）同意变更执行地的交接操作流程

1. 法律文书的交接。根据《社区矫正法实施办法》第 31 条第 1 款规定："同意变更执行地的，原执行地县级社区矫正机构应当在作出决定之日起五日内，将有关法律文书和档案材料移交新执行地县级社区矫正机构，并将有关法律文书抄送社区矫正决定机关和原执行地县级人民检察院、公安机关。新执行地县级社区矫正机构收到法律文书和档案材料后，在五日内送达回执，并将有关法律文书抄送所在地县级人民检察院、公安机关。"

2. 社区矫正对象的交接。根据《社区矫正法实施办法》第 31 条第 2 款、第 3 款规定，同意变更执行地的，社区矫正对象应当自收到变更执行地决定之日起七日内，到新执行地县级社区矫正机构报到。新执行地县级社区矫正机构应当核实身份、办理登记接收手续。发现社区矫正对象未按规定时间报到的，新执行地县级社区矫正机构应当立即通知原执行地县级社区矫正机构，由原执行地县级社区矫正机构组织查找。未及时办理交付接收，造成社区矫正对象脱管漏管的，原执行地社区矫正机构会同新执行地社区矫正机构妥善处置。

对公安机关、监狱管理机关批准暂予监外执行的社区矫正对象变更执行地的，公安机关、监狱管理机关在收到社区矫正机构送达的法律文书后，应与新执行地同级公安机关、监狱管理机关办理交接。新执行地的公安机关、监狱管理机关应指定一所看守所、监狱接收社区矫正对象档案，负责办理其收监、刑满释放等手续。看守所、监狱在接收档案之日起五日内，应当将有关情况通报新执行地县级社区矫正机构。对公安机关批准暂予监外执行的社区矫正对象在同一省、自治区、直辖市变更执行地的，可以不移交档案。

五、电子定位管理制度的实施

电子定位管理制度是信息化管理制度中的一项重要内容，是一种特殊形式的信息化管理制度。其目的是对某些特殊矫正对象实现更精准的监督管理。

（一）电子定位管理制度的概念

电子定位管理制度是指根据相关法律法规的规定，对具备某种情形的矫正对象通过运用特殊的电子定位装置，进行定位监管的制度，以达到加强监督管理的目的。

（二）电子定位管理制度的规定

根据《社区矫正法》第 29 条第 1 款规定，社区矫正对象有下列情形之一的，经县级司法行政部门负责人批准，可以使用电子定位装置，加强监督管理：①违反人民法院禁止令的；②无正当理由，未经批准离开所居住的市、县的；③拒不按照规定报告自己的活动情况，被给予警告的；④违反监督管理规定，被给予治安管理处罚的；⑤拟提请撤销缓刑、假释或者暂予监外执行收监执行的。

根据《社区矫正法实施办法》第37条规定："电子定位装置是指运用卫星等定位技术，能对社区矫正对象进行定位等监管，并具有防拆、防爆、防水等性能的专门的电子设备，如电子定位腕带等，但不包括手机等设备。对社区矫正对象采取电子定位装置进行监督管理的，应当告知社区矫正对象监管的期限、要求以及违反监管规定的后果。"

对社区矫正对象使用电子定位装置必须严格依法执行，且应经县级司法行政部门负责人批准。

（三）使用电子定位管理的期限及保密规定

根据《社区矫正法》第29条第2款、第3款的规定，前款规定的使用电子定位装置的期限不得超过3个月。对于不需要继续使用的，应当及时解除；对于期限届满后，经评估仍有必要继续使用的，经过批准，期限可以延长，每次不得超过3个月。

社区矫正机构对通过电子定位装置获得的信息应当严格保密，有关信息只能用于社区矫正工作，不得用于其他用途。

六、禁止令执行制度的实施

（一）禁止令执行制度的概念

禁止令执行制度是指社区矫正机构根据人民法院对被判处管制、被宣告缓刑的矫正对象发出的禁止令，禁止其进入某些特定区域、场所，接触某些特定人员的一种制度。

（二）禁止令执行制度的规定

根据《社区矫正法实施办法》第39条的规定，社区矫正机构根据执行禁止令的需要，可以协调有关的部门、单位、场所、个人协助配合执行禁止令。

对禁止令确定需经批准才能进入的特定区域或者场所，社区矫正对象确需进入的，应当经执行地县级社区矫正机构批准，并通知原审人民法院和执行地县级人民检察院。

执行地社区矫正机构在对社区矫正对象的日常监督管理中，必须严格执行禁止令。如确需进入的，社区矫正对象必须提前申请并说明理由，经执行地县级社区矫正机构批准后方可进入。

（三）违反禁止令的后果

《社区矫正法》第31条规定，社区矫正机构发现社区矫正对象正在实施违反监督管理规定的行为或者违反人民法院禁止令等违法行为的，应当立即制止；制止无效的，应当立即通知公安机关到场处置。

《社区矫正法实施办法》第40条第1款规定："发现社区矫正对象有违反监督管理规定或者人民法院禁止令等违法情形的，执行地县级社区矫正机构应当调查核实情况，收集有关证据材料，提出处理意见。"

在司法实践中，社区矫正对象如违反人民法院禁止令，会受到相应的处罚。如：使用电子定位装置，加强监督管理；如果情节轻微，给予警告或者治安管理处罚；如果情节严重，则应当撤销缓刑，收监执行。

七、信息化管理制度的实施

随着"智慧矫正"的开展，为了更好地监督管理矫正对象，在社区矫正工作中充分发挥了现代化信息技术手段的作用，通过大数据、网络监控、手机通讯、微信等手段对矫正对象实施监督管理，保证了对矫正对象的有效监管。

（一）信息化管理制度的概念

信息化管理制度是指根据相关法律法规的规定，社区矫正机构为了了解、掌握社区矫正对象的活动情况和行为表现。通过通信联络、信息化核查、音容社矫、定位管理等方式核实有关情况，以实现有效监管的一种制度。

（二）信息化管理的规定

《社区矫正法》第26条第1款规定，社区矫正机构应当了解掌握社区矫正对象的活动情况和行为表现。社区矫正机构可以通过通信联络、信息化核查、实地查访等方式核实有关情况，有关单位和个人应当予以配合。

《社区矫正法实施办法》第23条规定，执行地县级社区矫正机构、受委托的司法所应当根据社区矫正对象的个人生活、工作及所处社区的实际情况，有针对性地采取通信联络、信息化核查、实地查访等措施，了解掌握社区矫正对象的活动情况和行为表现。

据此，在司法实践中，形成了信息化管理制度，以便加强对社区矫正对象的监督管理。目前，全国大部分省市均建立了社区矫正信息化监管平台，采用了电子监控手段，对矫正对象进行信息化监管。如山东、河北等地实行

"人脸+指纹"双识别、"定位可视+同步视频"双监控的措施。特别是随着智慧矫正系统的开发与应用，很多社区矫正机构都实现了在监管系统平台上的定位监管、信息化核查等。云南、上海等地实现了全国联网，对社区矫正对象的矫正状况在全国范围内进行信息化核查和管理，很好地解决了社区矫正工作"人员少、任务重、矫正对象居住分散"的难题，也有效地避免了脱管、漏管现象的发生。

（三）信息化管理的方式及内容

1. 信息化管理核查的方式。从核查的方式看：在司法实践中主要采取以下方式进行信息化管理：

第一，电话核查。通过与社区矫正对象电话通话，了解核查有关情况。

第二，定位核查。通过定位技术获取开通手机或腕带定位业务的社区矫正对象的位置信息、轨迹信息、图像信息，并在电子地图上标出被定位人员的地理位置。

第三，集中点验。要求社区矫正对象在一定时间内到指定地点集合，通过视频、指纹签到等方式，点验社区矫正对象的到位情况。

2. 信息化管理核查的内容。

第一，地理位置核查。核查所处位置是否为实行定位的社区矫正对象被划定允许活动的区域，划定的区域是否为本市（县、区）的行政区域范围内，未划定或划定有误的，应及时准确划定。为防止信号漂移造成越界提示误报，划定边界可在标准电子地图市、县（区）边界小范围外延。

第二，关停机核查。检查社区矫正对象是否存在关机、停机情况。有关机、停机现象的，及时查明原因并处置。

第三，越界信息核查。检查分析本辖区的越界提示信息。越界提示信息属边界地区信号漂移造成的，及时进行审核消除；越界提示信息属社区矫正对象往返准假区域途中造成的，应关注其轨迹方向，对绕道或在途中长时间逗留行为及时予以纠正；越界提示信息是社区矫正对象违反外出管理规定造成的，应及时通知社区矫正对象返回并视情况予以惩处。

第四，人机分离核查。通过社区矫正信息管理系统"人脸识别"（声纹识别）、图像传输功能对社区矫正对象进行"人机分离"核查，属"人机分离"

的，应及时派出人员向监护人、监管小组成员、家庭其他成员、邻居调查取证，了解去向，确定脱管时间，迅速追回，并视情况给予处罚。

第五，轨迹分析。在了解掌握社区矫正对象居住地、工作单位、工作时间、个人爱好的基础上，经常性分析社区矫正对象的活动轨迹。其中，对于非工作时间在非工作地（居住地）经常长时间逗留、在人员稀少时间段内外出活动、无业人员规律性地在非居住地经常逗留等情况，工作人员应及时了解核实情况，把违法犯罪和违规苗头遏制在萌芽状态。

3. 对失去联系的社区矫正对象的处理。《社区矫正法》第30条规定，社区矫正对象失去联系的，社区矫正机构应当立即组织查找，公安机关等有关单位和人员应当予以配合协助。查找到社区矫正对象后，应当区别情形依法作出处理。

根据《社区矫正法实施办法》第38条的规定，发现社区矫正对象失去联系的，社区矫正机构应当立即组织查找，可以采取通信联络、信息化核查、实地查访等方式查找，查找时要做好记录，固定证据。查找不到的，社区矫正机构应当及时通知公安机关，公安机关应当协助查找。社区矫正机构应当及时将组织查找的情况通报人民检察院。

查找到社区矫正对象后，社区矫正机构应当根据其脱离监管的情形，给予相应处置。虽能查找到社区矫正对象下落但其拒绝接受监督管理的，社区矫正机构应当视情节依法提请公安机关予以治安管理处罚，或者依法提请撤销缓刑、撤销假释、对暂予监外执行的收监执行。

（四）信息化管理制度对工作人员的要求

根据司法实践，在信息化管理方面，执行地县级社区矫正机构、受委托的司法所工作人员应当每半日登录社区矫正信息监管平台，对实行定位管理的社区矫正对象进行抽查和巡查，重要时期应增加抽查和巡查频次，在《社区矫正对象信息化核查登记表》上进行登记，发现关机、欠费、越界、定位失败等情况时，及时予以矫正及复查，并根据情节严重程度对矫正对象予以惩戒。

八、实地查访制度的实施

（一）实地查访制度的概念

实地查访制度是指社区矫正机构或受委托的司法所为了准确了解掌握社

区矫正对象的活动情况和行为表现，定期到社区矫正对象的家庭、学校、单位、社区等地对社区矫正对象的家人（监护人）、同学、同事、本人、邻居、村（居）民委员会干部等进行实地走访，了解核实有关情况，以实现有效监管的监督管理制度。

（二）实地查访的规定

《社区矫正法》第 26 条规定，社区矫正机构应当了解掌握社区矫正对象的活动情况和行为表现。社区矫正机构可以通过……实地查访等方式核实有关情况，有关单位和个人应当予以配合。

社区矫正机构开展实地查访等工作时，应当保护社区矫正对象的身份信息和个人隐私。

《社区矫正法实施办法》第 23 条规定，执行地县级社区矫正机构、受委托的司法所应当根据社区矫正对象的个人生活、工作及所处社区的实际情况，有针对性地采取……实地查访等措施，了解掌握社区矫正对象的活动情况和行为表现。

据此，在司法实践中，形成了实地查访制度。实地查访制度，主要是了解掌握社区矫正对象的近期情况；重大节日期间社区矫正对象的动态和现实表现情况；特殊情况下社区矫正对象的思想动态和行为表现；保外就医矫正对象的身体状况及疾病治疗、复查结果等情况，并根据需要向社区矫正决定机关反馈有关情况。

（三）实地查访的要求

在司法实践中，实地查访的要求主要是：社区矫正机构、受委托的司法所要在社区矫正对象办理登记手续之日起 7 日内，到社区矫正对象的家庭、所在单位、就读学校和居住的社区进行实地走访，了解情况；在矫正期间，社区矫正机构、受委托的司法所应每个月走访矫正对象的家庭、就读学校、居住的社区和其本人，了解掌握矫正对象的情况，加强各方的沟通和理解。

社区矫正机构、受委托的司法所应当根据实地查访的情况及时调整矫正方案和矫正措施，增强矫正的针对性。在实地查访过程中，如果发现社区矫正对象有余罪、漏罪的，应及时向有关部门反映。发现暂予监外执行社区矫正对象不符合暂予监外执行条件的，应当及时向有关部门提出收监执行的建议。

九、公益活动制度的实施

(一) 公益活动制度的概念

公益活动制度是指为了恢复被矫正对象因犯罪而被破坏了的社会关系以及帮助其养成良好的社会公德和劳动习惯，根据相关法律法规的规定，按照符合社会公共利益的原则，执行地县级社区矫正机构、受委托的司法所组织有劳动能力、身体健康的矫正对象参加公益活动或社区服务的一种制度。

(二) 公益活动制度的规定及目的

根据《社区矫正法实施办法》第44条的规定，执行地县级社区矫正机构、受委托的司法所按照符合社会公共利益的原则，可以根据社区矫正对象的劳动能力、健康状况等情况，组织社区矫正对象参加公益活动。

据此，在司法实践中形成了公益活动制度。组织社区矫正对象参加公益活动，目的是培养其社会责任感、集体观念和纪律意识、劳动意识，促使其树立正确的世界观、人生观和价值观，修复社会关系，尽早融入社会，并顺利回归社会。

总之，根据《社区矫正法》和《社区矫正法实施办法》的要求，社区矫正机构要认真履行监管职责，采取多种措施，加强对社区矫正对象的监督管理。

任务 1.4 分类管理的实施

分类管理是实现精准管理，高效管理和高质量发展的前提和基础。

一、分类管理的概念

分类管理是指社区矫正机构根据社区矫正对象不同的裁判内容、犯罪类型、矫正阶段、再犯罪风险、年龄、性别、健康状况、心理特点等进行综合评估，将其划分成不同类别，进行监督管理的制度。

二、分类管理的规定

《社区矫正法》第24条规定："社区矫正机构应当根据裁判内容和社区矫正对象的性别、年龄、心理特点、健康状况、犯罪原因、犯罪类型、犯罪情节、悔罪表现等情况，制定有针对性的矫正方案，实现分类管理、个别化矫正……"

《社区矫正法实施办法》第21条规定,社区矫正机构应当根据社区矫正对象被判处管制、宣告缓刑、假释和暂予监外执行的不同裁判内容和犯罪类型、矫正阶段、再犯罪风险等情况,进行综合评估,划分不同类别,实施分类管理。

社区矫正机构应当把社区矫正对象的考核结果和奖惩情况作为分类管理的依据。

社区矫正机构对不同类别的社区矫正对象,在矫正措施和方法上应当有所区别,有针对性地开展监督管理和教育帮扶工作。

专栏5-5 《河北省社区矫正工作细则》关于分类管理的规定

第42条 执行地县级社区矫正机构应当根据社区矫正对象的犯罪类型、矫正类型、矫正阶段、再犯罪风险、考核奖惩等情况,对其进行综合评估,划分为严格管理和普通管理两级,实施分类管理。

第43条 社区矫正对象的分类管理实行动态调整,每三个月调整一次,由执行地县级社区矫正机构批准,并向社区矫正对象宣布。

社区矫正对象自到社区矫正机构登记报到之日起三个月内,应当接受严格管理。

普通管理的社区矫正对象,违反法律法规或者社区矫正监督管理规定的,及时调整为严格管理等级。

第44条 执行地县级社区矫正机构、受委托的司法所应当根据社区矫正对象的管理等级,实施相应的管理处遇,在矫正措施和方法上有所区别,有针对性地进行监督管理。

三、分类管理的目的

分类管理是为了在社区矫正监管执法过程中对不同类别的矫正对象采取不同的矫正措施和矫正方法,以实现精准管理和危险管控。

不同类型的社区矫正对象,其群体的思想、心理和行为等特点不同,社会危险性也不同,所以,实施分类管理既体现了可以根据不同特点采取有针对性的管控措施,做到对症下药,又可以体现区别对待的政策,保护社区矫正对象的合法权益;既可以体现根据不同类别采取不同的管理和矫正形式,实现监管执法的科学性,又可以体现分级处遇的人道主义精神,从而调动社区矫正对象的矫正积极性。

任务1.5　未成年社区矫正对象的监督管理

对未成年人开展社区矫正不仅避免了犯罪标签的负面效应，减少了狱内交叉感染，还可以为未成年犯创造一个宽松的环境以矫正其犯罪心理和行为恶习，使未成年犯在与社会的密切接触中，不再排斥社会、仇视社会，这对于预防未成年人重新犯罪，使其顺利回归社会具有重要的作用。

党的二十大报告指出："以良法促进发展，保障善治。"未成年人是祖国的希望和未来，对未成年社区矫正对象开展监督管理，必须根据未成年犯的特点，制定特殊的政策和措施，以保证其身心健康发展。

一、未成年社区矫正对象的概念

在我国，未成年社区矫正对象是指已满14周岁未满18周岁的，符合社区矫正条件的未成年罪犯。

二、未成年社区矫正的特别规定

《社区矫正法》第七章，用7条内容，对未成年人社区矫正的监督管理与教育帮扶问题予以了专章规定——未成年人社区矫正特别规定。

《社区矫正法》第52条规定，社区矫正机构应当根据未成年社区矫正对象的年龄、心理特点、发育需要、成长经历、犯罪原因、家庭监护教育条件等情况，采取针对性的矫正措施。

社区矫正机构为未成年社区矫正对象确定矫正小组，应当吸收熟悉未成年人身心特点的人员参加。

对未成年人的社区矫正，应当与成年人分别进行。

第53条规定，未成年社区矫正对象的监护人应当履行监护责任，承担抚养、管教等义务。

监护人怠于履行监护职责的，社区矫正机构应当督促、教育其履行监护责任。监护人拒不履行监护职责的，通知有关部门依法作出处理。

第54条规定，社区矫正机构工作人员和其他依法参与社区矫正工作的人员对履行职责过程中获得的未成年人身份信息应当予以保密。

除司法机关办案需要或者有关单位根据国家规定查询外，未成年社区矫正对象的档案信息不得提供给任何单位或者个人。依法进行查询的单位，应当对获得的信息予以保密。

第55条规定，对未完成义务教育的未成年社区矫正对象，社区矫正机构应当通知并配合教育部门为其完成义务教育提供条件。未成年社区矫正对象的监护人应当依法保证其按时入学接受并完成义务教育。

年满16周岁的社区矫正对象有就业意愿的，社区矫正机构可以协调有关部门和单位为其提供职业技能培训，给予就业指导和帮助。

第56条规定，共产主义青年团、妇女联合会、未成年人保护组织应当依法协助社区矫正机构做好未成年人社区矫正工作。

国家鼓励其他未成年人相关社会组织参与未成年人社区矫正工作，依法给予政策支持。

第57条规定，未成年社区矫正对象在复学、升学、就业等方面依法享有与其他未成年人同等的权利，任何单位和个人不得歧视。有歧视行为的，应当由教育、人力资源和社会保障等部门依法作出处理。

第58条规定，未成年社区矫正对象在社区矫正期间年满18周岁的，继续按照未成年人社区矫正有关规定执行。

据此，《社区矫正法实施办法》第55条规定，社区矫正机构、受委托的司法所应当根据未成年社区矫正对象的年龄、心理特点、发育需要、成长经历、犯罪原因、家庭监护教育条件等情况，制定适应未成年人特点的矫正方案，采取有益于其身心健康发展、融入正常社会生活的矫正措施。

社区矫正机构、司法所对未成年社区矫正对象的相关信息应当保密。对未成年社区矫正对象的考核奖惩和宣告不公开进行。对未成年社区矫正对象进行宣告或者处罚时，应通知其监护人到场。

社区矫正机构、司法所应当选任熟悉未成年人身心特点，具有法律、教育、心理等专业知识的人员负责未成年人社区矫正工作，并通过加强培训、管理，提高专业化水平。

上述规定，充分体现了对未成年人实施社区矫正的区别对待、对权益特别保护的原则以及综合利用社会资源，帮助其建立起社会支持系统的原则。

区别对待主要体现在：一是对未成年社区矫正对象的社区矫正应当与成

年人分开进行，其矫正措施和方法必须符合未成年人的身心特点。二是放宽适用社区矫正的法定条件。未成年社区矫正对象在社区矫正期间年满 18 周岁的，继续按照未成年人社区矫正有关规定执行。

权益特别保护主要体现在：一是矫正小组必须吸收熟悉未成年人身心特点的人员参加；二是必须制定适应未成年人特点的矫正方案，采取有益于其身心健康发展、融入正常社会生活的矫正措施；三是对未成年社区矫正对象的身份信息、档案信息应当保密；四是对未成年社区矫正对象的考核奖惩和宣告不公开进行，对未成年社区矫正对象进行宣告或者处罚时，应通知其监护人到场；五是未成年社区矫正对象在复学、升学、就业等方面依法享有与其他未成年人同等的权利，任何单位和个人不得歧视。有歧视行为的，应当由教育、人力资源和社会保障等部门依法作出处理。

综合利用社会资源，帮助未成年社区矫正对象建立起社会支持系统主要体现在：一是未成年社区矫正对象的监护人必须履行监护责任，承担抚养、管教等义务，否则将被依法处理；二是共产主义青年团、妇女联合会、未成年人保护组织应当依法协助社区矫正机构做好未成年人社区矫正工作。国家鼓励其他未成年人相关社会组织参与未成年人社区矫正工作，依法给予政策支持。三是教育、人力资源和社会保障等部门应为未成年社区矫正对象的复学、升学、就业等积极提供帮助。

专栏 5-6　社区矫正监督管理执法风险点

一、严格按规定履行审批职责，依法把握请假外出的理由、审批权限及各项审批事项的程序，不得违法违规办理，做到主体适格、程序正当、事实清楚、证据充分、结论正确。

二、严格执行各项社区矫正监管规定，按规定条件和程序履行监督管理职责，坚决杜绝玩忽职守、失职渎职。

三、监督管理过程中，要严格遵守廉洁纪律，坚决杜绝受贿索贿、徇私枉法。

四、社区矫正机构要有严管级社区矫正对象的每周报告记录、普管级社区矫正对象的每半月报告记录。

五、因故不能当面报告或参加社区矫正机构组织的教育、公益活动的社区矫正对象，要有社区矫正对象提供的医院诊断证明，经社区矫正机构集体研究决定后备案。

六、思想汇报记录、走访记录应具体详实，切忌千篇一律。

七、同意社区矫正对象进入禁止令指定的特定区域、场所的，必须具备充分理由，并履行审批手续。

八、外出请假审批，必须符合法定理由；必须把握限定时间；必须督促办理销假手续，并存档备查。

九、对社区矫正对象居住地变更的申请要履行相应的审批程序，并有相关文件记录证明，交接材料要及时传递，不要漏时、漏项、漏单位。

十、管理等级的确定与调整要经相应的审批程序并有审批材料证明。

十一、在电子定位装置使用中，必须保证设备能够正常使用；必须有核查定位情况、点验情况、关停机情况、人机分离情况、越界情况、轨迹情况的记录，并显示对异常情况及发现问题核实、核查和处理的记载。

十二、对社区矫正对象会客、禁止令执行、外出请假超 7 日、居住地变更、脱、漏管处置、管理等级调整等执法事项，必须履行审核审批程序，一般应由审议小组集体审议，体现集体决议原则。较大执法事项，可邀请检察院相关人员、纪检组人员列席，或征求他们的意见。

十三、社区矫正机构发现社区矫正对象脱管、漏管的，必须组织查找并有工作痕迹证明；对下落不明认定为在逃的，由执行地公安机关负责追捕。

十四、对未成年社区矫正对象管教的执法活动一般不公开，且注意信息保密，对其监管教育、帮扶措施等须符合未成年人员特点。

任务2　社区矫正对象的风险管控

根据司法部社区矫正管理局的统计数据，社区矫正对象在矫正期间重新违法犯罪率为 0.2%。这说明，社区矫正对象虽然是罪行较轻、主观恶性较小、社会危害性不大的罪犯，但他们依然存在着再犯罪的可能性，是具有一定的人身危险性的。所以，如何控制社区矫正对象人身危险性，就成为一个需要给予充分关注的重要问题了。

党的二十大报告指出："我们必须增强忧患意识，坚持底线思维，做到居安思危、未雨绸缪，准备经受风高浪急甚至惊涛骇浪的重大考验。"社区矫正对象虽然是人身危险性较低、主观恶性较小、社会危害性不大的轻型犯或者经过监禁矫正改造表现较好的罪犯，但他们依然存在着一定的人身危险性，存在着再犯罪的可能性，所以，有必要对他们实施风险管控。

任务 2.1　社区矫正对象的风险管控

一、社区矫正中的风险

社区矫正中的风险通常特指社区矫正对象在社区矫正过程中实施新的违法犯罪行为的可能性。[1] 在社区矫正监管执法工作中控制社区矫正对象可能发生的风险，尽可能地避免他们对社会和他人造成新的损害，是社区矫正监管执法的基本任务。

二、社区矫正对象的风险管控

社区矫正对象的风险管控包括社区矫正对象的风险管理和社区矫正对象的风险控制两个方面。

（一）社区矫正对象的风险管理

1. 社区矫正对象风险管理的概念。社区矫正对象的风险管理就是根据社区矫正对象的危险程度分配矫正资源、落实管理措施的活动。

为了提高风险管理的成效，避免社区矫正对象的风险对社会秩序和公民安全构成威胁，首先要有针对性地、合理地配置矫正管理资源。对于危险性高的社区矫正对象要配置更多的矫正资源，对于危险性较小的社区矫正对象配置相对少的矫正资源。其次，要同时在行为控制和思想观念的转变上落实管理措施，逐步实现风险控制从强制到自制的转变。对高风险社区矫正对象要强化监督管理，限制其行动，使其难以进行与犯罪行为有关的活动。当然，监督管理的功能是有限的，要想从根本上控制社区矫正对象的风险，还必须充分发挥教育帮扶的功能，帮助社区矫正对象解决存在的各种问题，恢复其社会功能，逐步消除引发犯罪的诱因。

2. 社区矫正对象风险管理的措施。从司法实践中看，社区矫正对象的风险管理措施可以归纳为以下几个方面：

第一，风险评估。为了提高社区矫正对象风险管理的针对性和有效性，在进行社区矫正之前、进行社区矫正过程中以及解除社区矫正前都要对社区矫正对象进行风险评估。首先在进行社区矫正之前，也即在拟适用社区矫正

---

〔1〕　连春亮主编：《社区矫正理论与实务》，法律出版社 2020 年版，第 281 页。

阶段，要对拟适用社区矫正的被告人、罪犯进行风险评估，以了解其人身危险性程度和再犯罪的可能性。既为适用非监禁刑提供依据，又为实施分类管理、分类教育矫正提供依据；在进入社区矫正后开展风险评估，主要是对社区矫正对象接受监督管理、教育矫正等动态情况进行测评，从而为分级处遇提供依据，也为制定、调整矫正方案提供依据，防止社区矫正对象重新走上违法犯罪的道路；在解除矫正前进行风险评估，主要是为社区矫正对象解除矫正后是否需要采取其他手段进一步实施帮教或监管提供依据，以预防其重新犯罪。在不同阶段对社区矫正对象进行风险评估，其评估的结果也是检验监督管理、教育帮扶效果的有效方法。

第二，分级管理。根据社区矫正对象人身危险性等级的不同，采取不同等级的监督管理措施和教育矫正措施。在监督管理的强度、汇报的次数、教育矫正的形式和内容等方面都有所不同。

第三，个案管理。根据社区矫正对象的个体情况和需要的不同，采取不同的监督管理措施，制定因人而异的监管个案，以实现精准管理、因人施教的目的。

第四，奖惩制度的执行。奖惩制度的执行是实施监督管理，进行危险控制的重要手段。在社区矫正监管执法过程中，根据社区矫正对象接受监督管理、遵守法律法规、参加公益活动和社区服务等情况，依法对其进行奖励或惩罚。根据《社区矫正法》和《社区矫正法实施办法》的规定，奖励分为行政奖励（表扬）和刑事奖励（减刑）。通过奖励，激励社区矫正对象积极改造，早日回归社会。惩罚也分为行政惩罚（训诫、警告、治安管理处罚）和刑事惩罚（撤销缓刑、撤销假释、暂予监外执行收监执行）。通过惩罚，起到教育本人、警示他人，预防其重新犯罪的作用。

第五，实地走访。为了更好地了解社区矫正对象接受监督管理、遵纪守法、认罪悔罪等情况，在社区矫正对象入矫后7日之内，就对社区矫正对象进行首次实地走访。根据走访情况，加强对社区矫正对象的风险管控。在矫正过程中，也要对矫正对象进行定期走访，特别是遇有矫正对象个人和其家庭出现重大变故、国家有重大活动和节假日期间都要进行走访，以了解矫正对象的思想状况、心理状态、行为表现等，加强对其风险控制。

（二）社区矫正对象的风险控制

为了有效地控制社区矫正对象再犯罪的风险，在司法实践中应做好以下工作：

第一，建立健全风险预测制度，对社区矫正对象的潜在风险、现实风险、未来风险做好评估预测，为社区矫正对象的风险防控提供科学依据，使风险防控措施更加科学、合理、高效。

第二，健全完善社区矫正信息化核查制度。随着智慧矫正中心的建设，运用现代信息化手段对社区矫正对象进行信息化核查，可以有效地对矫正对象进行风险管控，包括对越界的监督管理、关停机的监督管理、禁止令执行的监督管理、定位管理等。

专栏 5 – 7　社区矫正对象社会风险测评表（阶段性测评表）

姓名_____性别_____年龄_____

身体状况_____文化程度_____案由_____

矫正类型_____原判刑期_____矫正起止日期_____

第一部分：基本因素

1. 犯罪时的年龄

1 = 初次违法犯罪时 18 周岁以上（含 18 周岁）

2 = 初次违法犯罪时不满 18 周岁

2. 受教育程度

0 = 大专及以上

2 = 高中、初中及同等程度

3 = 小学、半文盲、文盲

3. 就业态度和状况

0 = 能自食其力

2 = 不能自食其力或不愿自食其力

4. 婚姻家庭状况

0 = 已婚或 25 周岁以下未婚（家庭稳定）

2 = 丧偶、离异、大龄未婚（25 周岁以上或 25 周岁以下未婚）

5. 未成年时的家庭生活情况

0 = 与父母共同生活

1 = 与父母一方或双方长期分开生活

2 = 父母离异，跟随一方生活

---

6. 吸毒史

0 = 无

2 = 有过吸毒史并受到处罚

7. 固定住所

0 = 有

3 = 无

8. 生存技能

0 = 有，可以获得职业

1 = 技能水平低，需要提高

3 = 基本无技能，需要教育或培训

第二部分：个性及心理因素

9. 自控能力

0 = 能够自我控制

3 = 自我控制能力较差或有时不能自控

10. 心理健康状况

1 = 基本健康

2 = 存在心理问题

3 = 患有心理疾病

11. 有精神病史或精神病遗传史

0 = 无

1 = 有

12. 对现实社会的心态

0 = 能够正确看待社会现实

2 = 对现实不满甚至仇视

13. 法律知识或法制观念

1 = 法律知识欠缺、法制观念淡薄

2 = 无法律知识和法制观念（法盲）

第三部分：家庭及人际因素

14. 交友情况

0 = 无不良交友情况

3 = 有不良交友情况

15. 个人成长经历

0 = 平稳

1 = 有挫折

16. 家庭成员犯罪记录

0 = 无

1 = 有

17. 邻里容纳程度

0 = 容纳

1 = 一般

3 = 不容纳

18. 家属配合矫正工作

0 = 理解、支持

2 = 不配合或有抵触情绪以及无家庭支持系统

19. 违法犯罪案由

1 = 其他

3 = 盗窃、抢劫、涉毒、寻衅滋事

20. 过去受刑事处罚记录

0 = 无

2 = 有

21. 过去受行政处罚记录

0 = 无

1 = 有（1～2次）

2 = （3次及以上）

22. 对社区矫正工作人员的态度

0 = 好、较好、配合

1 = 一般、基本配合

2 = 不好、不配合、蛮横

23. 主观恶性程度

1 = 过失犯罪

3 = 故意犯罪

24. 社区矫正类别

1 = 管制、暂予监外执行

2 = 缓刑、剥夺政治权利、假释

25. 犯罪中是否使用暴力或是否为惯犯（2次及以上）

0 = 无

1 = 有

说明：

1. 本表为社区矫正机构对社区矫正对象进行社会风险测评的量表，测评分值为测评对象所有单项实际测评分值的总和；

2. 总分值为所有单项最高分值的总和，25个小项的总分值为60；

3. 计算测评分值/总分值的百分比，划定风险等级：低风险度≤45%；一般风险度45%～55%；高风险度≥55%（即少于27分为低风险度；27～33分为一般风险度；33分以上为高风险度）。

4. 测评分值作为社区矫正对象分级管理的重要参考依据，如果测评对象具有本表未涉及但易引发重新犯罪的因素，可以注明。

测评人：

测评日期：

任务2.2 脱管、漏管社区矫正对象的管理

随着社区矫正工作的全面推进，最大限度地避免和减少社区矫正对象的脱管、漏管显得越来越重要。它直接关系到社区矫正对象是否真正接受教育矫正、监督管理以及能否避免其重新走上违法犯罪的道路，也关系到社区的安全和社会的稳定。所以，社区矫正机构必须会同公安机关排查脱管、漏管人员，尽最大努力将其纳入社区矫正的管辖范围之内，以维护社会的安宁与稳定。

一、社区矫正对象脱管的概念及认定条件

脱管是指社区矫正对象在社区矫正期间脱离执行地社区矫正机构的监督管理而下落不明，或者虽能查找到但其拒绝接受监督管理的现象。具有以下情形之一的，应当认定为脱管：

（1）手机关机、停机、人机分离，且无法确定其行踪的。

（2）未经请假擅自离开执行地或虽经请假但逾期未归的。

（3）虽未离开执行地，但拒不接受社区矫正机构监管、教育的。

二、社区矫正对象漏管的概念及认定条件

漏管是指社区矫正决定机关作出有效的判决、裁定、决定后，与社区矫正机构衔接不到位，或者社区矫正对象故意逃避监管，未按规定时间期限报到，造成没有及时执行社区矫正的现象。具有以下情形之一的，应当认定为漏管：

（1）交付执行机关未送达法律文书、未尽到告知义务或未办理交接手续，导致执行地县级社区矫正机构无法接收社区矫正对象的。

（2）执行地县级社区矫正机构依法应当接收社区矫正对象而未接收的。

（3）社区矫正对象未在规定时限报到，执行地县级社区矫正机构未及时组织查找的。

三、出现社区矫正对象脱管、漏管的原因

从司法实践中看，出现脱管、漏管现象的原因主要有：

（1）各部门衔接、协调不畅，相关部门的法律文书到位不及时，社区矫正对象又没有按时到社区矫正机构报到，导致出现脱管、漏管现象。

（2）法院、监狱或看守所出具的法律文书不全或执行地有误，也会导致出现脱管、漏管现象。

（3）社区矫正对象委托管理操作不规范，当社区矫正对象外出就业、就医、就学、经商时，易出现脱管、漏管现象。

（4）社区矫正对象对社区矫正性质认识不足，思想上不重视，行为上不服从监管，造成主动脱管。

四、对脱管、漏管社区矫正对象的监督管理

根据《社区矫正法》第30条规定，社区矫正对象失去联系的，社区矫正机构应当立即组织查找，公安机关等有关单位和人员应当予以配合协助。查找到社区矫正对象后，应当区别情形依法作出处理。

根据《社区矫正法实施办法》第38条、《最高人民法院、最高人民检察院、公安部、司法部关于进一步加强社区矫正工作衔接配合管理的意见》的相关规定，发现社区矫正对象失去联系的，社区矫正机构应当立即组织查找，可以采取通信联络、信息化核查、实地查访等方式查找，查找时要做好记录，固定证据。查找不到的，社区矫正机构应当及时通知公安机关，公安机关应当协助查找。社区矫正机构应当及时将组织查找的情况通报人民检察院。

查找到社区矫正对象后，社区矫正机构应当根据其脱离监管的情形，给予相应处置。社区矫正对象虽能查找到其下落但拒绝接受监督管理的，社区矫正机构应当视情节依法提请公安机关予以治安管理处罚，或者依法提请撤销缓刑、撤销假释、对暂予监外执行的收监执行。

执行地社区矫正机构发现社区矫正对象脱管，应当及时采取联系本人、

其家属亲友，走访有关单位和人员等方式组织追查，做好记录，并由县级社区矫正机构视情形依法给予训诫、警告、提请治安管理处罚、提请撤销缓刑、撤销假释或者对暂予监外执行的，提请收监执行。

根据《社区矫正法实施办法》第51条规定，撤销缓刑、撤销假释的裁定和收监执行的决定生效后，社区矫正对象下落不明的，应当认定为在逃。被裁定撤销缓刑、撤销假释和被决定收监执行的社区矫正对象在逃的，由执行地县级公安机关负责追捕。撤销缓刑、撤销假释裁定书和对暂予监外执行罪犯收监执行决定书，可以作为公安机关追逃依据。

《最高人民法院、最高人民检察院、公安部、司法部关于进一步加强社区矫正工作衔接配合管理的意见》第13条规定，司法行政机关应当会同人民法院、人民检察院、公安机关健全完善联席会议制度、情况通报制度，每月通报核对社区服刑人员人数变动、漏管脱管等数据信息，及时协调解决工作中出现的问题。

如果社区矫正对象出现脱管、漏管现象，必然影响社区矫正工作的成效。所以必须加强对脱管、漏管的监督管理。发现社区矫正对象脱离监管的，县级社区矫正机构应当及时组织追查。具体措施如下：

1. 做好衔接工作。执行地县级社区矫正机构接到人民法院对罪犯拟适用社区矫正的有关通知后，做好接收社区矫正对象的准备工作，并将有关事项告知拟委托承担社区矫正相关工作的司法所。发现社区矫正对象没有在法律文书规定的期间内报到的，执行地县级社区矫正机构要及时组织查找，同时将有关情况通报决定机关，抄报人民检察院和公安机关。

2. 日常监督管理中，受委托的司法所工作人员要及时掌握社区矫正对象的活动情况，如果发现社区矫正对象未按期履行报告义务，未按时参加教育学习、公益活动等，走访时未找到社区矫正对象的，要及时向县级社区矫正机构报告。社区矫正机构通过初步核实，仍未发现社区矫正对象下落的，要通过多种方式，及时组织追查。派员深入社区矫正对象的家庭、工作单位、学校和社区进行调查，与相关人员沟通了解情况，并积极争取公安机关的支持，配合查找社区矫正对象的下落。

3. 县级社区矫正机构要及时将查找的有关情况通报社区矫正决定机关或

者原服刑的监狱、看守所，加强沟通、配合。

专栏5-8 社区矫正对象脱离监管协助追查通知书

（存根）

编号：

县（市、区）公安局（派出所）：

社区矫正对象 ，性别 ，出生于 年 月 日，身份证号 ，现住 ，因触犯刑法，经 人民法院于 年 月 日，以（ ）字第 号刑事判决书，判处 ，附加 ， 年 月 日被 法院判处 ， 年 月 日法院裁定假释， 年 月 日被 （监狱管理局或公安局）批准暂予监外执行。该社区矫正对象于 年 月 日起至 年 月 日在我所辖区内进行社区矫正，现该社区矫正对象于 年 月 日脱离监管，经我局多方组织查找，下落不明。

特提请贵局协助追查。

             ××县社区矫正机构（公章）

               年 月 日

（骑缝章）

专栏5-9 社区矫正对象脱离监管协助追查通知书

编号：

    县（市、区）公安局（派出所）：

社区矫正对象 ，性别 ，出生于 年 月 日，身份证号 ，现住 ，因触犯刑法，经 人民法院于 年 月 日，以（ ）字第 号刑事判决书，判处 ，附加 ， 年 月 日被 法院判处 ， 年 月 日法院裁定假释， 年 月 日被 （监狱管理局或公安局）批准暂予监外执行。该社区矫正对象于 年 月 日起至 年 月 日在我所辖区内进行社区矫正，现该社区矫正对象于 年 月 日脱离监管，经我局多方组织查找，下落不明。

特提请贵局协助追查。

             ××县社区矫正机构（公章）

               年 月 日

任务2.3 对社区矫正对象先行逮捕的规定

为避免社区矫正对象发生危害社会秩序和社会公共安全的事件，《社区矫正法实施办法》专门规定了对撤销缓刑、撤销假释的社区矫正对象先行逮捕的条件和程序。

一、先行逮捕的条件

《社区矫正法实施办法》第48条第1款规定，被提请撤销缓刑、撤销假释的社区矫正对象具备下列情形之一的，社区矫正机构在提出撤销缓刑、撤销假释建议书的同时，提请人民法院决定对其予以逮捕：①可能逃跑的；②具有危害国家安全、公共安全、社会秩序或者他人人身安全现实危险的；③可能对被害人、举报人、控告人或者社区矫正机构工作人员等实施报复行为的；④可能实施新的犯罪的。

二、先行逮捕的程序

（一）提供先行逮捕的证据

《社区矫正法实施办法》第48条第2款规定，社区矫正机构提请人民法院决定逮捕社区矫正对象时，应当提供相应证据，移送人民法院审查决定。

该条明确说明了，社区矫正机构提请人民法院先行逮捕的，必须在提请之前做好证据收集工作，以备人民法院审查决定是否对提出撤销缓刑、撤销假释的社区矫正对象进行先行逮捕。

（二）相关法律文书抄送人民检察院

《社区矫正法实施办法》第48条第3款规定，社区矫正机构提请逮捕、人民法院作出是否逮捕决定的法律文书，应当同时抄送执行地县级人民检察院。

《社区矫正法实施办法》第48条的规定，保证了对具有人身危险性和再犯可能性的社区矫正对象的安全管控，所以是社区矫正对象风险管控的重要内容。

任务3 社区矫正对象的档案管理

档案记录着社区矫正对象在矫正期间的一切信息，必须按照档案管理制度的要求严格管理、规范管理。"万事万物都是相互联系、相互依存的。""我们要善于通过历史看现实、透过现象看本质。"一份完整健全规范的档案将会为有效监督管理、教育帮扶社区矫正对象提供详实的资料，从而提高社区矫正工作的质量和效率。

任务3.1　社区矫正对象档案管理制度

一、社区矫正对象档案管理制度的概念

社区矫正对象档案管理制度是指对社区矫正对象档案的保管、保密、归档等制度。

为了加强对社区矫正对象的档案管理，促进社区矫正对象档案管理的规范化、制度化，各地在社区矫正工作中都十分重视社区矫正对象档案管理工作，纷纷依据《社区矫正法》、《社区矫正法实施办法》、《中华人民共和国档案法》、《中华人民共和国保密法》、本省社区矫正工作细则等，出台了社区矫正对象档案管理工作的相关制度。

二、社区矫正对象档案的概念

社区矫正对象档案也称社区矫正档案，是指社区矫正机构对社区矫正对象开展监督管理和教育帮扶过程中形成的具有保存价值的各种文字、图表、声像等不同形式的历史记录。随着社区矫正信息化建设的不断加强，社区矫正对象的档案分为纸质档案和电子档案（数字化档案）两种。

三、社区矫正对象档案管理的意义

对社区矫正对象的档案进行科学管理，意义重大。首先，对社区矫正机构而言，社区矫正档案可以作为社区矫正工作人员是否对社区矫正对象进行了有效监督管理、教育帮扶的依据；其次，对法律监督机关而言，社区矫正档案可以为社区矫正机构是否对社区矫正对象进行了有效监管，是否有脱管、漏管行为，是否有再犯罪可能，是否严格按照法律规定程序进行监管，社区矫正工作人员是否有徇私舞弊行为等提供有力依据；最后，社区矫正档案也是评估社区矫正对象表现是否良好的重要依据。

四、社区矫正对象档案管理的机关及档案管理的注意事项

（一）社区矫正对象档案管理的机关

根据《社区矫正法》第22条规定，社区矫正机构应当依法接收社区矫正对象，核对法律文书、核实身份、办理接收登记、建立档案……。《社区矫正法实施办法》第18条规定，执行地县级社区矫正机构接收社区矫正对象后，应当建立档案……。可见，社区矫正对象档案管理机关应为执行地县级社区矫正机构。

县级社区矫正机构具体负责社区矫正档案管理工作，并接受上级业务主管部门和同级档案主管部门的监督和指导。

（二）社区矫正对象档案管理的注意事项

社区矫正对象档案管理应注意以下几个方面的问题：

1. 社区矫正对象的档案应集中统一管理、专人负责。县级社区矫正机构应当坚持准确、客观、规范、保密的原则，建立健全社区矫正档案工作制度，将社区矫正档案集中统一管理，指定专人负责社区矫正档案工作。

2. 社区矫正对象的档案应科学管理、规范化管理。社区矫正对象档案材料应当一人一档，逐项如实填写，做到书写及打印清晰、规范，用词准确、简明，内容完整、排列有序、条目清楚、查找方便。执行地县级社区矫正机构应当自社区矫正对象解除或者终止社区矫正之日起30日内，将社区矫正档案与工作档案合订成册，按照解除或者终止社区矫正年度和社区矫正类别分类存档。

档案管理人员应当遵守档案管理制度，不得违规泄露、传播档案内容，不得丢失、抽取、篡改、销毁有关材料，对损坏的档案要及时进行补救，确保档案真实安全。社区矫正对象的档案非经批准不得提供给任何单位或者个人。司法机关因办案或者法律监督需要查阅、摘抄或者复制社区矫正对象档案的，应当出具法律文书及相关证件；其他单位和个人确需查询社区矫正对象档案的，应当出具单位公函及证件，并经执行地县级社区矫正机构负责人批准。除司法机关办案需要或者有关单位根据国家规定查询外，未成年社区矫正对象的档案信息不得提供给任何单位或者个人。

社区矫正对象居住地发生变更的，档案材料应当移交新执行地县级社区矫正机构。原执行地县级社区矫正机构应当留存复印件，并归档保存。

档案管理人员调离工作岗位时，应当做好档案移交工作。

3. 档案管理的经费。社区矫正档案工作所需基础设施配备和维护、档案日常管理工作、档案信息化建设、档案培训等经费应当列入县级司法行政机关年度财政预算，并保证专款专用。

4. 档案室的设备要求。

第一，要建立坚固的防火、防潮专用档案室，档案室内配置铁质的档案柜、空调机、去湿机、灭火器等设备，定期对档案室的防火、防潮、防蛀、防光、防高温的设施和安全措施进行检查。

第二，档案室内应合理配置计算机、复印机、扫描仪、数码相机等现代化设备。这些现代化设备的使用，尤其是社区矫正档案的计算机信息化管理，可将档案管理从传统手工操作中解放出来，减少对档案材料的磨损，延长档案寿命，减轻档案人员的劳动强度，提高工作质量和工作效率，促进社区矫正档案工作标准化、规范化、现代化，为社区矫正刑事执行工作开展提供及时、准确、详细的人员信息。

5. 社区矫正档案的保管期限。关于社区矫正档案的保管期限，各地没有统一的标准，如《河北省社区矫正工作细则》规定，社区矫正档案保管期限为20年，自社区矫正对象解除或者终止社区矫正当年起算；《四川省社区矫正档案管理办法》规定，"减、假、暂"及特殊敏感案件社区矫正档案保管期限为50年，其他社区矫正档案保管期限为30年，从解除（终止）社区矫正当年起算。

解除或者终止矫正的未成年社区矫正对象档案记录应当封存。

6. 关于未成年犯罪人档案封存的规定。2022年5月24日，《最高人民法院、最高人民检察院、公安部、司法部关于未成年人犯罪记录封存的实施办法》，自2022年5月30日起施行。

《办法》第2条规定："……应当封存的未成年人犯罪记录，包括侦查、起诉、审判及刑事执行过程中形成的有关未成年人犯罪或者涉嫌犯罪的全部案卷材料与电子档案信息。"《办法》第3条规定："……对涉罪未成年人进行社会调查、帮教考察、心理疏导、司法救助等工作的记录，按照本办法规定的内容和程序进行封存。"根据该规定，纳入封存范围的未成年犯罪记录包括未成年社区矫正执行档案，亦包括社会调查、帮教考察、心理疏导、司法救助等与未成年人社区矫正对象有关的工作记录。

《办法》规定了未成年人犯罪记录档案管理和数据封存的特别要求。《办法》第10条规定："对于需要封存的未成年人犯罪记录，应当遵循《中华人民共和国个人信息保护法》不予公开，并建立专门的未成年人犯罪档案库，执行严格的保管制度。对于电子信息系统中需要封存的未成年人犯罪记录数据，应当加设封存标记，未经法定查询程序，不得进行信息查询、共享及复用。封存的未成年人犯罪记录数据不得向外部平台提供或对接。"

《办法》规定了未成年人犯罪记录封存的时间要求。《办法》第13条规定："对于被判处管制、宣告缓刑、假释或者暂予监外执行的未成年罪犯，依法实行社区矫正，执行地社区矫正机构应当在刑事执行完毕后三日内将涉案未成年人的犯罪记录封存。"

任务3.2　社区矫正对象档案管理的内容

一、执行地县级社区矫正机构建立的社区矫正档案

根据《社区矫正法》第22条规定："社区矫正机构应当依法接收社区矫正对象，核对法律文书、核实身份、办理接收登记、建立档案……。"

根据《社区矫正法实施办法》第18条的规定，执行地县级社区矫正机构接收社区矫正对象后，应当建立社区矫正档案，包括以下内容：

（一）适用社区矫正的法律文书

1. 人民法院判处管制、宣告缓刑的适用社区矫正的法律文书。①调查评估委托函；②起诉书副本；③调查评估笔录；④调查评估意见书；⑤刑事判决书副本；⑥执行通知书；⑦结案登记表；⑧社区矫正告知书；⑨接受社区矫正保证书；⑩居住地核实、确定的相关材料。

2. 人民法院裁定假释的适用社区矫正的法律文书。①调查评估委托函；②调查评估笔录；③调查评估意见书；④刑事判决书副本；⑤假释裁定书；⑥最后一次减刑裁定书；⑦出监所鉴定表或改造表现鉴定材料；⑧假释证明书副本；⑨社区矫正告知书；⑩接受社区矫正保证书。

3. 人民法院决定暂予监外执行的适用社区矫正的法律文书。①调查评估委托函；②起诉书副本；③调查评估笔录；④调查评估意见书；⑤刑事判决书副本；⑥暂予监外执行批准决定书；⑦结案登记表；⑧执行通知书；⑨暂予监外执行具保书；⑩罪犯病情诊断、妊娠或生活不能自理的鉴别意见；⑪社区矫正告知书；⑫接受社区矫正保证书；⑬居住地核实、确定的相关材料。

4. 公安机关或监狱管理机关批准暂予监外执行的适用社区矫正法律文书。①调查评估委托函；②调查评估笔录；③调查评估意见书；④刑事判决书副本；⑤暂予监外执行审批表；⑥暂予监外执行决定书；⑦暂予监外执行具保书；⑧罪犯病情诊断或生活不能自理的鉴别意见；⑨社区矫正告知书；⑩接受社区矫正保证书。

（二）接收、监管审批、奖惩、收监执行、解除矫正、终止矫正等有关社区矫正执法活动的法律文书

1. 社区矫正对象基本（接收登记）信息表；

2. 社区矫正对象宣告书；

3. 社区矫正对象矫正方案；

4. 社区矫正责任书；

5. 法定不准出境人员通报备案表；

6. 社区矫正对象会客审批表；

7. 社区矫正对象外出审批表；

8. 社区矫正对象变更执行地审批表；

9. 社区矫正对象电子定位管理审批表；

10. 社区矫正对象进入禁止令禁止区域审批表；

11. 社区矫正对象表扬审批表；

12. 社区矫正对象减刑建议书；

13. 社区矫正对象提请减刑审核表；

14. 社区矫正对象训诫决定书；

15. 社区矫正对象警告决定书；

16. 对社区矫正对象提请治安管理处罚建议书；

17. 社区矫正对象撤销缓刑（假释）建议书；

18. 社区矫正对象暂予监外执行收监执行建议书；

19. 社区矫正对象期满鉴定表；

20. 解除社区矫正宣告书；

21. 解除社区矫正证明书；

22. 社区矫正对象死亡通知书；

23. 社区矫正终止的其他法律文书。

（三）进行社区矫正的工作记录

（四）社区矫正对象接受社区矫正的其他相关材料

二、接受委托的司法所建立的社区矫正工作档案

接受委托对社区矫正对象进行日常管理的司法所应当建立社区矫正工作档案，包括以下内容：

1. 适用社区矫正的法律文书；

2. 社区矫正对象调查评估、交付接收形成的材料；

3. 社区矫正对象矫正方案；

4. 社区矫正对象矫正小组组成和责任义务；

5. 对社区矫正对象监督管理形成的材料；

6. 对社区矫正对象教育帮扶形成的材料；

7. 对社区矫正对象考核奖惩形成的材料；

8. 对社区矫正对象解除和终止社区矫正形成的材料；

9. 其他需要归档的材料；

没有委托司法所管理的社区矫正对象，由执行地县级社区矫正机构建立社区矫正工作档案。

除纸质档案外，社区矫正机构可以建立电子档案。随着我国"数字法治、智慧司法"的建设，建立电子档案是必然趋势。与纸质档案相比，电子档案具有易保存、易管理，不占空间且保存时间长的优势，而且在监督管理和教育帮扶工作中，调取、使用也比较方便。

任务4　社区矫正突发事件应急处置

在社区矫正工作中，风险挑战无处不在，不确定难预料因素随时可能出现，我们必须学会"主动识变应变，主动防范化解风险"，唯如此，才能保证社区矫正工作的顺利进行和健康发展。

任务4.1　社区矫正突发事件应急处置规定

《社区矫正法实施办法》第52条规定："社区矫正机构应当建立突发事件处置机制，发现社区矫正对象非正常死亡、涉嫌实施犯罪、参与群体性事件的，应当立即与公安机关等有关部门协调联动、妥善处置，并将有关情况及时报告上一级社区矫正机构，同时通报执行地人民检察院。"

社区矫正突发事件是指突然发生，造成或可能造成严重社会危害，需要采取应急处置措施予以应对的涉及社区矫正对象的事件，主要包括非正常死亡、涉嫌实施犯罪、参与群体性事件、脱管失控，正在发生或可能发生的以要挟或制造重大社会影响为目的的自杀、自伤、自残等。社区矫正突发事件的发生既有偶然性，也有必然性。其导火索往往是偶然的，但某些矛盾长期积累而导致的井喷效应则是必然的。所以，必须重视社区矫正突发事件的发生，充分认识社区矫正突发事件的突发性、复杂性、紧迫性和严重性，建立社区矫正突发事件的应急处置机制，科学制定应急预案，一旦发生突发事件，就立即启动应急机制，并按应急预案快速反应，迅速依法依规处理好突发事件，以避免对社会、对他人造成严重危害后果，确保社会的安全稳定。

任务4.2　社区矫正突发事件应急处置机制

一、建立健全组织机构、明确处置原则

为更好地应对社区矫正突发事件，省、市、县社区矫正机构都应当建立健全社区矫正突发事件处置机构，负责组织、指导所辖行政区域内社区矫正突发事件应急处置，及时向本级人民政府、党委政法委和上一级社区矫正机构报告突发事件和应急处置工作有关情况。在统一领导、统一指挥下，按照

属地管理、预防为主、依法处置、快速反应、协同应对的原则进行处置。

二、加强信息收集研判，完善预警机制

平时应加强对社区矫正对象工作、生活、家庭、社交等相关信息的收集，完善社区矫正对象档案资料，依照"见人建档、一人一档、人档相符"的原则逐一建档立卡，在处理突发事件时才能够有的放矢地做好决策；及时收集社区矫正对象的动态信息，掌握社区矫正对象的思想和行为动向，建立完善家庭、社区、公安、司法四位一体的预警机制：一是建立风险预警机制，对社区矫正工作突发事件发生的可能以及条件进行分析评估，提出预防对策，加强信息收集研判工作，对可能引发的突发事件及时作出预警。二是建立信息排查机制，对重点社区矫正对象、重点区域和敏感时段可能出现的问题进行排查分析。三是严格落实值班制度，畅通信息渠道，确保发生突发事件时能及时赶到现场，开展应急处置。

三、制定应急预案

应急预案是处置突发事件的预先方案或者说是指导文件，是面对突发事件的应急管理、指挥、救援、计划等，它关系到整个突发事件处置能否顺利进行和有效开展，所以，应急预案制定的是否科学、合理、实用，非常重要。当然，应急预案也不是一成不变的，要根据实际情况及时进行动态调整，以满足实际处置的需要。

四、各部门协调联动，妥善处置

社区矫正机构发现社区矫正对象非正常死亡、涉嫌实施犯罪、参与群体性事件等，应当立即与公安机关等有关部门协调联动，妥善处置，并将有关情况及时报告上一级社区矫正机构，同时通报人民检察院。

公安机关等有关部门接到通报后，应当立即派员到场，采取必要措施处置突发事件。

五、总结经验教训，制定改进措施

突发事件应急处置结束后，负责处置突发事件的社区矫正机构应当及时查明突发事件的原因、经过、后果等，总结应急处置的经验教训，制定改进措施，及时报告上级社区矫正机构。

专栏5-10 《河南省社区矫正工作细则》（突发事件应急处置）

第193条 对可能发生的突发事件的预先处置：县级社区矫正机构或受委托的司法所在工作中发现或了解到社区矫正对象有自杀、行凶、闹事、扬言报复他人及其他违法犯罪苗头或迹象时，应及时进行教育引导，化解矛盾，并联系公安派出所进行重点监控，防止突发事件发生。同时应将相关情况向县级社区矫正应急处置指挥部或者社区矫正委员会报告。

第194条 对正在发生的突发事件的现场处置：县级社区矫正机构或受委托的司法所发现社区矫正对象正在实施违法犯罪活动、聚集闹事、自杀及参与非法群体性活动等，应当立即前往事发现场了解情况，予以制止。制止无效的，应当立即通知公安机关到场处置。公安机关应当及时发出指令，调集警力，对社区矫正对象依法采取强制性措施，控制现场局势，防止事态扩大。同时应将相关情况向县级社区矫正应急处置指挥部和社区矫正委员会报告。县级社区矫正机构和受委托的司法所接到公安派出所有关社区矫正对象正在行凶、闹事、实施自杀、从事违法犯罪活动及非正常死亡的通知后，应立即到达现场了解情况，配合公安机关做好处置和查证工作，同时向县级社区矫正应急处置指挥部和社区矫正委员会报告。

第195条 发生重大自然灾害时的紧急处置：在辖区内发生重大自然灾害、对社会秩序稳定造成严重影响的紧急情况下，县级社区矫正机构应当根据地方应急指挥部门的统一安排，做好社区矫正对象的管控和教育疏导工作，引导辖区内社区矫正对象听从应急指挥。

第196条 组织社区矫正对象开展较大规模的集体活动时的防范措施：县级社区矫正机构、受委托的司法所组织开展大型集体活动时，要提前制定活动方案，拟定应急措施。司法所组织50人、县级社区矫正机构组织100人以上集体活动时报上一级社区矫正机构备案，必要时公安机关及时介入，确保活动安全、顺利进行。

第197条 突发事件的信息上报：县级社区矫正机构、受委托的司法所面对突发事件，在及时采取处置措施的同时，应当第一时间报县级社区矫正应急处置指挥部；重大事件应当逐级上报。不能当即处置完毕或者处置有困难的，应当提出相应处置意见或者建议，立即向上级社区矫正应急处置指挥部报告。省辖市社区矫正应急处置指挥部接到县（市、区）社区矫正突发事件报告后，应按照应急处置预案进行处置；不能自行处置的，应提出处置建议分别向同级社区矫正委员会和省社区矫正应急处置指挥部报告。

突发事件处置完毕后，县、市级社区矫正机构应于24小时内将详细情况报上一级社区矫正机构和同级社区矫正委员会；重大突发事件应当层报省级社区矫正机构，由省级社区矫正机构按照规定上报省司法厅或者省社区矫正委员会、司法部。

第198条 特别重大的突发事件或者省级社区矫正应急处置指挥部认为有必要的案事件，可以由省级社区矫正应急处置指挥部直接处置。

任务5 （实训项目4）社区矫正监督管理技能训练

张某，男，1982年4月出生。2018年在一次工程项目的招投标中，其通过行贿取得了该项目的承建权，工程竣工后受贿人因其他犯罪事发，张某也因此落网，并于2020年3月19日被判处有期徒刑3年，缓刑4年。判决生效后，张某在规定的时间内，到其居住地县级社区矫正机构报到，办理了入矫手续。正式成为一名社区矫正对象。入矫后，张某心里感到很委屈，也很自卑，认为自己不仅前途尽毁，而且也没脸见人了，不愿与社区矫正工作人员接触。后在工作人员耐心细致地做了大量工作后，态度有所好转，但仍然不愿意参加社区矫正机构组织的公益活动，担心被熟人看到，对社区矫正的管理制度遵守得也不是太好。

请根据案例，完成以下实训任务：

1. 对张某都应采取哪些监督管理制度？

2. 张某入矫后，如何对其进行实地走访？

3. 日常监管中，如何运用信息化手段对张某进行监督管理？

附：实训任务书和实训考核表

实训任务书

实训项目	1. 熟悉并掌握社区矫正监督管理制度； 2. 熟悉并掌握社区矫正实地走访的规定； 3. 熟悉并掌握信息化监督管理的方式和内容。
实训课时	4课时。
实训目的	学生通过模拟实训，掌握社区矫正对象的监督管理制度，落实"实地走访"和"信息化监督管理"的方式、内容，从而具备完成监督管理的职业能力。
实训任务	1. 对新入矫的社区矫正对象应如何进行监督管理？ 2. 日常矫正中对社区矫正对象如何进行监督管理？ 3. 怎样进行实地走访？ 4. 如何运用现代信息化手段对社区矫正对象进行监督管理？

实训要求	1. 学生应提前掌握监督管理制度的相关知识和方法； 2. 学生应具备实地走访和运用信息化进行监督管理的能力； 3. 指导教师应具备相应的能力并能带领学生完成实训任务； 3. 学生要积极配合指导教师的指导完成实训。
实训成果形式	实训总结。
实训方式	模拟真实工作情境中所要完成的工作任务，进行角色扮演。
实训地点	理实一体化教室或虚拟仿真实训室。
实训进程	1. 教师讲解实训任务、注意事项； 2. 根据实训任务，随机分组，确定角色； 3. 开展实训演练； 4. 指导老师进行有效指导； 5. 各组分享实训演练的过程； 6. 选出优秀组进行示范演练； 7. 撰写实训总结并提交； 8. 指导教师对实训总结进行阅评、打分。

实训考核表

班级＿＿＿＿＿＿＿＿＿＿＿　　姓名＿＿＿＿＿＿＿＿＿＿＿　　学号＿＿＿＿＿＿＿＿＿＿＿

任务描述：通过实训，掌握社区矫正监督管理的技能（职业能力）。

项目总分：100 分

完成时间：200 分钟（4 课时）

考核内容	评分细则	等级评定
一、实训过程与要求 1. 学生明确实训所要完成的任务； 2. 根据实训需要，对学生进行分组； 3. 对实训任务进行分组讨论，确定角色； 4. 指导老师进行指导； 5. 根据实训任务进行实训演练；	分值：50 分 1. 实训过程中，与小组成员合作良好（15 分）； 2. 实训演练认真、表现积极（15 分）； 3. 能成功完成所有实训任务（20 分）。	实训成绩评定分为四等： 1. 优（100 分～85 分）； 2. 良（84 分～70 分）； 3. 及格（69 分～60 分）； 4. 不及格（59 分～0 分）。

续表

	6. 演练完毕，各组进行分享； 7. 选出优秀组进行示范演练； 8. 撰写实训总结并提交； 9. 指导教师对实训总结进行阅评、打分。	
二、实训表现与态度	分值：20 分 1. 无迟到（1 分）； 2. 无早退（1 分）； 3. 无旷课（3 分）； 4. 实训预习、听讲认真（2 分）； 5. 实训态度认真（5 分）； 6. 实训中不大声喧哗（1 分）； 7. 能爱护实训场所、设备、保持环境整洁（2 分）； 8. 能完全遵守实训各项规定（1 分）； 9. 实训效果好，基本掌握了调研问卷的设计方法，能够开展在线调研，并撰写调研报告（4 分）。	注意事项： 1. 实训期间做与实训无关的操作，不能评定为"优"； 2. 有旷课现象，不能评为"优、良"； 3. 旷课××节及以上，评为"不及格"； 4. 实训内容没有完成，评为"不及格"； 5. 报告出现雷同，评为"不及格"； 6. 具体评分标准由教师根据实训项目具体要求规定。
三、实训成果：完成实训总结	分值：30 分 1. 按规定时间完成实训总结（10 分）； 2. 格式规范、字迹清楚（5 分）； 3. 无抄袭现象（5 分）； 4. 能提出合理化建议或有创新见解（10 分）。	
合计		

评分人：　　　　　　　　　　　　　　　　　　　　日期：　　年　月　日

【课堂活动 5-1】

毛某，男，79 岁，2019 年 10 月 16 日，H 省 T 县法院以寻衅滋事罪，判处毛某有期徒刑 3 年，缓刑 5 年。随后，毛某成为一名社区矫正对象。办完报到手续后，毛某签订了保证书，并表示"在缓刑期间遵守相关规定"。但实际上毛某对判决并不服气，一直在喊冤。在社区矫正期间，毛某仗着自己年龄大，该报告时也不报告，且未经社区矫正机构批准，私自会客，接受记者采访，还在微信公众号上发表捏造事实、诽谤他人的文章，造成了恶劣影响。

根据案例和所学知识，请同学们讨论：

毛某违反了哪些监督管理规定？如果他有会客的要求，应该怎么办？

【课堂活动 5 – 2】

社区矫正对象张某，突发家庭变故，其妻子和母亲在一次乘车途中发生了严重的交通事故，双双身亡。事件发生后，张某及时向司法所进行了报告。

根据案例和所学知识，请同学们讨论：

针对张某的情况，社区矫正机构和受委托的司法所应该开展哪些监督管理工作？

【思考题】

1. 作为社区矫正工作人员，如何在完成监管执法工作中既体现严格执法、规范执法，又体现文明执法、人性化执法？

2. 如何运用现代信息化手段对社区矫正对象开展监管执法工作？

3. 如何规范档案的管理？

4. 如何制定社区矫正突发事件应急预案？

拓展 学习

浙江省湖州市加强社区矫正小组建设八大机制[1]

浙江省湖州市结合社区矫正工作实际，制定了"加强社区矫正小组建设

---

〔1〕《法治为民 实干争先——详解湖州市加强社区矫正小组建设八大机制》，微信公众号：智汇社矫，最后访问时间：2022 年 8 月 4 日。

八大机制"，切实落实社区矫正小组成员职责，促进社区矫正对象顺利回归社会和家庭，为全社会合力做好监督管理和教育帮扶工作奠定了坚实基础。

1. "多元互动"帮教机制

优化社区矫正小组构成，组建"6＋X"的社区矫正小组，签订《社区矫正帮教责任书》，充分发挥司法所长、公安民警、社会工作者、志愿者、村居干部、社区矫正对象家属帮教作用。为社区矫正小组专职社工配备电动车、智能终端，优化各类保障，增强帮教效能。

2. "亲职共情"沟通机制

开展"亲职教育"系列活动，通过搭建"线上线下交流平台"、编写"亲亲家园小百科"、开设"亲属亲友沟通课堂"、推行"实现每周微心愿"等形式，充分发挥亲情、友情的感化帮助作用，让"亲亲家园"成为沟通交流的有效桥梁。

3. "所所联动"协作机制

促进"司法蓝"与"警务蓝"深度融合，出台《司法所副所长工作职责》，建立聘任派出所副所长担任司法所副所长机制，定期召开"所所联动"协调会、分析会，推进社区矫正小组工作规范化、系统化、专业化。

4. "村居助矫"帮扶机制

结合现代社区建设要求，出台《村（居）民委员会依法协助社区矫正工作实施方案（试行)》，明确村居协助工作职责、流程和配套补助办法，建立健全职责明确、程序完备、保障有力的工作体系，调动"两委"干部参与矫正工作积极性。

5. "专项救助"纾困机制

整合社会资源设立社区矫正帮扶救困资金池，出台《社区矫正帮扶救困工作实施办法》，为社区矫正对象及家庭成员在重大疾病、意外伤害、伤残、就学、职业培训等方面提供有效救助。

6. "帮扶专员"聘任机制

加强社区矫正小组建设，开展"帮扶专员"聘任工作，确保每个矫正小组有一名"帮扶专员"专职从事走访、帮教和沟通协调工作，定期向组长反馈信息、汇报工作，为开展"精准矫正"提供基础性支撑。

7. "助矫能手"选树机制

对社区矫正小组开展培训、拓展、交流等活动，不断提升教育帮扶工作能力和水平。在矫正小组中开展"助矫能手"选树宣传活动，为矫正小组提供展示才能的舞台和相互学习的平台。

8. "品牌示范"引领机制

全域推进部级"智慧矫正中心"创建，提升"三区十八室"功能，设立社区矫正"品牌工作室"，邀请专家学者开展辅导、讲座，指导和引领社区矫正小组开展工作。

四川省社区矫正档案管理办法[1]

第一条　为加强和规范社区矫正档案管理，保障社区矫正工作依法、有序、规范开展，根据《中华人民共和国社区矫正法》《中华人民共和国档案法》《机关档案管理规定》《四川省社区矫正实施细则》等有关规定，结合我省实际，制定本办法。

第二条　本办法所称社区矫正档案，是指社区矫正机构对社区矫正对象开展监督管理和教育帮扶过程中形成的具有保存价值的各种文字、图表、声像等不同形式的历史记录。

第三条　县级司法行政机关应当加强社区矫正档案工作组织领导，将社区矫正档案纳入本单位文件材料归档范围集中统一管理。

第四条　县级社区矫正机构具体负责社区矫正档案工作，并接受上级业务主管部门和同级档案主管部门的监督和指导。

县级社区矫正机构应当坚持准确、客观、规范、保密的原则，建立健全社区矫正档案工作制度，指定专人负责社区矫正档案工作。

第五条　社区矫正档案工作所需基础设施配备和维护、档案日常管理工作、档案信息化建设、档案培训等经费应当列入县级司法行政机关年度财政预算。

---

〔1〕　四川省司法厅社区矫正管理局："四川省社区矫正档案管理办法"，社区矫正宣传网，ht-tp://www.chjzxc.com/index/index/page.html？id＝17617，最后访问时间：2022年8月25日。

第六条　县级社区矫正机构接收社区矫正对象后应当建立社区矫正档案。受委托司法所对社区矫正对象进行日常管理建立的工作档案应当纳入社区矫正档案。

第七条　下列文件材料应当纳入社区矫正档案归档范围：

（一）社区矫正对象基本信息表、身份证或户口本复印件；

（二）调查评估材料；

（三）社区矫正决定机关送达的法律文书；

（四）入矫材料；

（五）教育帮扶、日常管理、业务审批、奖惩考核等材料；

（六）刑事执行变更材料；

（七）解除（终止）矫正材料；

（八）其他应当归档的文件材料。

第八条　归档的文件材料应当真实、准确、系统，组件齐全，内容完整，图文清晰，签名、捺印、盖章手续完备。

对残缺破损、字迹模糊或易褪变、装订后影响利用的文件材料，应当先进行修整、复制。

第九条　县级社区矫正机构和受委托司法所应当依托四川省社区矫正一体化平台及时办理社区矫正业务，形成电子卷宗并打印纸质文件材料按时间顺序归档。

第十条　社区矫正对象解除（终止）社区矫正后，受委托司法所应当在十个工作日内将工作档案整理完毕并移交县级社区矫正机构，县级社区矫正机构应当在三十日内将社区矫正档案整理归档。

第十一条　社区矫正档案的整理归档应当遵循下列原则与方法：

（一）文件材料以社区矫正对象为单位，按照"一人一档"的原则进行组卷。

（二）每个社区矫正对象的文件材料组成一卷或多卷，并逐卷编制档号。档号结构按照"全宗号—档案门类代码·年度·保管期限—案卷号"的规则编制。

1. 全宗号：为国家综合档案馆给立档单位（即县级司法行政机关）编制

的代码；

2. 档案门类代码：统一标注为"ZY·JZ"（为"专业·矫正"的首字母）；

3. 年度：为社区矫正对象解除（终止）社区矫正的年度；

4. 保管期限：为社区矫正档案的保管期限，保管期限为定期 50 年、30 年的分别标识为"D50"、"D30"；

5. 案卷号：按照每年度社区矫正对象解除（终止）社区矫正时间先后，对该年度所有社区矫正档案用阿拉伯数字按流水顺序号编列，不重复。

（三）按照《社区矫正文件材料归档范围及顺序指引》，结合社区矫正对象的实际情况排列卷内文件材料，每个社区矫正对象的卷内文件材料按流水顺序号编排页号后装入档案盒，并编制卷内文件目录、卷内备考表，填写档案盒封面、盒脊。

（四）以年度为单位，按照解除（终止）社区矫正时间先后编制该年度社区矫正档案案卷目录，加社区矫正档案案卷目录封面后装订成册，一式三份。

（五）档案盒封面、盒脊、卷内备考表、目录等项目使用字迹耐久的蓝黑或者碳素墨水填写或者直接打印，打印一律使用 A4 规格纸张。

第十二条　存储图片、音像资料的特殊载体一并归档，按照国家相关规定执行。

第十三条　"减、假、暂"及特殊敏感案件社区矫正档案保管期限为五十年，其他社区矫正档案保管期限为三十年，从解除（终止）社区矫正当年起算。

第十四条　社区矫正档案存放场所应当符合国家有关标准，做好防火、防盗、防紫外线、防有害生物、防水、防潮、防尘、防高温、防污染等防护工作，确保档案安全。

第十五条　未成年社区矫正对象的矫正档案应当单独存放并予以封存。

第十六条　档案工作人员应当按照有关规定对社区矫正档案收集、保管、利用等情况进行统计并登记造册。

第十七条　社区矫正档案原则上不对外提供利用，确因司法机关办案需要或有关单位根据国家规定利用的，须持合法证明，经县级社区矫正机构同意后方可利用。

利用社区矫正档案应当严格履行登记手续，未经同意不得复印（复制）、摘抄社区矫正档案，严禁泄露和擅自公布档案信息。

第十八条　社区矫正对象经批准变更执行地的，原执行地社区矫正机构应当及时向新执行地社区矫正机构移交社区矫正档案并留存副本。

第十九条　档案工作人员调离岗位或退休的，应当在离岗前对社区矫正档案进行移交，并履行交接手续。

第二十条　县级司法行政机关应当按照国家规定定期向同级国家综合档案馆移交社区矫正档案。

第二十一条　县级司法行政机关应当加强社区矫正档案信息化工作，使用档案管理信息系统，推动传统载体档案数字化和电子文件、电子档案规范管理，确保社区矫正档案信息安全。

第二十二条　违反国家档案管理规定，造成社区矫正档案失真、篡改、损毁、丢失或者个人隐私泄露等情形的，依法追究相关人员责任。

第二十三条　本办法由四川省司法厅、四川省档案局负责解释。

第二十四条　本办法自印发之日起施行。

项目六

社区矫正对象的考核

知识树

社区矫正对象的考核
- 社区矫正对象考核的制度
  - 考核制度的概念
  - 考核制度的规定
- 社区矫正对象考核的原则
  - 依法考核
  - 实事求是
  - 准确及时
  - 公平、公开、公正
  - 未成年矫正对象的考核结果不公开
  - 综合考核与动态评估相结合
  - 定期公示

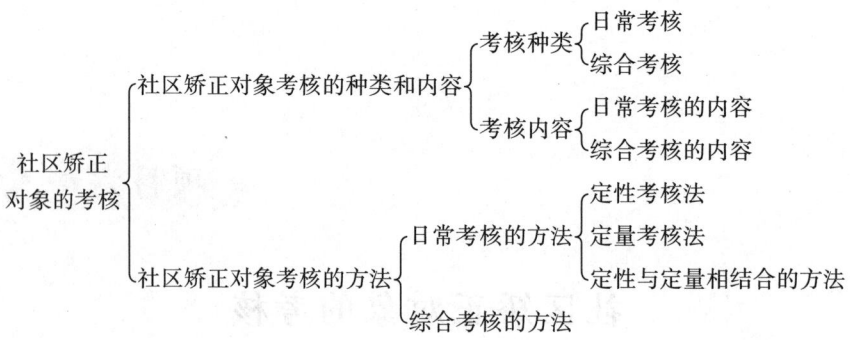

案例 6-1

社区矫正对象陆某某因犯敲诈勒索罪于 2021 年 5 月 21 日被 J 市人民法院判处有期徒刑 1 年，缓刑 2 年，并处罚金人民币 6000 元。2021 年 6 月 1 日，陆某某到 J 市司法局社区矫正报到处办理报到入矫，由执行地司法所负责其社区矫正期间的监督管理与教育帮扶。

在社区矫正期间，陆某某刚开始表现还不错，服从监督管理，按时报告，并按规定上交书面思想汇报，也能积极参加教育学习和公益活动。但从 2021 年 10 月份开始，陆某某逐渐懈怠，并未经批准擅自离开居住地。2021 年 11 月 2 日，司法所收到了陆某某的越界信息，司法所马上与其本人核实情况并要求其返回，但陆某某对司法所的要求置若罔闻，拒不返回。于是司法所对陆某某开展了违反监督管理规定的调查取证工作，并作为考核奖惩的依据。

根据《社区矫正法》和《社区矫正法实施办法》的相关规定以及陆某某在矫正期间的表现，司法所按照考核的要求，运用定性考核的方法，对陆某某在矫正期间的认罪悔罪、遵纪守法、服从监督管理、接受教育等表现进行了日常考核。并根据考核的结果对其作出了撤销缓刑，收监执行的惩罚。

考核制度是社区矫正监督管理制度中非常重要的一项内容。通过考核可以检验监督管理工作的成效和矫正对象的矫正情况，并根据考核结果对矫正对象进行奖励和惩罚，以发挥鼓励先进、鞭策后进，激励矫正对象积极矫正、遵纪守法的作用。

任务 1　社区矫正对象考核的制度

党的二十大报告指出："高质量发展是全面建设社会主义现代化国家的首要任务"。对社区矫正对象进行考核就是保证社区矫正工作高质量发展的一个重要举措。

一、社区矫正对象考核制度的概念

社区矫正对象的考核制度是指社区矫正机构或者受委托的司法所根据有关法律法规、部门规章和其他规范性文件，对社区矫正对象在一定时间段内的认罪悔罪、遵守法律法规、服从监督管理、接受教育和参加公益活动等情况进行考察和评定的一种制度。

对社区矫正对象的考核自其到执行地县级社区矫正机构报到登记之日起，至社区矫正解除或者终止之日止。社区矫正对象被采取人身强制措施期间中止考核。

社区矫正对象的考核结果，可以作为认定其是否确有悔改表现或者是否严重违反监督管理规定的依据，考核是奖惩的基础和前提，没有考核就很难正确实施奖惩，所以考核的科学性和准确性直接关系到对社区矫正对象奖惩的公正和公平，关系到能否充分调动社区矫正对象的矫正积极性，进一步影响社区矫正效果的好坏。

二、社区矫正对象考核制度的规定

《社区矫正法》第 28 条第 1 款规定："社区矫正机构根据社区矫正对象的表现，依照有关规定对其实施考核奖惩……"；第 2 款规定："对社区矫正对象的考核结果，可以作为认定其是否确有悔改表现或者是否严重违反监督管理规定的依据。"

《社区矫正法实施办法》第 32 条第 1 款规定："社区矫正机构应当根据有关法律法规、部门规章和其他规范性文件，建立内容全面、程序合理、易于操作的社区矫正对象考核奖惩制度。"第 2 款规定："社区矫正机构、受委托的司法所应当根据社区矫正对象认罪悔罪、遵守有关规定、服从监督管理、接受教育等情况，定期对其考核……"

任务2 社区矫正对象考核的原则

对社区矫正对象进行考核，是一项严肃的执法工作，它直接关系到奖惩、分类管理、分级处遇是否准确，关系到社区矫正对象是否受到教育，关系到社区矫正工作的质量等问题，所以，必须遵循合法、依规、科学、合理的原则进行考核。在司法实践中，对社区矫正对象进行考核，主要遵循以下几项原则：

一、依法考核的原则

依法考核的内容包括：①考核的机构要合法，对社区矫正对象的考核应由执行地县级社区矫正机构或者受委托的司法所负责实施；②考核的内容要合法，严格按照法律法规的规定办理，不得随意扩大考核范围；③考核的程序要合法，要严格按照《社区矫正法》和《社区矫正法实施办法》以及各省制定的《社区矫正对象考核奖惩办法》规定的程序进行考核。

二、实事求是的原则

实事求是的原则是做好社区矫正考核工作的前提和基础，只有实事求是的考核社区矫正对象的矫正状况，才能得到客观、真实、有效的考核结果，才能使社区矫正对象心悦诚服，发挥教育作用。只有实事求是的考核结果，才能作为奖惩的依据。实事求是的考核原则也是实现准确考核的前提和基础。

在考核过程中，要把事实作为出发点，在事实认定、性质把握和处理分寸上求"实"求"是"。实事求是关键在于客观地认定事实、区分性质、做出处置。事实认定不放大、不缩小，具体讲，就是一切从实际出发，基于社区矫正对象在矫正期间的各项表现，及时固定证据，并按照相关规定及时准确地进行考核。

三、准确及时的原则

准确及时的原则，即要求社区矫正机构对社区矫正对象遵纪守法等情况的考核要准确，并及时将考核结果记录在案、及时通知社区矫正对象、及时公布考核结果，并根据结果及时采取奖惩措施。奖惩措施只有准确及时，才具有激励和教育的作用。

四、公开、公平、公正的原则

公开、公平、公正的原则，是指对社区矫正对象的考核方法、考核内容、考核过程、考核结果应当向当事人公开，向社区居民公开，接受当事人和社会的监督，并且在考核过程中对所有社区矫正对象平等对待，不搞歧视主义，尊重与保障人权。

五、未成年社区矫正对象的考核结果不予公开原则

未成年社区矫正对象属于特别保护对象。《社区矫正法》对未成年人社区矫正予以了特别规定。从保护未成年人的角度出发，对未成年矫正对象的个人信息以及档案信息应当保密。为此，在对未成年矫正对象进行考核时，其考核结果也不宜公开。

六、综合考核与动态评估相结合原则

综合考核要与动态评估相结合，以保证考核的客观、准确、及时。

七、定期公示原则

社区矫正对象考核结果应当书面通知本人，定期公示，记入档案，做到准确及时、公开公平。

任务3 社区矫正对象考核的种类和内容

任务3.1 社区矫正对象考核的种类

对社区矫正对象的考核主要分为日常考核和综合考核两大类。

一、对社区矫正对象的日常考核

（一）日常考核的概念

社区矫正对象的日常考核是指社区矫正机构、受委托的司法所采取一定的方法，在日常监管中，将社区矫正对象矫正报到、认罪悔罪、遵守有关规定、服从监督管理、接受教育、参加公益活动等情况及时记录下来，并据此

作为奖惩依据的行为。

（二）日常考核的对象及考核的时间

社区矫正日常考核的对象为已经纳入社区矫正的社区矫正对象。考核时间从社区矫正对象在规定的期限内到社区矫正机构报到登记的当日开始，未在规定期限内报到登记的，自规定期限届满第 2 日起，社区矫正机构开始对矫正对象进行考核。一般每个月对考核结果汇总一次，即按月进行考核。

（三）日常考核应注意的问题

对社区矫正对象进行日常考核是社区矫正工作的重要内容，考核结果直接决定着社区矫正下一步的工作方向和矫正方案的制定。在对社区矫正对象进行日常考核的过程中要注意以下问题：

1. 考核方案要科学严谨、切实有效。在对社区矫正对象的考核中，考核方案的制定占据着核心的位置，同时又是一个复杂的过程。考核方案要把所有影响矫正的因素考虑进去，而这些因素又互相联系构成一个有机整体。因此，科学的考核方案应该具备以下要件：

（1）考核内容要全面。考核方案中不仅要包括法律、法规中列明的行为准则，还要包括日常生活中受道德约束的行为规范；不仅有行为举止的限定，还要有思想意识的标准。要全方位、多角度地构建立体考核方案。

（2）考核目标要适度。适当的目标才可以最大限度地激起人的欲望，目标过高会使考核对象失去追求的信心，过低则会使考核对象感受不到成功的兴奋从而失去追求的热情。社区矫正对象本身就存在着各种思想或行为上的缺陷，他们的情绪容易受到外界的干扰而变得不稳定。因此，对社区矫正对象的考核目标要高低适度、循序渐进。

（3）考核项目要科学。考核方案中每一个考核项目的设置都要符合绝大多数的实际情况。比如，对文化水平普遍偏低的社区矫正对象尽量多用口头汇报的方式，少用书面形式。各个考核项目之间要建立有机联系而避免彼此孤立，同时操作上要简便易行。

2. 考核态度要严肃认真、公平公正。考核人员自身的素质在一定程度上影响着考核质量，而考核质量又决定着考核工作的效果。社区矫正工作人员承担着教育矫正罪犯的重要任务，这是一项十分严肃的执法工作。因此，社区矫正工作人员要以严肃认真的工作态度对社区矫正对象的日常言行进行监督考察，并本着实事求是的原则对其进行考核。

3. 考核依据要真实可靠、证据充分。我国刑事法律的基本原则是"以事实为依据，以法律为准绳"，社区矫正对象的考核作为一项执法活动，每一个环节都要有明确的法律依据，并有相应证据予以证实。在对社区矫正对象进行考核的过程中，每一项考核结果都要有充足的证据加以证实，使考核结果反映真正的矫正状况，同时，也使社区矫正对象对考核结果心服口服，更加主动地接受监督考察。

4. 考核过程要公开透明。有的地方只定期向当事人公布考核结果，对考核过程的公开性重视不够，这在一定程度上使考核失去了监督，容易造成矫正对象和社区群众对考核结果的不信任，从而影响考核的公信度。所以，在考核过程中，要注意克服懒惰思想，培养认真细致的工作作风，把考核的每一个步骤和环节及时向当事人和公众公开，自觉接受社会监督。

5. 对有异议的考核结果的处理。社区矫正对象对于考核结果提出异议的，可以向执行地县级社区矫正机构提出，执行地县级社区矫正机构应当及时处理，并将处理结果告知社区矫正对象。社区矫正对象对处理结果仍有异议的，可以向同级人民检察院提出。

（四）日常考核结果的运用

日常考核主要是为综合考核打基础、做准备。其考核结果为综合考核和奖惩提供依据。

二、对社区矫正对象的综合考核

（一）综合考核的概念

综合考核是对社区矫正对象的矫正效果和个人表现的一个总的评估和考核。综合考核是在日常考核的基础上进行的，它的基本特点就是探求社区矫正项目的各个部分、环节、因素和层次之间相互联系的方式，由此形成一种新的整体性的认识。综合考核不是日常各项考核的简单相加，综合的成果往往引起科学上的新发现。

（二）综合考核的对象及时间

综合考核是对社区矫正对象在一段时间内的表现所做的整体性评价，一般每3个月或每6个月进行一次。所以，综合考核的对象和日常考核的对象是相同的，即已经在执行地县级社区矫正机构报到登记的社区矫正对象。

（三）综合考核结果的运用

综合考核结果是对社区矫正对象进行奖励或惩罚以及分类管理的依据。如对符合法定奖励条件的，予以表扬；对违反法律、法规和社区矫正的有关规定，尚未构成重新犯罪的，视情节轻重给予训诫、警告，提请公安机关予以治安管理处罚或者提请有关部门给予撤销缓刑、撤销假释或者收监执行的惩罚。

根据社区矫正对象分类管理规定，社区矫正机构应当把社区矫正对象受到的表扬、训诫、警告或治安管理处罚作为分类管理的依据，即根据考核结果分别给予严管、普管和宽管的不同管理类别。社区矫正机构对不同类别的社区矫正对象，在矫正措施和方法上应当有所区别，有针对性地开展监督管理和教育帮扶工作。

任务3.2　社区矫正对象考核的内容

一、日常考核的内容

日常考核的内容主要包括：社区矫正对象矫正报到、服从监督管理（包括认罪悔罪、遵守相关法律法规、遵守各种社区矫正规定等）、参加教育学习、公益活动等情况。从司法实践中来看，具体考核的内容主要包括：

1. 着重考核社区矫正对象认罪悔罪、遵守国家法律、法规和有关管理规定情况。

2. 对管制、缓刑和假释矫正对象重点考核其报告活动、迁居审批、请销假及参加学习教育、公益活动等方面的情况。

3. 对暂予监外执行矫正对象重点考核其就医、请销假、报告活动、迁居审批、接受教育等方面的情况。

二、综合考核的内容

综合考核是对社区矫正对象矫正的整体情况进行评价。根据社区矫正相关法律、法规和社区矫正制度，对社区矫正对象的综合考核应包括以下几部分内容：

1. 社区矫正对象的日常考核评价报告。矫正的核心工作就是对社区矫正对象进行日常管理和教育，其矫正情况也是通过日常考核来体现。所以综合考核的基本内容就是日常考核的结果（考核具体内容如前所述）。

2. 社区矫正工作人员和社会志愿者对社区矫正对象的评价。社区矫正工作人员和社会志愿者直接参与对社区矫正对象的矫正工作，他们对矫正对象各方面的情况最熟悉、最了解，矫正对象也乐于向他们陈述矫正过程中遇到的难题，考核以后的继续矫正也是由矫正工作人员和志愿者完成。因此，在对社区矫正对象进行综合考核的过程中，社区矫正工作人员和社会志愿者对矫正对象的评价具有重要的价值。

考核可以采取测评鉴定的办法进行。首先，由社区矫正对象总结一段时间以来在认罪悔罪、遵守法律法规、接受监督管理、参加教育学习、公益活动等方面的认知和感受，并在测评表上对自己作出相应的等次评定；其次，由社区矫正工作人员和社会志愿者根据矫正对象在社区矫正中的具体表现，分别进行客观评估，并在测评表上对矫正对象作出相应的等次评定。

3. 社区居民对社区矫正对象的评价。社区矫正工作在很大程度上依赖社区居民的理解和支持。在矫正过程中，社区矫正对象最担心的是周围居民的歧视和冷漠，存在很深的自卑心理。有了周围居民的理解和支持，社区矫正对象首先会在精神上得到解脱，专心接受社区矫正；其次，社区居民作为矫正过程的见证者，对矫正对象的矫正效果最有发言权；最后，社区居民对矫正效果的认可程度从根本上决定着矫正的成败，得到社区居民的认可和接纳，标志着社区矫正对象真正地顺利回归社会。考核可以采取调查问卷的方法进行。在社区随机抽出若干名居民代表组成评估小组，对社区矫正对象的矫正表现予以评价打分，最后由社区矫正机构或者司法所进行汇总，并根据每个矫正对象的平均得分情况作出等级评定。

4. 被害方对社区矫正对象的评价。社区矫正在一定程度上吸收了恢复性司法的理念，在注重对矫正对象改造的同时，更加重视修复受到犯罪行为破坏的社会秩序和社会关系。被害方作为犯罪行为的直接受害者，其社会生活的各方面都遭受了不同程度的损害，他们对社区矫正对象也最为抵触。所以，被害方对社区矫正对象的评价对社区矫正工作具有重要意义。

考核可以采取分别座谈的方法进行，在司法所工作人员的组织下，由各被害方分别对相应的矫正对象进行矫正成效评定。由于被害方的评价带有很强的主观性，所以，这部分的评价结果只能作为矫正对象综合考核等级评定的参考。

5. 所在单位对社区矫正对象的评价。由于社区矫正属于开放的非监禁型刑事执行方式，很多社区矫正对象并没有脱离自己的工作岗位或者在社区组织的帮助下重新就业，对这部分矫正对象的考核评价要同时吸收其所在单位的意见。这部分评价主要考核社区矫正对象在劳动生产中的表现，如劳动态度是否端正、劳动技能掌握程度、对劳动纪律的遵守情况等。由于社区矫正对象的就业情况千差万别，因此，单位的评价意见作为参考因素为宜。

任务4　社区矫正对象考核的方法

一、日常考核的方法

目前在司法实践中，各地考核的方法不一，概括起来主要有：定性考核、定量考核和定性与定量相结合这三种方法。

（一）定性考核法

定性考核法是社区矫正工作人员根据社区矫正对象在矫正期间的表现进行主观评价或鉴定的一种方法，又称为评语考评。这种方法的优点是简便易用；缺点是主观因素较多，可能影响考核的准确性。定性考核法的考核等级一般分为合格、基本合格、不合格。"社区矫正对象认罪悔罪、遵守法律法规和社区矫正相关监管规定的，考核结果为合格。社区矫正对象违反社区矫正监管规定，受到批评教育立即改正的，考核结果为基本合格。社区矫正对象违反法律法规或者社区矫正相关监管规定，受到训诫、警告或者治安管理处罚的，或者被提请收监执行的，考核结果为不合格。"[1]

---

〔1〕 河北省高级人民法院　河北省人民检察院　河北省公安厅　河北省司法厅关于印发《河北省社区矫正工作细则》的通知，第92条第2、3款。

专栏 6 – 1　社区矫正对象月度考核表

姓名		性别		出生年月	
罪名				刑期	
矫正类别				社区矫正 起止日期	自　　年　　月　　　日 至　　年　　月　　　日
考核内容： 1. 社区矫正对象认罪悔罪情况； 2. 服从监督管理情况：包括报到、电话报告、书面报告、会客、外出、参加教育学习、公益活动和社会活动等日常监管和表现记录； 3. 矫正小组反馈记录； 4. 社区矫正机构（司法所）电子监控巡查、走访记录； 5. 公安机关等相关部门通报的情况记录等。				评价意见： 　　　　　　　社区矫正小组： 　　　　　　　　　　年　月　日	
月度考核结果： 合格（基本合格、不合格）				司法所审核意见： 　　　　　　　　公　章 　　　　　　　　年　月　日	

（二）定量考核法

定量考核法也叫计分法、量化考核法。它是指运用量化的数据对社区矫正对象在矫正期间的表现进行考核的一种方法。其优点是考核的结果相对客观、准确；缺点是考核项目及其相应权重的设计专业性较强，需有专业人员参与设计。

由于计分考核结果的科学性、客观性、准确性较强，目前其已经成为一种主流的考核方式。计分考核法又分三种，一种是加分法，就是设定基础分，对遵守法律、法规的行为加分，对违反相关规定的行为不加分也不减分；一种是加减分法，就是在基准分的基础上对社区矫正对象的相关行为进行加分或者减分，各地实践中采用较多，比如江苏省、浙江省、湖南省、青海省、山东省等；还有一种是扣分法，计分考核只扣不加，比如北京市、安徽省、吐鲁番市等。此外，浙江省和湖南省还设置了社区矫正对象考核基础分值。

湖南设置的基础分为5分，设定了每月最高得分原则上不超过20分，当考核对象考核积分达到40分时，可以给予表扬1次，同时从累积分中减去40分，剩余的积分滚入下一轮计分，并作为下一次评比表扬的依据。[1]下面以社区矫正对象月度考核计分表为例进行介绍：

专栏6-2　社区矫正对象月度考核计分表（　　年　月）					
姓名		性别		入矫日期	年　　月　　日
矫正类别				矫正期限	自　　年　　月　　日 至　　年　　月　　日
考核项目				基准分	得分	扣分
按时到司法所报到登记，给予基础分5分						
一、有下列情形之一的，得1分 1. 当月按规定向乡镇（街道）司法所口头汇报情况的； 2. 乡镇（街道）司法所在社区矫正对象所在单位、乡镇（街道）、居（村）民委员会、矫正志愿者等不少于10人以上的范围内对其矫正表现组织月度测评，满意率在80%以上的。						
二、有下列情形之一的，得2分 1. 承认犯罪事实，服从法院判决的； 2. 主动接受社区矫正管理和教育的； 3. 严格遵守有关法律、法规及社区矫正管理规定的； 4. 积极参加学习教育活动，成绩合格的； 5. 按时参加公益活动的； 6. 当月按规定到乡镇（街道）司法所报到并上交书面汇报材料的。						
三、有下列情形之一的，得3分 1. 表现较好，连续3个月未被扣分的； 2. 因表现突出，受到所在单位或乡镇（街道）表彰的； 3. 在自主创业、帮困解难、公益事业等方面有突出表现的。						
四、有下列情形之一的，得5分 1. 表现良好，连续6个月未被扣分的； 2. 因表现突出，受到县（市、区）一级或以上表彰的； 3. 在自主创业、帮困解难、公益事业等方面有特别突出贡献的。						

---

〔1〕　邓陕峡："论我国社区矫正对象考核奖惩制度的完善"，载《理论月刊》2011年第10期。

五、有下列情形之一的，扣 1 分 1. 当月未按规定向乡镇（街道）司法所口头汇报情况的； 2. 违反学习教育、公益活动等纪律的。		
六、有下列情形之一的，扣 2 分 1. 当月未按规定到乡镇（街道）司法所报到并上交书面汇报材料的； 2. 经批准外出，返回时未立即报告并销假的； 3. 参加公益活动无正当理由不服从分工的。		
七、有下列情形之一的，扣 3 分 1. 擅自接受媒体采访的； 2. 擅自会见犯罪嫌疑人、同案犯的； 3. 未经请假或请假未予批准又无正当理由不参加公益劳动的。		
八、有下列情形之一的，扣 5 分 1. 擅自会见境外人士的； 2. 未经批准在活动范围以外就业的； 3. 参加公益活动时故意损坏设备、工具或违章作业造成损失，情节轻微的； 4. 保外就医的社区矫正对象未经批准擅自转院就医的，或需要出具病情诊断证明时不到指定医院进行病情诊断鉴定的； 5. 保外就医的社区矫正对象无正当理由擅自进行治疗疾病以外的活动的。		
九、有下列情形之一的，扣 10 分 1. 未经批准迁离户籍所在地或经常居住地的； 2. 被管制、假释或暂予监外执行的社区矫正对象，擅自离开户籍所在县（市、区）外出经商的； 3. 被宣告缓刑的社区矫正对象，未经批准离开户籍所在县（市、区）外出经商的； 4. 擅自参加公民组织的集会、游行、示威活动，情节轻微的； 5. 擅自会见邪教组织人员的。		
其他扣分情形		
总计：		

专栏6-3 社区矫正对象月度考核表（ 年 月）〔1〕

姓名		性别		得分	
序号	考核加分项目			加分	备注
1	坚持每周到司法所报到，每月定期汇报思想情况，并且有书面材料的，得2分。				
2	严格遵守社区矫正管理制度的，得2分。				
3	参加司法所组织的教育学习、认真听讲，结合实际谈心得体会，无缺席、迟到、早退的，得2分。				
4	积极参加司法所组织的各种活动的，得2分。				
5	遵守公民道德规范，维护社会治安，邻里和睦，热心帮助他人，经常做好人好事，受到群众好评的，得2分。				
6	能自谋职业或者从事农业生产，有一定效益，经监护人证实属实的，得1分。				
7	制止社会不良行为，经查证属实的，得1分。				
8	充分发挥技术特长，在当地起到致富带头作用，并且在生产中做出成绩的，得1分。				
9	大胆检举、揭发犯罪行为经查证属实的；积极配合公安、司法部门破案有功的，得1分。				
10	积极向所在单位提出合理化建议，开展技术革新，传授应用生产技能，确有明显成效的，得1分。				
	共计				
序号	考核扣分项目			扣分	备注
1	每周不按规定报到的，一次扣1分。				
2	每月不按时参加思想情况汇报或者不交汇报材料的，扣1分。				
3	无故不参加集体活动的，扣1分。				
4	因为自身原因被用人单位开除的，扣1分。				
5	故意破坏劳动工具造成一定损失的，扣1分。				
6	不认真履行矫正义务，不认罪服法的，扣2分。				
7	未经许可，擅自离开居住区域的，扣1分。				

〔1〕 "社区服刑人员考核表"，载免费文档网，最后访问时间：2022年9月30日。

续表

8	未经批准，擅自参加游行、示威等活动，情节轻微的，一次扣 1 分；情节严重的，一次扣 3 分。		
9	不服从监督管理、教育，辱骂、顶撞、威胁、恐吓社区矫正工作者以及其他人员，情节轻微的，一次扣 3 分；情节严重的，一次扣 5 分。		
10	在社会上寻衅滋事，打架斗殴、赌博、涉黄、涉毒，情节轻微的，一次扣 3 分；情节严重的，一次扣 5 分。		
共计			

考核责任人：_____

专栏 6 - 4　社区矫正对象计分考核登记表（　　年度）[1]

月份＼内容	本月加分	本月扣分	考核责任人	加、扣分说明	管理等级	审核人
1 月						
2 月						
3 月						
4 月						
5 月						
6 月						
7 月						
8 月						
9 月						
10 月						
11 月						
12 月						
备注						

说明：司法所每月计分考核社区矫正对象用此表登记，并纳入社区矫正对象工作档案。

---

〔1〕"社区矫正人员计分考核登记表"，载学海网，最后访问时间：2022 年 9 月 30 日。

专栏 6-5　社区矫正对象扣分考核管理办法[1]示例							
姓名		性别		入矫日期	年	月	日

1. 未按规定时间报到扣 10 分，同时给予警告处分，延长 10 日报到；延长期仍未报到的再扣 10 分，再给予警告处分，再延长 10 日报到；再延长期仍未报到的，司法所上报材料建议收监执行。

2. 未按规定每周电话汇报，每缺一次扣 2 分。

3. 未按规定上交月思想汇报，扣 5 分。

4. 矫正期间超出规定区域活动（一天以内）的，每次扣 2 分。

5. 未按规定履行外出请假手续，每天扣 1 分；未按规定履行销假手续，每次扣 2 分。

6. 参加教育学习活动，迟到 10 分钟以内的，每次扣 1 分；迟到 10 分钟以上 30 分钟以内的，每次扣 2 分；迟到 30 分钟以上的，按未参加教育学习处理，每次扣 5 分。

7. 参加公益活动，迟到 10 分钟以内的，每次扣 1 分；迟到 10 分钟以上 30 分钟以内的，每次扣 2 分；迟到 30 分钟以上的，按未参加公益活动处理，每次扣 5 分。

8. 居住地变更〔限本县（市、区）辖区〕未及时上报司法所的，扣 5 分。

9. 居住地变更〔超出本县（市、区）辖区〕未及时上报的，扣 20 分，同时给予警告处分，（符合变更条件的）责令及时办理变更执行地程序。

10. 未按规定随意会客、接受媒体采访的，视其情节每次扣 1~20 分，并根据影响程度给予警告或直接申请收监执行。

11. 擅自参与非法集会、游行的，每次扣 5~20 分，并给予警告处分或根据影响程度直接申请收监执行。

12. 违反人民法院禁止令的，每次扣 5~20 分，并给予警告处分或根据影响程度直接申请收监执行。

13. 受到公安机关治安管理处罚的，视其情节每次扣 5~10 分。

14. 保外就医未按规定提交病情复查情况的，每次扣 5~10 分，并视情节给予警告处分。

备注：以上各款除直接给予警告处分和上报并批准收监执行外，社区矫正对象一月内累计扣分达到 20 分或连续 2 个月达到 35 分的，给予矫正对象警告处分后冲抵原扣除分数。连续两次警告后，矫正对象仍不改正，第三次达到扣分警告标准的，司法所应及时收集相关证明材料上报收监执行。

---

〔1〕 "社区矫正人员考核"，载豆丁网，最后访问时间：2022 年 10 月 1 日。

（三）定性与定量相结合的方法

为了增加考核的信度和效度，更好地为奖惩服务，实践中，也有些地方采用定性与定量相结合的方法。二者取其所长，补其所短，使考核结果更具有科学性、合理性和客观性、准确性。

二、综合考核的方法

社区矫正机构或者司法所根据社区矫正对象各部分的考核情况加上相应权重，得出每一名矫正对象的最后考核结果，并划定等级标准，评出等级，然后进行汇总，对每个矫正对象作出考核鉴定，并存入个人档案。

专栏 6-6　社区矫正对象××年第×季度考核表[1]						
姓名		罪行		矫正类别		矫正期限	
考核时间			加分	7 月	8 月	9 月	备注
奖励	基础分		5				
	按规定递交思想汇报		1				
	月度测评满意率 80％ 以上		2				
	承认犯罪，服从判决		2				
	接受监督和教育		2				
	参加学习，完成课时		3				
	每周按时报告上周活动情况		3				
	连续 3 个月未被扣分		3				
	表现突出受到单位或司法所表彰		4				
	在自主创业、帮困解难、公益事业等方面表现突出		5				
	表现良好，连续 6 个月未被扣分		5				
	表现突出受到县级以上表彰		8				
	在自主创业、帮困解难、公益事业等方面表现特别突出		10				

---

〔1〕 "社区矫正对象××年第×季度考核表"，载百度文库网，最后访问时间：2022 年 9 月 30 日。

续表

	未按规定报告，未交书面汇报	−1				
	违反学习教育、公益活动纪律	−1				
	未按时销假	−2				
	无正当理由，不服从公益活动分工	−2				
	未经请假或请假未批准而不参加各项活动	−2				
	擅自接受新闻媒体采访	−3				
	违规擅自会见犯罪嫌疑人、同案犯	−3				
	未经请假或未批准无正当理由而不参加公益活动或不能完成任务	−3				
	违规擅自会见境外人士	−5				
	未经批准，在活动范围以外就业	−5				
惩罚	两次以上无正当理由，擅自不参加公益活动或不能完成任务	−5				
	参加公益活动时，故意损坏设备、工具或违章作业造成损失，情节轻微	−5				
	未按规定外出就医，不到指定医院进行病情诊断鉴定	−5				
	无正当理由擅自进行治疗疾病以外社会活动	−5				
	在规定时间内未报到登记	−10				
	未经批准迁居	−10				
	擅自参加集会、游行、示威，情节轻微	−10				
	与法轮功等邪教组织人员接触	−10				
	违反禁令，情节轻微	−10				
合计						

续表

评级	优					
	良					
	一般					
	差					

任务5 （实训项目5）社区矫正对象考核的技能训练

社区矫正对象魏某某因犯盗窃罪被 J 省 H 市人民法院判处拘役 5 个月，缓刑 10 个月。2021 年 2 月 3 日，魏某某到其居住地 H 市社区矫正机构报到，成为一名社区矫正对象。在矫正期间，魏某某法律意识不强，经常无故不参加社区矫正机构组织的活动。2021 年 6 月，H 市社区矫正机构在信息化核查时，发现魏某某未经批准离开 H 市，且本人手机关机，无法与其取得联系。H 市社区矫正机构立即采取通信联络、信息化核查、实地查访等方式组织查找，并做好记录，固定证据。查找无果后，H 市社区矫正机构及时通知执行地公安机关协助查找，并将查找情况通报执行地人民检察院。在公安机关的协助下，H 市社区矫正机构与不请假外出至 W 市的魏某某取得联系，责令其立即返回接受调查处理。

请根据上述案例，并结合所学内容，完成以下实训任务：

请用定性和定量两种考核方法对社区矫正对象魏某某进行考核。

附：实训任务书和实训考核表

实训任务书

实训项目	社区矫正对象考核的方法。
实训课时	2 课时。
实训目的	学生通过模拟实训，掌握对社区矫正对象考核的方法，从而具备对社区矫正对象进行考核的职业能力。

续表

实训任务	1. 掌握社区矫正对象定性考核的方法； 2. 掌握社区矫正对象定量考核的方法。
实训要求	1. 学生应提前掌握社区矫正考核的相关知识； 2. 指导教师熟悉社区矫正考核的法律规定与实践做法； 3. 学生要积极配合指导教师的指导完成实训； 4. 根据实训需要将学生分成若干小组，完成实训任务； 5. 实训完成后，指导教师进行点评总结，每组学生根据教师的点评总结找出不足。
实训成果形式	实训总结
实训地点	虚拟仿真实训室或理实一体化教室
实训进程	1. 教师讲解（介绍实训步骤、注意事项）； 2. 阅读准备好的实训案例； 3. 根据实训需要将学生分成若干小组； 4. 根据案例中所提供资料，小组进行讨论，确定考核的内容； 5. 小组模拟开展社区矫正对象的考核工作； 8. 指导教师进行点评总结，每组学生根据教师的点评总结找出不足。

实训考核表

班级＿＿＿＿＿＿＿＿＿　姓名＿＿＿＿＿＿＿＿＿　学号＿＿＿＿＿＿＿＿＿

任务描述：通过模拟实训，掌握社区矫正考核的方法，从而具备开展社区矫正考核工作的能力。

项目总分：100 分

完成时间：100 分钟（2 课时）

考核内容	评分细则	等级评定
一、实训过程与要求 1. 根据实训需要，学生迅速分成若干小组； 2. 小组进行讨论，明确考核的内容和时间； 3. 根据任务书中的要求，模拟开展社区矫正对象考核工作，完成所有的实训任务；	分值：50 分 1. 实训过程中与小组成员合作良好（15 分）； 2. 实训演练认真、表现积极（15 分）； 3. 能成功完成所有实训任务（20 分）。	实训成绩评定分为四等： 1. 优（100 分~85 分）； 2. 良（84 分~70 分）； 3. 及格（69 分~60 分）； 4. 不及格（59 分~0 分）。

续表

4. 指导教师进行点评总结，每组学生根据教师的点评总结找出不足。		
二、实训表现与态度	分值：20分 1. 无迟到（1分）； 2. 无早退（1分）； 3. 无旷课（3分）； 4. 实训预习、听讲认真（2分）； 5. 实训态度认真（5分）； 6. 实训中不大声喧哗（1分）； 7. 能爱护实训场所、设备、保持环境整洁（2分）； 8. 能完全遵守实训各项规定（1分）； 9. 实训效果好，基本掌握了社区矫正对象考核的方法，具备了开展考核工作的职业技能（4分）。	注意事项： 1. 实训期间做与实训无关的操作，不能评定为"优"； 2. 有旷课现象，不能评为"优、良"； 3. 旷课××节及以上，评为"不及格"； 4. 实训内容没有完成，评为"不及格"； 5. 两份或多份报告雷同，评为"不及格"； 6. 具体评分标准由教师根据实训项目具体要求确定。
三、实训总结 1. 实训中出现的问题及解决办法（对遇到的问题、问题产生的原因进行分析判断，把解决过程写出来）。 2. 实训效果（本次实训有哪些收获，掌握了哪些知识、技能，有哪些地方不明白，有什么疑问等）。	分值：30分 1. 按规定时间上交（5分）； 2. 格式规范（5分）； 3. 字迹清楚（5分）； 4. 内容详尽、完整，实训分析总结正确（5分）； 5. 无抄袭现象（5分）； 6. 能提出合理化建议或有创新见解（5分）。	
合计		

评分人：　　　　　　　　　　　　　　　　日期：　　年　月　日

【课堂活动 6-1】

　　李某，1965 年生，原是某机关干部，2019 年 10 月 19 日因受贿罪被 J 省高级人民法院判处有期徒刑 2 年，缓期 3 年执行。判决生效后，李某未在规定的期限内到执行地社区矫正机构报到。执行地社区矫正机构遂指派其居住地司法所的工作人员主动到其住处了解情况，并要求其到社区矫正机构报到并办理相关手续，可是李某态度恶劣，并扬言"我是一颗随时都可能引爆的炸弹"，根本不愿接受社区矫正，也不到社区矫正机构办理报到登记手续。后经多次劝说，晓之以理，动之以情，李某才在家人的陪同下报了到。但李某此后依然不接受教育矫正，不服从监督管理，也不参加社区矫正机构组织的公益活动，不请假就外出达5次之多。

请同学们根据案例和所学知识，讨论以下问题：

1. 对李某应从何时进行考核？考核的内容是什么？

2. 对李某怎样进行月度量化考核和季度量化考核？

3. 如果使用定性考核法，应如何对李某进行考核？

【思考题】

1. 为什么要对社区矫正对象进行考核？

2. 在对社区矫正对象进行考核时，如何避免人为因素的干扰？

3. 如果社区矫正对象在规定的期限内未来报到，还对其进行考核吗？

拓展 学习

河北省高级人民法院　河北省人民检察院
河北省公安厅　河北省司法厅关于印发
《河北省社区矫正工作细则》的通知（节选）

第七章　考核奖惩

第一节　一般规定

第八十八条　执行地县级社区矫正机构、受委托的司法所应当根据社区矫正对象认罪悔罪、遵守法律法规、服从监督管理、接受教育等情况，定期对其进行考核。

第八十九条　对社区矫正对象的考核应当坚持依法、公平、公正、公开原则，实事求是、准确及时原则，奖惩与教育相结合原则，综合考核与动态评估相结合原则，严禁徇私舞弊、弄虚作假。

第九十条　社区矫正对象符合奖励条件或者具有处罚情形的，执行地县级社区矫正机构应当及时调查核实，形成相关证据材料。证据材料包括予以奖励或者处罚的事实材料、社区矫正对象日常表现证明、其他有关证人证言、书证、物证以及社区矫正机构、司法所意见等。执行地县级社区矫正机构根据调查核实情况，作出相应处理决定。社区矫正对象被依法决定行政拘留、司法拘留、强制隔离戒毒等或者因涉嫌犯新罪、发现判决宣告前还有其他罪没有判决被采取强制措施的，决定机关应当自作出决定之日起三日内将有关情况通知执行地县级社区矫正机构和执行地县级人民检察院。

第二节　考核

第九十一条　对社区矫正对象的考核自决定社区矫正的判决、裁定、决定生效之日起，至社区矫正解除或者终止之日止。社区矫正对象被采取人身强制措施期间中止考核。

第九十二条　社区矫正对象考核按月进行，考核结果分为合格、基本合格、不合格三种：社区矫正对象认罪悔罪、遵守法律法规和社区矫正相关监管规定的，考核结果为合格。社区矫正对象违反社区矫正监管规定，受到批评教育立即改正的，考核结果为基本合格。社区矫正对象违反法律法规或者社区矫正相关监管规定，受到训诫、警告或者治安管理处罚的，或者被提请收监执行的，考核结果为不合格。

第九十三条　社区矫正对象考核结果应当书面通知本人，定期公示，记入档案，做到准确及时、公开公平。社区矫正对象考核结果是确定其管理等级的依据之一。

第九十四条　社区矫正对象对于考核结果提出异议的，可以向执行地县级社区矫正机构提出，执行地县级社区矫正机构应当及时处理，并将处理结果告知社区矫正对象。社区矫正对象对处理结果仍有异议的，可以向同级人民检察院提出。

《浙江省社区矫正对象考核奖惩办法（试行）》[1]（节选）

第三章　考核

第十二条　对社区矫正对象的考核自其到执行地县级社区矫正机构报到登记之日起，至社区矫正解除或者终止之日止。

第十三条　社区矫正机构对社区矫正对象遵守下列规定等情况进行考核，司法所根据社区矫正机构委托负责日常考核相关工作：

（一）矫正报到规定；

（二）定期报告规定；

（三）会客管理规定；

（四）外出管理规定；

（五）变更执行地规定；

（六）教育学习规定；

（七）公益活动规定；

（八）禁止令规定；

（九）信息化监管规定；

（十）其他法律法规和社区矫正监督管理规定。

对社区矫正对象的考核结果，可以作为认定其是否确有悔改表现或者是否严重违反监督管理规定的依据。

对于被并处剥夺政治权利的社区矫正对象，社区矫正机构或者受委托的司法所发现社区矫正对象有违反刑法第五十四条规定情形的，应当及时通报公安机关。

第十四条　社区矫正对象应当按照有关规定和社区矫正机构要求，定期向司法所报告遵纪守法、接受监督管理、参加教育学习、公益活动和社会活动等情况。

第十五条　社区矫正对象发生居所变化、工作变动、家庭重大变故、接

---

〔1〕"浙江省社区矫正对象考核奖惩办法（试行）"，舟山市普陀区人民政府网，http://www.putuo.gov.cn/art/2022/3/10/art_1229296025_1643746.html，最后访问时间：2022年9月30日。

触对自身矫正可能产生不利影响人员等情况时，应当在二十四小时内报告司法所。

第十六条　暂予监外执行的社区矫正对象应当每月向司法所报告本人身体情况。其中，保外就医的社区矫正对象应当到省人民政府指定的医院检查，每三个月向司法所提交该医院的病情复查情况报告或者就医诊治病历等相关材料。

暂予监外执行的社区矫正对象确因病情、治疗等特殊原因，无法到司法所报告个人情况的，经司法所同意并报执行地县级社区矫正机构备案后，可委托家属、监护人或者保证人向司法所书面报告身体情况，送交省人民政府指定医院病情复查情况报告或者就医诊治病历等相关材料。

社区矫正机构根据暂予监外执行社区矫正对象的病情及保证人等情况，可以调整其报告身体情况和提交复查情况的期限。其中，延长一个月至三个月的，报设区市的市级社区矫正机构批准；延长三个月以上的，逐级报省级社区矫正机构批准。批准延长的，执行地县级社区矫正机构应当及时通报同级人民检察院。

社区矫正机构根据工作需要，可以协调对暂予监外执行的社区矫正对象进行病情诊断、妊娠检查或者生活不能自理的鉴别。

第十七条　社区矫正对象未经社区矫正机构批准，不得接触其犯罪案件中的被害人、控告人、举报人，不得接触同案犯等可能诱发其重新犯罪的人。

第十八条　社区矫正对象未经社区矫正机构或者司法所批准不得离开所居住的市、县。

社区矫正对象确因就医、就学、参与诉讼、处理家庭或者工作重要事务等正当理由需要离开所居住的市、县的，一般应当提前三日向司法所提交书面申请，并如实提供诊断证明、单位证明、入学证明、法律文书等材料。其中：

（一）申请外出时间在七日内的，可以由司法所批准，并报执行地县级社区矫正机构备案。

（二）申请外出时间超过七日的，由司法所审核后报执行地县级社区矫正机构批准，每次批准外出的时间不超过三十日。

（三）因特殊情况确需外出超过三十日的，或者两个月内外出时间累计超过三十日的，经执行地县级社区矫正机构审核后，报设区市的市级社区矫正机构审批。市级社区矫正机构批准社区矫正对象外出的，执行地县级社区矫正机构应当及时通报同级人民检察院。

前款规定的市是指设区市的城市市区和县级市的辖区。在设区的同一市内跨区活动的，不属于离开所居住的市、县。

第十九条 社区矫正对象应当在外出期限届满前返回执行地，并在二十四小时内向司法所报告，办理销假手续。因特殊原因无法按期返回的，应当及时向司法所报告情况，司法所应当记录在案。特殊原因消失后，社区矫正对象应当及时到司法所办理销假手续，同时提供相应证明材料。

社区矫正机构、司法所发现社区矫正对象违反外出管理规定的，应当责令其立即返回，视情节依法予以处罚并通报执行地人民检察院。

第二十条 社区矫正对象确因正常工作和生活需要经常性跨市、县活动的，可以申请外出至居住地以外的市、县。

社区矫正对象申请经常性跨市县活动的，应当由本人提出书面申请，写明理由、经常性去往市县名称、时间、频次等并提供相应证明，经司法所审核后报执行地县级社区矫正机构批准，批准一次的有效期为六个月。在批准的期限内，社区矫正对象到批准的市县活动的，可以通过电话、社交软件等方式报告活动情况。到期后，社区矫正对象仍需要经常性跨市县活动的，应当重新提出申请。

社区矫正机构批准社区矫正对象经常性跨市、县活动的，应当及时通报执行地人民检察院。

第二十一条 社区矫正对象在社区矫正执行期间不得出国（境）。

第二十二条 社区矫正对象因工作、居所变化等原因需要变更执行地的，一般应当提前三十日提出书面申请并提供相关证明材料，由司法所审核后报执行地县级社区矫正机构审批。社区矫正机构按照《中华人民共和国社区矫正法实施办法》第三十条、第三十一条相关规定和程序办理。

第二十三条 被人民法院宣告禁止令的社区矫正对象应当严格遵守禁止令规定，每月向司法所报告遵守禁止令情况。

社区矫正对象确需进入经批准才能进入的特定区域或者场所的，应当经执行地县级社区矫正机构批准，并通知原审人民法院和执行地县级人民检察院。

第二十四条　社区矫正对象应当遵守《浙江省社区矫正教育帮扶规定（试行）》，自觉参加社区矫正机构、司法所和有关社会组织开展的教育学习、公益活动、帮教帮扶等活动。

第二十五条　社区矫正对象应当遵守《浙江省社区矫正信息化监管规定（试行）》，自觉服从社区矫正机构、司法所采用通信联络、信息化核查、使用电子定位装置等措施监管。

第二十六条　社区矫正对象不得殴打、威胁、侮辱、骚扰、报复社区矫正机构工作人员和其他依法参与社区矫正工作的人员及其近亲属，以及其犯罪案件中的被害人、控告人、举报人及其近亲属。

第二十七条　对社区矫正对象的考核按月进行，月度考核结果分为合格、基本合格、不合格三种。

考核结果除未成年社区矫正对象外，应当在社区矫正机构或者司法所等工作场所公示，接受监督。

第二十八条　社区矫正对象当月认罪悔罪、遵守法律法规、服从监督管理、按规定参加教育学习和公益活动的，未受到训诫以上处罚的，考核结果为合格。

社区矫正对象当月遵守法律法规，但违反监督管理、教育学习、公益活动等规定，未受到警告或者治安管理处罚的，考核结果为基本合格。

社区矫正对象当月违反法律法规或者监督管理、教育学习、公益活动等规定，受到警告或者治安管理处罚的，考核结果为不合格。

社区矫正对象的奖惩

学习目标

知识目标：掌握社区矫正对象奖惩的种类、条件和程序。

能力目标：具备法治思维能力；具备执法管理中对社区矫正对象进行奖惩的职业能力。

素质目标：具备严格、规范执法、人性化执法的执法意识；忠诚敬业、履职尽责的职业道德；遵规守纪和安全管理意识以及无私奉献的职业精神。

知识树

```
                                     ┌ 社区矫正对象奖励的概念和种类
                     ┌ 社区矫正对象的奖励┤ 行政奖励的条件和程序
                     │               └ 刑事奖励的条件和程序
社区矫正对象的奖惩 ┤
                     │               ┌ 社区矫正对象惩罚的概念和种类
                     └ 社区矫正对象的惩罚┤
                                     └ 社区矫正对象惩罚的条件和程序
```

🔍 **案例 7 - 1**

矫正期间殴打他人，撤销假释失去自由[1]

林某，男，1987 年 11 月出生，因犯故意杀人罪被 J 省 H 市人民法院判处有期徒刑 4 年 10 个月，2019 年 5 月 8 日经 J 省 C 市中级人民法院裁定假释，假释考验期自 2019 年 5 月 8 日起至 2020 年 10 月 21 日止。

2020 年 2 月 19 日晚，在 H 市 H 街道国际车城门口，刘某因怀疑顾某报警举报其赌博一事而心怀不满，刘、顾二人发生口角，进而发生互殴，林某闻声参与，与顾某进行互殴。在此期间，林某欲持刀伤害顾某，被旁人夺刀未果。H 市公安局认为林某对他人实施殴打的行为，侵犯了他人的人身权利，已构成殴打他人，决定给予林某行政拘留处罚。

2020 年 4 月，林某因在假释考验期内，违反有关法律、行政法规和监督管理规定，被依法撤销假释，收监执行未执行完毕的刑罚。

《刑法》第 86 条第 3 款规定，被假释的犯罪分子，在假释考验期限内，有违反法律、行政法规或者国务院有关部门关于假释的监督管理规定的行为，尚未构成新的犯罪的，应当依照法定程序撤销假释，收监执行未执行完毕的刑罚。《社区矫正法实施办法》第 47 条第 1 款亦规定，社区矫正对象在假释考验期内，有其他违反有关法律、行政法规和监督管理规定的行为，尚未构成新的犯罪的，由执行地同级社区矫正机构提出撤销假释建议。也就是说在假释考验期内，如果社区矫正对象有相关违法活动，尚未构成新的犯罪的，就可能被撤销假释。

撤销假释，收监执行未执行完毕的刑罚，就是社区矫正机构对在假释考验期内的社区矫正对象的一种刑事处罚措施。

社区矫正工作是为保障刑事判决、刑事裁定和暂予监外执行的正确执行而开展的一项刑事执行工作，在监管执法过程中，既要鼓励和激发社区矫正对象积极矫正的行为，又要惩罚违反有关法律、行政法规和监督管理规定的

---

〔1〕　周娟等编著：《社区矫正对象警示教育》，中国人民大学出版社 2021 年版，第 81~82 页。

行为。因此，在矫正过程中会根据社区矫正对象的不同表现，依据有关法律规定，对其采取奖励和惩罚的措施，以促进其顺利融入社会，预防其违法犯罪行为的发生。

根据《社区矫正法实施办法》第 32 条第 2 款规定："……对于符合表扬条件、具备训诫、警告情形的社区矫正对象，经执行地县级社区矫正机构决定，可以给予其相应奖励或者处罚，作出书面决定。对于涉嫌违反治安管理行为的社区矫正对象，执行地县级社区矫正机构可以向同级公安机关提出建议。社区矫正机构奖励或者处罚的书面决定应当抄送人民检察院。"第 3 款规定："社区矫正对象的考核结果与奖惩应当书面通知其本人，定期公示，记入档案，做到准确及时、公开公平。社区矫正对象对考核奖惩有异议的，执行地县级社区矫正机构应当及时处理，并将处理结果告知社区矫正对象。社区矫正对象对处理结果仍有异议的，可以向人民检察院提出。"

奖惩是鼓励先进，鞭策后进；激励进步，警示他人的一种行之有效的方法。对社区矫正对象的奖惩必须贯彻落实"依法、公平、公正、公开的原则"，"坚持问题导向"、"坚持系统观念"、"坚持守正创新"。

任务 1　社区矫正对象的奖励

任务 1.1　社区矫正对象奖励的概念和种类

一、社区矫正对象奖励的概念

对社区矫正对象的奖励是指社区矫正机构在对社区矫正对象综合考核结果的基础上，根据有关法律、法规及相关规定，对在矫正过程中表现突出的社区矫正对象进行奖励的活动。

对于认罪悔罪并自觉接受社区矫正机构的监督管理、积极参加教育学习、公益活动等的社区矫正对象，适时给予奖励，可以最大限度地激发他们认罪悔罪、接受社区矫正、服从监督管理的积极性，并增强顺利回归社会的信心。同时，奖励措施的使用，还可以强化考核工作的权威性，提高考核的效用。

二、社区矫正对象奖励的种类

对社区矫正对象的奖励主要分为行政奖励和刑事奖励两大类。

1. 行政奖励——表扬。根据《社区矫正法实施办法》第33条第1款规定，社区矫正对象认罪悔罪、遵守法律法规、服从监督管理、接受教育表现突出的，应当给予表扬。第2款规定，社区矫正对象接受社区矫正6个月以上并且同时符合相关条件的，执行地县级社区矫正机构可以给予表扬。

2. 刑事（司法）奖励——减刑。《社区矫正法实施办法》第33条第3款规定，……对于符合法定减刑条件的，由执行地县级社区矫正机构依照本办法第四十二条的规定，提出减刑建议。也就是说，社区矫正机构对于减刑只有提出减刑的建议权。

任务1.2　行政奖励的条件及程序

对社区矫正对象的行政奖励目前只有一种，即表扬。表扬分为应当表扬和可以表扬两种类型。

一、表扬的条件

（一）应当表扬的条件

根据《社区矫正法实施办法》第33条第1款的规定，应当表扬的条件是：

（1）社区矫正对象认罪悔罪；

（2）社区矫正对象遵守法律法规；

（3）社区矫正对象服从监督管理；

（4）社区矫正对象接受教育表现突出。

具备以上条件的，执行地县级社区矫正机构应当给予表扬。

（二）可以表扬的条件

根据《社区矫正法实施办法》第33条第2款、第3款的规定，可以表扬的条件是：

社区矫正对象接受社区矫正6个月以上并且同时符合下列条件的，执行地县级社区矫正机构可以给予表扬：

（1）服从人民法院判决，认罪悔罪；

（2）遵守法律法规；

（3）遵守关于报告、会客、外出、迁居等规定，服从社区矫正机构的管理；

（4）积极参加教育学习等活动，接受教育矫正的；

（5）社区矫正对象接受社区矫正期间，有见义勇为、抢险救灾等突出表现或者帮助他人、服务社会等突出事迹的，执行地县级社区矫正机构可以给予表扬。

二、表扬的程序

表扬的程序分两种情况：

（一）执行地县级社区矫正机构进行表扬

执行地县级社区矫正机构根据社区矫正对象的表现情况和考核结果，直接作出对社区矫正对象进行表扬的决定，并加以实施。

（二）受委托的司法所进行表扬

如果执行地司法所受委托开展社区矫正的相关工作，则表扬的程序是由建议、审核、批准、实施四部分构成。

1. 建议。司法所根据社区矫正对象的表现情况和考核结果，提出表扬建议，形成书面文字材料，报执行地县级社区矫正机构。

2. 审核。县级社区矫正机构对司法所报送的相关材料和事迹进行审核。

3. 批准。对于符合表扬条件的社区矫正对象，经县级社区矫正机构批准，给予其表扬奖励。

4. 实施。县级社区矫正机构批准后，由受委托的司法所实施。

专栏 7-1　《河北省社区矫正工作细则》（节选）

第 97 条　社区矫正对象的表扬可以由执行地县级社区矫正机构直接作出，也可以由受委托的司法所提出建议，报执行地县级社区矫正机构审核决定。表扬结果应当书面通知社区矫正对象，定期公示，记入档案，同时抄送执行地县级人民检察院。

三、表扬应注意的事项

1. 对社区矫正对象的表扬应在司法所定期公示。

2. 社区矫正对象对表扬提出异议的，应当向县级社区矫正机构提交书面申请并写明理由，县级社区矫正机构应当在 10 个工作日内调查处理完毕并将处理结果告知社区矫正对象。

3. 《社区矫正对象表扬决定书》一式三份，由社区矫正机构执行档案存档一份，司法所工作档案存档一份，司法所向社区矫正对象送达一份。

4. 社区矫正工作档案和执行档案都应当包括对社区矫正对象给予奖励的有关文书材料。

5. 社区矫正对象奖励应做到准确、及时、公开、公平。

6. 未成年社区矫正对象的表扬不予公示。

任务1.3 刑事奖励的条件及程序

一、刑事奖励的条件

根据《社区矫正法》和《社区矫正法实施办法》的相关规定，对社区矫正对象的刑事奖励只有一种，即减刑。

（一）应当减刑的条件

根据《刑法》第 78 条第 1 款的规定，应当减刑的法定条件是：

被判处管制、拘役、有期徒刑、无期徒刑的犯罪分子，在执行期间，有下列重大立功表现之一的，应当减刑：

（1）阻止他人重大犯罪活动的；

（2）检举监狱内外重大犯罪活动，经查证属实的；

（3）有发明创造或者重大技术革新的；

（4）在日常生产、生活中舍己救人的；

（5）在抗御自然灾害或者排除重大事故中，有突出表现的；

（6）对国家和社会有其他重大贡献的。

（二）可以减刑的条件

被判处管制、拘役、有期徒刑、无期徒刑的犯罪分子，在执行期间，如果认真遵守监规，接受教育改造，确有悔改表现的，或者有立功表现的，可以减刑。

二、刑事奖励的程序

（一）减刑的法律规定

1. 《社区矫正法》的规定。《社区矫正法》第 33 条规定，社区矫正对象符合刑法规定的减刑条件的，社区矫正机构应当向社区矫正执行地的中级以上人民法院提出减刑建议，并将减刑建议书抄送同级人民检察院。人民法院应当在收到社区矫正机构的减刑建议书后三十日内作出裁定，并将裁定书送达社区矫正机构，同时抄送人民检察院、公安机关。

2. 《社区矫正法实施办法》的规定。《社区矫正法实施办法》第 42 条规定，社区矫正对象符合法定减刑条件的，由执行地县级社区矫正机构提出减刑建议书并附相关证据材料，报经地（市）社区矫正机构审核同意后，由地（市）社区矫正机构提请执行地的中级人民法院裁定。

依法应由高级人民法院裁定的减刑案件，由执行地县级社区矫正机构提出减刑建议书并附相关证据材料，逐级上报省级社区矫正机构审核同意后，由省级社区矫正机构提请执行地的高级人民法院裁定。

人民法院应当自收到减刑建议书和相关证据材料之日起三十日内依法裁定。

社区矫正机构减刑建议书和人民法院减刑裁定书副本，应当同时抄送社区矫正执行地同级人民检察院、公安机关及罪犯原服刑或者接收其档案的监狱。

3. 《刑事诉讼法》的规定。《刑事诉讼法》第 273 条第 2 款规定："被判处管制、拘役、有期徒刑或者无期徒刑的罪犯，在执行期间确有悔改或者立功表现，应当依法予以减刑、假释的时候，由执行机关提出建议书，报请人民法院审核裁定，并将建议书副本抄送人民检察院。人民检察院可以向人民法院提出书面意见。"

（二）减刑的程序

根据上述法律规定，减刑的程序主要由建议、审核、裁定和实施四部分构成。

1. 建议。执行地县级社区矫正机构根据社区矫正对象确有悔改或者立功、重大立功表现的具体事实，填写社区矫正对象减刑建议书和提请减刑审核表，连同其他证据材料报送地（市）级社区矫正机构审核。

2. 审核。地（市）级社区矫正机构进行审核，认为符合法定减刑条件的，在提请减刑建议审核表上签署意见，向执行地的中级人民法院提请减刑裁定，并移送下列材料：①社区矫正对象减刑建议书；②终审法院的裁判文书、执行通知书、历次减刑裁定书的复制件；③罪犯确有悔改或者立功、重大立功表现的具体事实的书面证明材料；④罪犯评审鉴定表、奖惩审批表等；⑤其他根据案件的审理需要移送的材料。

依法应由高级人民法院裁定的减刑案件，由执行地县级社区矫正机构提出减刑建议书并附相关证据材料，逐级上报省级社区矫正机构审核同意后，由省级社区矫正机构提请执行地的高级人民法院裁定。

3. 裁定。人民法院应当自收到减刑建议书和相关证据材料之日起30日内依法裁定。

社区矫正机构减刑建议书和人民法院减刑裁定书副本，应当同时抄送社区矫正执行地同级人民检察院、公安机关及罪犯原服刑或者接收其档案的监狱。

4. 实施。人民法院作出减刑裁定后，由其执行地县级社区矫正机构负责具体实施。

专栏7-2　《河北省社区矫正工作细则》（节选）

第九十九条　执行地县级社区矫正机构拟对社区矫正对象提出减刑建议的，应当依照相关规定进行公示，公示时间为七天。公示内容应当包括：
（一）社区矫正对象的姓名；
（二）原判认定的罪名、矫正类别和矫正期限；
（三）社区矫正机构的减刑建议和依据；
（四）公示期限；
（五）意见反馈方式等。

任务2　社区矫正对象的惩罚

任务2.1　社区矫正对象惩罚的概念和种类

一、社区矫正对象惩罚的概念

所谓对社区矫正对象的惩罚，是指在社区矫正过程中，社区矫正对象违反法律法规或者社区矫正监督管理规定的，应视情节轻重依法给予行政或刑事处罚的制度。

对于违反法律法规、拒不接受社区矫正机构的监督管理，无故不参加社区矫正机构组织的各项活动或者发现判决生效前有余罪、漏罪、服刑期间有新罪的社区矫正对象，适时给予各种惩罚措施，直至取消其社区矫正的资格并予以收监执行，这可以有力地震慑犯罪分子，维护法律的尊严。

二、社区矫正对象惩罚的种类

对社区矫正对象的惩罚包括：训诫、警告、治安管理处罚、撤销缓刑、撤销假释、暂予监外执行收监执行。根据作出惩罚决定的机关性质之不同，对社区矫正对象的惩罚种类分为行政惩罚和刑事惩罚。

1. 行政惩罚。行政惩罚是指在社区矫正过程中，社区矫正对象违反法律法规或者社区矫正监督管理规定，拒绝接受社区矫正，情节轻微的，由社区矫正机构或公安机关对其作出的惩罚措施，包括训诫、警告、治安管理处罚、行政拘留、司法拘留、强制隔离戒毒、采取行政强制措施。

2. 刑事惩罚。刑事惩罚是指在社区矫正过程中，社区矫正对象违反法律法规或者社区矫正监督管理规定，拒绝接受社区矫正，情节严重的，由社区矫正机构提请人民法院或者监狱对其作出的惩罚措施，一般包括撤销缓刑、撤销假释、暂予监外执行收监执行。

任务2.2　社区矫正对象惩罚的条件和程序

一、行政惩罚的条件和程序

（一）训诫的适用条件和程序

1. 训诫的适用条件。根据《社区矫正法实施办法》第34条的规定，社区矫正对象具有下列情形之一，执行地县级社区矫正机构应当给予训诫：

（1）不按规定时间报到或者接受社区矫正期间脱离监管，未超过十日的；

（2）违反关于报告、会客、外出、迁居等规定，情节轻微的；

（3）不按规定参加教育学习等活动，经教育仍不改正的；

（4）其他违反监督管理规定，情节轻微的。

2. 训诫的程序。对具备《社区矫正法实施办法》第34条所规定的4种情形之一的社区矫正对象，由执行地县级社区矫正机构作出训诫决定，并执行。

（二）警告的适用条件和程序

1. 警告的适用条件。根据《社区矫正法实施办法》第35条规定，社区矫正对象具有下列情形之一，执行地县级社区矫正机构应当给予警告：

（1）违反人民法院禁止令，情节轻微的；

（2）不按规定时间报到或者接受社区矫正期间脱离监管，超过十日的；

（3）违反关于报告、会客、外出、迁居等规定，情节较重的；

（4）保外就医的社区矫正对象无正当理由不按时提交病情复查情况，经教育仍不改正的；

（5）受到社区矫正机构两次训诫，仍不改正的；

（6）其他违反监督管理规定，情节较重的。

2. 警告的程序。对具备《社区矫正法实施办法》第35条所规定的6种情形之一的社区矫正对象，由执行地县级社区矫正机构作出警告决定，并执行。

专栏7-3　《河北省社区矫正工作细则》（节选）

第一百零三条　对社区矫正对象的训诫、警告可以由执行地县级社区矫正机构直接作出；也可以由受委托的司法所提出建议，报执行地县级社区矫正机构审核决定。

（三）治安管理处罚的适用条件及程序

1. 治安管理处罚的适用条件[1]。社区矫正对象具有下列情形之一的，执行地县级社区矫正机构应当及时提请有管辖权的公安机关对其给予治安管理处罚：

（1）违反人民法院禁止令，情节较重的；

（2）因违反监督管理规定受到警告，仍不改正的；

（3）扰乱社区矫正工作秩序的；

（4）不服社区矫正工作人员或者其他依法参与社区矫正工作人员的管理和教育，对社区矫正工作人员、其他依法参与社区矫正工作人员或者其近亲

---

〔1〕　参见《河北省社区矫正工作细则》第104条。

属进行殴打、威胁、侮辱、骚扰、报复，尚不构成犯罪的；

（5）社区矫正对象脱离监管，查找到其下落后，经教育仍然拒绝接受监督管理的；

（6）隐瞒出入境证件，私自出境的；

（7）其他应当给予治安管理处罚的。

2. 治安管理处罚的程序。根据《社区矫正法实施办法》第36条规定："社区矫正对象违反监督管理规定或者人民法院禁止令，依法应予治安管理处罚的，执行地县级社区矫正机构应当及时提请同级公安机关依法给予处罚，并向执行地同级人民检察院抄送治安管理处罚建议书副本，及时通知处理结果。"

根据《公安机关办理刑事案件程序规定》第302条和第303条的规定：被判处管制和被宣告缓刑、假释并在社区服刑的罪犯，违反监督管理规定，尚未构成新的犯罪的，由公安机关依法给予治安管理处罚。

据此，治安管理处罚的程序是：

对具备治安管理处罚情形的，由执行地县级社区矫正机构提请同级公安机关依法给予处罚，并向执行地同级人民检察院抄送治安管理处罚建议书副本，及时通知处理结果。

在司法实践中，公安机关应当自收到提请治安处罚建议之日起3个工作日内作出决定，并及时通知执行地县级社区矫正机构。执行地县级社区矫正机构应当将提请治安管理处罚建议书、公安机关治安处罚决定书副本抄送执行地县级人民检察院。

二、刑事惩罚的条件和程序

（一）刑事惩罚的条件

1. 撤销缓刑的适用条件。根据《社区矫正法实施办法》第46条第1款规定，社区矫正对象在缓刑考验期内，有下列情形之一的，由执行地同级社区矫正机构提出撤销缓刑建议：

（1）违反禁止令，情节严重的；

（2）无正当理由不按规定时间报到或者接受社区矫正期间脱离监管，超过1个月的；

（3）因违反监督管理规定受到治安管理处罚，仍不改正的；

（4）受到社区矫正机构两次警告，仍不改正的；

（5）其他违反有关法律、行政法规和监督管理规定，情节严重的情形。

2. 撤销假释的适用条件。《社区矫正法实施办法》第 47 条第 1 款规定，社区矫正对象在假释考验期内，有下列情形之一的，由执行地同级社区矫正机构提出撤销假释建议：

（1）无正当理由不按规定时间报到或者接受社区矫正期间脱离监管，超过 1 个月的；

（2）受到社区矫正机构两次警告，仍不改正的；

（3）其他违反有关法律法规，行政法规和监督管理规定，尚未构成新的犯罪的。

3. 被提请撤销缓刑、撤销假释的社区矫正对象先行逮捕情形的规定。被提请撤销缓刑、撤销假释的社区矫正对象如果有危害社区和他人安全情形的，应如何处理？

根据《社区矫正法实施办法》第 48 条规定，被提请撤销缓刑、撤销假释的社区矫正对象具备下列情形之一的，社区矫正机构在提出撤销缓刑、撤销假释建议书的同时，提请人民法院决定对其予以逮捕：

（1）可能逃跑的；

（2）具有危害国家安全、公共安全、社会秩序或者他人人身安全现实危险的；

（3）可能对被害人、举报人、控告人或者社区矫正机构工作人员等实施报复行为的；

（4）可能实施新的犯罪的。

社区矫正机构提请人民法院决定逮捕社区矫正对象时，应当提供相应证据，移送人民法院审查决定。

社区矫正机构提请逮捕、人民法院作出是否逮捕决定的法律文书，应当同时抄送执行地县级人民检察院。

对具有人身危险性的被提请撤销缓刑、撤销假释的社区矫正对象提请逮捕的规定，是为了更好地保护社区和人民群众的安全，更好地维护社秩序，同时对其他社区矫正对象也起到震慑的作用，以维护法律的严肃性和权威性。

4. 撤销暂予监外执行收监执行的适用条件。根据《社区矫正法实施办法》第 49 条第 1 款规定，暂予监外执行的社区矫正对象有下列情形之一的，由执行地县级社区矫正机构提出收监执行建议：

（1）不符合暂予监外执行条件的；

（2）未经社区矫正机构批准擅自离开居住的市、县，经警告拒不改正，或者拒不报告行踪，脱离监管的；

（3）因违反监督管理规定受到治安管理处罚，仍不改正的；

（4）受到社区矫正机构两次警告的；

（5）保外就医期间不按规定提交病情复查情况，经警告拒不改正的；

（6）暂予监外执行的情形消失后，刑期未满的；

（7）保证人丧失保证条件或者因不履行义务被取消保证人资格，不能在规定期限内提出新的保证人的；

（8）其他违反有关法律、行政法规和监督管理规定，情节严重的情形。

（二）刑事惩罚的程序

1. 撤销缓刑、假释的程序。根据《社区矫正法实施办法》第 40 条规定，发现社区矫正对象有违反监督管理规定或者人民法院禁止令等违法情形的，执行地县级社区矫正机构应当调查核实情况，收集有关证据材料，提出处理意见。

社区矫正机构发现社区矫正对象有撤销缓刑、撤销假释法定情形的，应当组织开展调查取证工作，依法向社区矫正决定机关提出撤销缓刑、撤销假释的建议，并将建议书抄送同级人民检察院。

根据《社区矫正法实施办法》第 46 条第 2 款、第 3 款规定，决定撤销缓刑的，执行地同级社区矫正机构一般向原审人民法院提出撤销缓刑建议。如果原审人民法院与执行地同级社区矫正机构不在同一省、自治区、直辖市的，可以向执行地人民法院提出建议，执行地人民法院作出裁定的，裁定书同时抄送原审人民法院。

社区矫正机构撤销缓刑建议书和人民法院的裁定书副本同时抄送社区矫

正执行地同级人民检察院。

根据《社区矫正法实施办法》第47条第2款、第3款规定，决定撤销假释的，执行地同级社区矫正机构一般向原审人民法院提出撤销假释建议。如果原审人民法院与执行地同级社区矫正机构不在同一省、自治区、直辖市的，可以向执行地人民法院提出建议，执行地人民法院作出裁定的，裁定书同时抄送原审人民法院。

社区矫正机构提出撤销假释的建议书和人民法院的裁定书副本同时抄送社区矫正执行地同级人民检察院、公安机关、罪犯原服刑或者接收其档案的监狱。

根据以上规定，撤销缓刑、撤销假释的程序是：

（1）调查取证。执行地县级社区矫正机构组织开展调查取证工作。

（2）提出建议。执行地县级社区矫正机构向原审人民法院提出撤销缓刑、假释建议；如果原审人民法院与执行地同级社区矫正机构不在同一省、自治区、直辖市的，可以向执行地人民法院提出建议。

（3）作出裁定。原审人民法院作出裁定。如果是执行地人民法院作出裁定，裁定书应同时抄送原审人民法院。

（4）抄送相关法律文书。社区矫正机构撤销缓刑建议书和人民法院的裁定书副本同时抄送社区矫正执行地同级人民检察院。社区矫正机构提出撤销假释的建议书和人民法院的裁定书副本同时抄送社区矫正执行地同级人民检察院、公安机关、罪犯原服刑或者接收其档案的监狱。

2. 暂予监外执行收监执行的程序。根据《社区矫正法实施办法》第40条第2款的规定，社区矫正机构发现社区矫正对象有暂予监外执行收监执行的法定情形的，应当组织开展调查取证工作，依法向社区矫正决定机关提出暂予监外执行收监执行建议，并将建议书抄送同级人民检察院。

《社区矫正法实施办法》第49条规定，暂予监外执行的社区矫正对象，符合法定暂予监外执行收监执行条件的，由执行地县级社区矫正机构提出收监执行建议。执行地县级社区矫正机构一般向执行地社区矫正决定机关提出收监执行建议。如果原社区矫正决定机关与执行地县级社区矫正机构在同一省、自治区、直辖市的，可以向原社区矫正决定机关提出建议。社区矫正机构的收益执行建议书和决定机关的决定书，应当同时抄送执行地县级人民检察院。

根据以上规定，暂予监外执行收监执行的程序是：

（1）调查取证。执行地县级社区矫正机构组织开展调查取证工作。

（2）提出建议。由执行地县级社区矫正机构依法向社区矫正决定机关提出收监执行建议。

（3）作出决定。社区矫正决定机关收到建议书后，依法作出决定。

（4）抄送相关法律文书。社区矫正机构的收监执行建议书和决定机关的决定书，应当同时抄送执行地县级人民检察院。

三、送交与执行程序

根据《社区矫正法实施办法》第 50 条规定，人民法院裁定撤销缓刑、撤销假释或者决定暂予监外执行收监执行的，由执行地县级公安机关本着就近、便利、安全的原则，送交社区矫正对象执行地所属的省、自治区、直辖市管辖范围内的看守所或者监狱执行刑罚。

公安机关决定暂予监外执行收监执行的，由执行地县级公安机关送交存放或者接收罪犯档案的看守所收监执行。

监狱管理机关决定暂予监外执行收监执行的，由存放或者接收罪犯档案的监狱收监执行。

另，根据《最高人民法院、最高人民检察院、公安部、司法部、国家卫生计生委关于印发〈暂予监外执行规定〉的通知》，暂予监外执行罪犯被决定收监执行的，区分三种情形：

1. 人民法院对暂予监外执行罪犯决定收监执行的，决定暂予监外执行时剩余刑期在 3 个月以下的，由居住地公安机关送交看守所收监执行；决定暂予监外执行时剩余刑期在 3 个月以上的，由居住地公安机关送交监狱收监执行。

2. 监狱管理机关对暂予监外执行罪犯决定收监执行的，原服刑或者接收其档案的监狱应当立即赴羁押地将罪犯收监执行。

3. 公安机关对暂予监外执行罪犯决定收监执行的，由罪犯居住地看守所将罪犯收监执行。

监狱、看守所将罪犯收监执行后，应当将收监执行的情况报告决定或者批准机关，并告知罪犯居住地县级人民检察院和原判人民法院。

需要说明的是，社区矫正是在开放的社区中执行刑罚，社区矫正对象尽管受到执行机关的监督管理，但仍享有相当程度的人身自由，无论是主观因素使然，还是受客观环境影响，都有可能再次实施违法行为，甚至再次实施危害社会安全的犯罪行为。因此，公安机关对违反治安管理规定和重新犯罪的社区矫正对象要及时依法处理，社区矫正机构有责任配合公安机关做好相关工作。

社区矫正对象的考核与奖惩结果应当以书面形式记载，做到准确及时、公开公平，并记入档案。社区矫正对象对于考核奖惩提出异议的，执行地县级社区矫正机构应当及时处理，并将处理结果告知社区矫正对象。

任务3 （实训项目6）社区矫正对象奖励的技能训练

2010年2月，张某被T市H区法院以受贿罪判处有期徒刑2年，缓刑3年，成为社区矫正对象。张某按规定到其居住地H区桃园街道司法所报到，办理了入矫手续。刚开始，张某因为自己被判刑害怕别人会看不起自己，情绪低落，后在社区矫正工作人员的耐心开导之下，张某逐渐走出了阴影，开始有了自信。此后，张某主动配合社区矫正工作，对自己所犯罪行认识较为深刻。每天坚持看法制节目，每周都会向司法所汇报自己接受监督管理、参加教育学习、社区服务等情况，每月都到司法所报到并递交书面汇报材料。为洗刷自己的罪过，他积极参加各种公益活动。当张某发现自己居住的小区露天楼梯存在安全隐患时，马上找到司法所，他提出想为露天楼梯安装扶手，使老人和孩子能够安全出入。司法所工作人员及时肯定了他的想法，在大家的鼓励下，他拿出1000多元钱为社区露天楼梯安装了护栏扶手。居民们看到护栏扶手后，都纷纷向张某表示感谢，张某也从心底感受到了一种从未有过的幸福感。当得知西南五省遭受百年不遇的特大旱灾时，他的心被灾区孩子们的生活状态牵动，他主动提出，要为西南旱灾地区的孩子们捐款30 000元人民币，但因不知道具体的捐款途径，希望司法所的同志帮忙联系一下。司法所工作人员了解情况后，及时与当地慈善协会取得联系，4 月 8 日，在司法所张所长和刘同志带领下，他们一同来到慈善协会办理了捐款事宜，帮张某实现了自己的愿望。青海玉树大地震牵挂着全国人民的心，也同样牵动着张某的心。当从电视媒体上了解到灾情以及全国人民全力抗震、救援、赈灾的情况后，他第一时间打电话到司法所，表示要献出一份爱心。4 月 21 日，他又为青海玉树地震灾区捐款 5000 元人民币，表达了自己对地震灾区的一份诚意，以表达悔过自新、重新做人的决心。因为张某自入矫以来，一直表现良好，并认真遵守国家的法律法规和社区矫正各项规章制度，所以月月考核都是优秀，后来得到了减刑的奖励。

请根据案例，完成以下实训任务：

1. 请明确减刑的适用条件；
2. 请为张某办理减刑手续。

附：实训任务书和实训考核表

实训任务书

实训项目	1. 找出案例中社区矫正对象减刑的适用条件； 2. 按照减刑程序为张某办理减刑手续。
实训课时	2 课时。
实训目的	学生通过模拟实训，掌握减刑的适用条件，并根据减刑的程序，为张某办理减刑手续，从而具备完成减刑任务的职业能力。
实训任务	1. 根据案例，找出张某减刑的适用条件； 2. 按照减刑的程序填写完成社区矫正对象减刑建议书和提请减刑审核表； 3. 结合案例中张某的表现，收集整理出张某适用减刑的证据材料； 4. 向执行地的中级人民法院提请减刑裁定，并移送下列材料：①社区矫正对象减刑建议书；②终审法院的裁判文书、执行通知书、历次减刑裁定书的复印件；③罪犯确有悔改或者立功、重大立功表现的具体事实的书面证明材料；④罪犯评审鉴定表、奖惩审批表等；⑤其他根据案件的审理情况需要移送的材料； 5. 人民法院对减刑相关材料进行审核并作出裁定后，由社区矫正机构负责实施。

续表

实训要求	1. 学生应提前掌握减刑的相关知识； 2. 指导教师熟悉减刑的知识与减刑的程序； 3. 学生要积极配合指导教师的指导完成实训； 4. 根据实训需要将学生分成若干小组，采用角色扮演的方式完成实训任务； 5. 指导教师进行点评总结，每组学生根据教师的点评总结找出不足。
实训成果形式	实训总结
实训地点	理实一体化教室或虚拟仿真实训室
实训进程	1. 教师讲解（介绍实训步骤、注意事项、进行角色分配）； 2. 阅读准备好的实训案例； 3. 根据实训需要将学生分成若干小组； 4. 对案例中所提供的资料进行整理、分析； 5. 小组讨论案例中张某的减刑条件； 6. 模拟开展办理减刑手续的工作； 7. 指导教师进行点评总结，每组学生根据教师的点评总结找出不足。

实训考核表

班级_____　　姓名_____　　学号_____

任务描述：通过模拟实训，掌握减刑的适用条件和减刑的程序，具备完成减刑任务的职业能力。

项目总分：100 分

完成时间：100 分钟（2 课时）

考核内容	评分细则	等级评定
一、实训过程与要求 1. 根据实训需要，学生迅速分成若干小组； 2. 小组成员自行分配好所扮演的角色； 3. 小组讨论并找出案例中社区矫正对象张某适用减刑的条件； 4. 根据减刑程序的要求，模拟开展减刑证据材料的收集，填写社区矫正对象减刑建议书和提请减刑审核表，并按照程序提交执行地中级人民法院；	分值：50 分 1. 实训过程中，与小组成员合作良好（15 分）； 2. 实训演练认真、表现积极（15 分）； 3. 能成功完成所有实训任务（20 分）。	实训成绩评定分为四等： 1. 优（100 分~85 分）； 2. 良（84 分~70 分）； 3. 及格（69 分~60 分）； 4. 不及格（59 分~0 分）。 注意事项： 1. 实训期间做与实训无关的操作，不能评定为"优"； 2. 有旷课现象，不能评为"优、良"；

5. 人民法院作出裁定后，加以实施； 6. 指导教师进行点评总结，每组学生根据教师的点评总结找出不足。		
二、实训表现与态度	分值：20 分 1. 无迟到（1 分）； 2. 无早退（1 分）； 3. 无旷课（3 分）； 4. 实训预习、听讲认真（2 分）； 5. 实训态度认真（5 分）； 6. 实训中不大声喧哗（1 分）； 7. 能爱护实训场所、设备，保持环境整洁（2 分）； 8. 能完全遵守实训各项规定（1 分）； 9. 实训效果好，基本掌握社区矫正中减刑工作的内容与方法，具备开展社区矫正中减刑工作的职业技能（4 分）。	3. 旷课××节及以上，评为"不及格"； 4. 实训内容没有完成，评为"不及格"； 5. 两份或多份实训总结或实训报告雷同，评为"不及格"； 6. 具体评分标准由教师根据实训项目具体要求确定。
三、实训总结 1. 实训中出现的问题及解决办法（对遇到的问题、问题产生的原因进行分析判断，把解决过程写出来）； 2. 实训效果（本次实训有哪些收获，掌握了哪些知识、技能，有哪些地方不明白，有什么疑问，等等）。	分值：30 分 1. 按规定时间上交（5 分）； 2. 格式规范（5 分）； 3. 字迹清楚（5 分）； 4. 内容详尽、完整，实训分析总结正确（5 分）； 5. 无抄袭现象（5 分）； 6. 能提出合理化建议或有创新见解（5 分）。	
合　计		

评分人：　　　　　　　　　　　　　　　　　　日期：　　年　月　日

任务4　（实训项目7）社区矫正对象惩罚的技能训练

王某，男，2020年5月15日因犯盗窃罪被判处有期徒刑2年6个月，缓刑3年，并处罚金10 000元（已执行）。2020年5月20日某社区矫正机构接收其为社区矫正对象。

2020年8月10日22时许，王某伙同他人骑摩托车窜至一十字路口处，抢夺张某黑色提包一个，内有一部HUAWEI Mate 40E手机、现金1100元、汽车钥匙一把及身份证一个。经鉴定，被抢HUAWEI Mate 40E手机价值5000元。

王某以非法占有为目的，趁人不备，公开夺取他人财物，数额较大，其行为已构成抢夺罪。

请根据案例完成以下实训任务：

1. 王某在缓刑考验期内，又犯新罪，应如何处理？

2. 适用这种惩罚的条件和程序是什么？

附：实训任务书和实训考核表

实训任务书

实训项目	1. 讨论并明确案例中社区矫正对象应适用的惩罚种类； 2. 明确该惩罚种类的适用条件和程序； 3. 按照该惩罚种类的程序要求，完成相应的工作任务。
实训课时	2课时。
实训目的	学生通过模拟实训，掌握该惩罚的适用条件，并根据办理程序，为王某办理相应的惩罚手续，从而具备完成该惩罚任务的职业能力。
实训任务	1. 根据案例，明确王某适用惩罚的种类，并找出对王某进行惩罚的适用条件； 2. 结合案例中王某的表现，收集整理出王某适用惩罚的证据材料； 3. 按照该惩罚的程序完成相应的工作任务。

续表

实训要求	1. 学生应提前掌握对社区矫正对象进行惩罚的相关知识; 2. 指导教师熟悉对社区矫正对象进行惩罚的知识与程序; 3. 学生要积极配合指导教师的指导完成实训; 4. 根据实训需要将学生分成若干小组,采用角色扮演的方式完成实训任务; 5. 指导教师进行点评总结,每组学生根据教师的点评总结找出不足。
实训成果形式	实训总结。
实训地点	理实一体化教室或虚拟仿真实训室。
实训进程	1. 教师讲解(介绍实训步骤、注意事项、进行角色分配); 2. 阅读准备好的实训案例; 3. 根据实训需要将学生分成若干小组; 4. 对案例中所提供资料进行整理、分析; 5. 小组讨论案例中王某适用惩罚的种类、条件; 6. 按照该惩罚的相应程序开展模拟实训; 7. 指导教师进行点评总结,每组学生根据教师的点评总结找出不足。

实训考核表

班级＿＿＿＿＿＿＿＿＿＿　　姓名＿＿＿＿＿＿＿＿＿＿　　学号＿＿＿＿＿＿＿＿＿＿

任务描述:通过模拟实训,掌握减刑的适用条件和减刑的程序,具备完成减刑任务的职业能力。

项目总分:100 分

完成时间:100 分钟(2 课时)

考核内容	评分细则	等级评定
一、实训过程与要求 1. 根据实训需要,学生迅速分成若干小组; 2. 小组成员自行分配好所扮演的角色; 3. 小组讨论并找出案例中社区矫正对象王某适用惩罚的条件; 4. 根据惩罚程序的要求,开展模拟实训演练;	分值:50 分 1. 实训过程中,与小组成员合作良好(15 分); 2. 实训演练认真、表现积极(15 分); 3. 能成功完成所有实训任务(20 分)。	实训成绩评定分为四等: 1. 优(100 分 ~85 分); 2. 良(84 分 ~70 分); 3. 及格(69 分 ~60 分); 4. 不及格(59 分 ~0 分)。 注意事项: 1. 实训期间做与实训无关的操作,不能评定为"优";

5. 演练完毕，指导教师进行点评总结，每组学生根据教师的点评总结找出不足。		
二、实训表现与态度	分值：20分 1. 无迟到（1分）； 2. 无早退（1分）； 3. 无旷课（3分）； 4. 实训预习、听讲认真（2分）； 5. 实训态度认真（5分）； 6. 实训中不大声喧哗（1分）； 7. 能爱护实训场所、设备、保持环境整洁（2分）； 8. 能完全遵守实训各项规定（1分）； 9. 实训效果好，基本掌握惩罚技能的内容与方法，具备开展惩罚工作的职业技能（4分）。	2. 有旷课现象，不能评为"优、良"； 3. 旷课××节及以上，评为"不及格"； 4. 实训内容没有完成，评为"不及格"； 5. 两份或多份实训总结或实训报告雷同，评为"不及格"； 6. 具体评分标准由教师根据实训项目具体要求确定。
三、实训总结 1. 实训中出现的问题及解决办法（对遇到的问题、问题产生的原因进行分析判断，把解决过程写出来）； 2. 实训效果（本次实训有哪些收获，掌握了哪些知识、技能，有哪些地方不明白，有什么疑问，等等）。	分值：30分 1. 按规定时间上交（5分）； 2. 格式规范（5分）； 3. 字迹清楚（5分）； 4. 内容详尽、完整，实训分析总结正确（5分）； 5. 无抄袭现象（5分）； 6. 能提出合理化建议或有创新见解（5分）。	
合计		

评分人：　　　　　　　　　　　　　　　　日期：　　年　月　日

【课堂活动 7 – 1】

张某，户籍地为 H 省，社区矫正执行地为 J 省 Z 市 M 区。其因犯危险驾驶罪被人民法院判处拘役 2 个月，缓刑 3 个月。矫正日期自 2020 年 10 月 28

日起至 2021 年 1 月 27 日止。

判决生效后，M 区社区矫正机构工作人员发现张某未按时报到，于是立即组织工作人员进行查找。当工作人员到张某家走访时，张某却将工作人员拒之门外，说自己被判缓刑十分丢人，听说矫正期间还要参加教育学习和公益活动，内心十分排斥，所以干脆把自己反锁在家里，不与外界接触。工作人员通过电话，一方面对其进行耐心细致的劝说工作，一方面向其宣讲法律法规、监督管理规定以及不遵守相关规定的后果，同时告知其将会把此情况通报公安机关和检察机关。在法律的强大震慑下，2020 年 11 月 7 日，张某终于在家人的陪同下到社区矫正机构报到。

请同学们根据所学知识，讨论该案例中的张某违反了哪些规定，应给予何种处罚措施？

【课堂活动 7－2】

王某，男，2004 年 4 月出生，因寻衅滋事罪被判处有期徒刑 10 个月，缓刑 1 年，考验期自 2020 年 10 月 12 日起至 2021 年 10 月 11 日止，在 H 市 K 区 W 司法所接受社区矫正。

王某入矫后矫正意识不强，不能严格遵守社区矫正监督管理规定，在 2020 年 10 月 21 日至 22 日期间，未经批准擅自离开居住地。社区矫正机构在进行信息化核查时，发现王某处于人机分离状态。社区矫正机构立即与其监护人联系，并要求王某立即返回并到司法所说明情况。王某返回后虽然到司法所说明了情况，但因其违反了社区矫正监督管理规定，社区矫正机构给予其训诫一次。之后，王某并未端正态度、改正错误，在 11 月 7 日至 8 日期间，又出现了手机关机状态，达 6 小时以上，又被社区矫正机构给予训诫一次。王某在两次训诫后仍不改正，在 11 月份进行周汇报时，未按规定进行电话汇报；在 11 月 11 日晚至 12 日凌晨，在外地住宿也未及时报告。

请同学们根据以上案例及所学知识，讨论对该案例中的王某应给予何种处罚措施？

【课堂活动 7 – 3】

2021 年 2 月某日，S 司法所工作人员例行对社区矫正对象进行走访，发现矫正对象丁某行动轨迹有问题，中途关机且不与工作人员说明情况。工作人员马上联系其家人朋友，但皆含糊其辞，说辞矛盾。根据工作经验，工作人员判断丁某可能存在逃避监管、擅自外出的情形。

在调查过程中，矫正对象丁某多次说谎，虚构自己的行动轨迹，后司法所工作人员向多方了解实情，发现该矫正对象在 J 县社区矫正期间采用人机分离的手段逃避监管，未经请假擅自外出到 L 市、X 市、J 城区等地多达 18 次。情节恶劣，且经教育后，仍拒绝接受监督管理，对社区矫正工作人员还有辱骂行为。

请同学们根据以上案例及所学知识，讨论对该案例中的丁某应给予何种处罚措施？

【课堂活动 7 – 4】

社区矫正对象石某某，男，S 省 Z 县人，因犯交通肇事罪于 2019 年 12 月 26 日被 H 省 W 市人民法院判处有期徒刑 1 年，缓刑 2 年，缓刑考验期为 2020 年 1 月 7 日至 2022 年 1 月 6 日。该矫正对象在 2020 年 4 月至 2020 年 12 月期间，未经批准经常私自外出，该行为违反了《社区矫正法》第 27 条、《社区矫正法实施办法》第 26 条之规定。2020 年 11 月 4 日，Z 县社区矫正机构给予其训诫后仍不改正，且此前曾两次违反《中华人民共和国道路交通安全法》之规定，受到 S 省 L 县公安局交通警察大队行政处罚。

请同学们根据以上案例及所学知识，讨论对该案例中的石某某应给予何种处罚措施？如何办理？

【课堂活动 7 – 5】

于某，女，2020 年 7 月 12 日因犯诈骗罪被人民法院判处有期徒刑 1 年 6 个月，并处罚金 2000 元。因判决时于某正处于哺乳期，于是在 2020 年 7 月 23 日，人民法院决定对于某暂予监外执行，期限至 2021 年 1 月 19 日，在 K

司法所接受社区矫正。

入矫后，于某未能依法遵守法律法规，经常出现未经批准擅自离开居住地的情况，经多次警告后仍不遵守监督管理规定，依然我行我素，总觉得社区矫正机构不能把自己怎么样。

处于哺乳期的于某本应在家安心哺乳，为何频繁外出？于某的异常表现引起了司法所工作人员的高度警觉。走访中发现，于某的女儿被她送至 B 市其爷爷处抚养，虽然于某还处在通常意义上的哺乳期，但她已停止用自己的乳汁喂养婴儿，形成了事实上的断奶。于某擅自外出，是去 C 市 KTV 内工作。矫正小组成员找到于某，向其说明了利害关系后，于某仍不予理睬。

请同学们根据以上案例及所学知识，讨论对该案例中的于某应给予何种处罚措施？如何办理？

【思考题】

1. 对社区矫正对象进行奖励，有何作用？

2. 宣告"缓刑"，并不是真正的自由，积极配合社区矫正机构工作、遵守法律法规、服从日常监督管理，才能真正的重获"新自由"。你对这句话如何理解？

3. 某社区矫正机构在监管执法过程中，因嫌麻烦，对社区矫正对象从未使用过惩罚措施，导致某些社区矫正对象很难管理。你对此怎么看？你觉得对社区矫正对象依法进行惩罚的作用是什么？

拓展 学习

《浙江省社区矫正对象考核奖惩办法（试行）》[1]（节选）

第五章　奖惩

第三十七条　社区矫正对象符合奖励条件或者具有处罚情形的，司法所

---

〔1〕 "浙江省社区矫正对象考核奖惩办法（试行）"，舟山市普陀区人民政府网，http://www.putuo.gov.cn/art/2022/3/10/art_1229296025_1643746.html，最后访问时间：2022 年 9 月 30 日。

应当及时合议并附相关证据材料报送社区矫正机构，社区矫正机构应当及时调查核实。

证据材料包括予以奖励或者处罚的事实材料、社区矫正对象日常表现证明材料、其他有关证人证言和物证以及司法所合议意见等。

第三十八条　社区矫正机构根据调查核实情况，对社区矫正对象给予奖励或者处罚的事实及有关证据进行集体评议审核，决定相关处理意见。

给予表扬或者训诫、警告、提请治安管理处罚案件的评议审核人员，由县级司法行政部门负责人、社区矫正机构和法制、政工或者纪监部门负责人等相关人员组成。

提请减刑或者撤销缓刑、撤销假释、提请收监执行等案件的评议审核人员，由县级司法行政部门负责人、社区矫正机构和法制、政工或者纪监部门负责人、执行地司法所负责人等相关人员组成，执行地的基层检察室或者同级人民检察院可以派员列席会议。

评议审核意见纳入给予社区矫正对象奖励或者处罚的相关证据材料范围，社区矫正机构应当留存。

第三十九条　社区矫正对象认罪悔罪、遵守法律法规、服从监督管理、接受教育表现突出的，应当给予表扬。

社区矫正对象接受社区矫正六个月以上并且同时符合下列条件的，社区矫正机构可以给予表扬：

（一）服从人民法院判决，认罪悔罪；

（二）遵守法律法规；

（三）遵守关于报告、会客、外出、迁居、信息化监管等规定，服从社区矫正机构管理；

（四）积极参加教育学习、公益活动等，接受教育矫正的。

社区矫正对象接受社区矫正期间，有见义勇为、抢险救灾等突出表现，或者帮助他人、服务社会等突出事迹的，社区矫正机构可以给予表扬。对于符合法定减刑条件的，社区矫正机构应当提出减刑建议。

表扬名单除未成年社区矫正对象外，应当在社区矫正机构或者司法所等场所公示。表扬名单应抄送执行地人民检察院。

第四十条　社区矫正对象具有下列情形之一的，应当认定为有"立功表现"：

（一）阻止他人实施犯罪活动的；

（二）检举、揭发他人犯罪活动，或者提供重要的破案线索，经查证属实的；

（三）协助司法机关抓捕其他犯罪嫌疑人的；

（四）在生产、科研中进行技术革新，成绩突出的；

（五）在抗御自然灾害或者排除重大事故中，表现积极的；

（六）对国家和社会有其他较大贡献的。

第（四）项、第（六）项中的技术革新或者其他较大贡献应当由社区矫正对象在社区矫正执行期间独立或者为主完成，并经省级主管部门确认。

第四十一条　社区矫正对象具有下列情形之一的，应当认定为有"重大立功表现"：

（一）阻止他人实施重大犯罪活动的；

（二）检举重大犯罪活动，经查证属实的；

（三）协助司法机关抓捕其他重大犯罪嫌疑人（包括同案犯）的；

（四）有发明创造或者重大技术革新的；

（五）在日常生产、生活中舍己救人的；

（六）在抗御自然灾害或者排除重大事故中，有特别突出表现的；

（七）对国家和社会有其他重大贡献的。

第（四）项、第（七）项中的技术革新或者其他重大贡献应当由社区矫正对象在社区矫正执行期间独立或者为主完成，并经省级主管部门确认。

第四十二条　社区矫正机构拟对符合法定减刑条件的社区矫正对象提请减刑，应当依照《浙江省办理减刑、假释案件实施细则》的相关规定，在社区矫正对象执行地的村（居）范围内进行公示。公示时间为七天。公示内容应当包括：

（一）社区矫正对象的姓名；

（二）原判认定的罪名、矫正类别和矫正期限；

（三）社区矫正机构的减刑建议和依据；

（四）公示期限；

（五）意见反馈方式等。

前款规定的社区矫正对象，犯罪时系未成年的，不适用本条规定。

第四十三条　社区矫正对象符合法定减刑条件的，司法所合议后并附相关证据材料报送县级社区矫正机构，由县级社区矫正机构评议审核决定提出减刑建议并附相关证据，经设区市的市级社区矫正机构审核同意后，由市级社区矫正机构提请执行地中级人民法院裁定。

依法应由高级人民法院裁定的减刑案件，由执行地县级社区矫正机构提出减刑建议并附相关证据材料，逐级上报省级社区矫正机构审核同意后，由省级社区矫正机构提请执行地高级人民法院裁定。

人民法院应当自收到减刑建议书和相关证据材料之日起三十日内依法裁定。

人民检察院对减刑提请、审理、裁定活动依法实行同步监督。

社区矫正机构减刑建议书和人民法院减刑裁定书副本，应当同时抄送社区矫正执行地同级人民检察院、公安机关及罪犯原服刑或者接收其档案的监狱。

第四十四条　社区矫正对象具有下列情形之一的，由司法所合议后报请执行地县级社区矫正机构给予训诫并附相应证据材料：

（一）不按规定时间报到或者接受社区矫正期间脱离监管，未超过十日的；

（二）违反关于报告、会客、外出、迁居、信息化监管等规定，情节轻微的；

（三）不按规定参加教育学习、公益活动等，经教育仍不改正的；

（四）其他违反监督管理规定，情节轻微的。

社区矫正机构或者司法所应当在三日内向社区矫正对象或其家庭成员、监护人或者保证人送达训诫决定书，并抄送执行地同级人民检察院。

第四十五条　社区矫正对象具有下列情形之一的，由司法所合议后报请执行地县级社区矫正机构给予警告并附相应证据材料：

（一）违反人民法院禁止令，情节轻微的；

（二）不按规定时间报到或者接受社区矫正期间脱离监管，超过十日的；

（三）违反报告、会客、外出、迁居、信息化监管等规定，情节较重的；

（四）保外就医的社区矫正对象无正当理由不按时提交病情复查情况，经教育仍不改正的；

（五）受到社区矫正机构两次训诫，仍不改正的；

（六）其他违反监督管理规定，情节较重的。

社区矫正机构或者司法所应当在三日内向社区矫正对象或其家庭成员、监护人或者保证人送达警告决定书，并抄送执行地同级人民检察院。

第四十六条　社区矫正对象违反监督管理规定或者人民法院禁止令，依法应予治安管理处罚的，社区矫正机构应当及时提请同级公安机关依法给予处罚，并向执行地同级人民检察院抄送治安管理处罚建议书副本。公安机关的处理结果应当及时通知社区矫正机构和人民检察院。

第四十七条　社区矫正对象在缓刑考验期内，有下列情形之一的，司法所合议后报执行地县级社区矫正机构并附相应证据，由同级社区矫正机构评议审核决定提出撤销缓刑建议并附相应证据材料：

（一）违反禁止令，情节严重的；

（二）无正当理由不按规定时间报到或者接受社区矫正期间脱离监管，超过一个月的；

（三）因违反监督管理规定受到治安管理处罚，仍不改正的；

（四）受到社区矫正机构两次警告，仍不改正的；

（五）其他违反有关法律、行政法规和监督管理规定，情节严重的情形。

上述第（三）、（四）项中"仍不改正的"，系指缓刑社区矫正对象受到治安管理处罚或者两次警告后，再次出现可予以警告以上处罚的情形。

社区矫正机构一般向原审人民法院提出撤销缓刑建议。如果原审人民法院不在本省的，可以向执行地人民法院提出建议，执行地人民法院作出裁定的，裁定书同时抄送原审人民法院。

缓刑社区矫正对象下落不明的，不影响撤销缓刑案件的审理。

社区矫正机构撤销缓刑建议书和人民法院的裁定书副本应当同时抄送执行地同级人民检察院。

第四十八条　社区矫正对象在假释考验期内，有下列情形之一的，司法所合议后报执行地县级社区矫正机构并附相应证据，由同级社区矫正机构评议审核决定提出撤销假释建议并附相应证据材料：

（一）无正当理由不按规定时间报到或者接受社区矫正期间脱离监管，超过一个月的；

（二）受到社区矫正机构两次警告，仍不改正的；

（三）其他违反有关法律、行政法规和监督管理规定，尚未构成新的犯罪的。

上述第（二）项中"仍不改正的"，系指假释社区矫正对象受到两次警告后，再次出现可予以警告处罚的情形。

社区矫正机构一般向原审人民法院提出撤销假释建议。如果原审人民法院不在本省的，可以向执行地人民法院提出建议，执行地人民法院作出裁定的，裁定书同时抄送原审人民法院。

假释社区矫正对象下落不明的，不影响撤销假释案件的审理。

社区矫正机构撤销假释建议书和人民法院的裁定书副本应当同时抄送执行地同级人民检察院、公安机关、罪犯原服刑或者接收其档案的监狱。

第四十九条　被提请撤销缓刑、撤销假释的社区矫正对象具备下列情形之一的，社区矫正机构在提出撤销缓刑、撤销假释建议的同时，提请人民法院决定对其予以逮捕：

（一）可能逃跑的；

（二）具有危害国家安全、公共安全、社会秩序或者他人人身安全现实危险的；

（三）可能对被害人、举报人、控告人或者社区矫正机构工作人员等实施报复行为的；

（四）可能实施新的犯罪的。

社区矫正机构提请人民法院决定逮捕社区矫正对象时，应当提供相应证据，移送人民法院审查决定。

人民法院应当在四十八小时内作出是否逮捕的决定。决定逮捕的，由执行地县级公安机关执行。逮捕后的羁押期限不得超过三十日。

人民法院裁定不予撤销缓刑、撤销假释的，对逮捕的社区矫正对象，执行地县级公安机关应当立即予以释放。

社区矫正机构提请逮捕、人民法院作出是否逮捕决定的法律文书，应当同时抄送执行地县级人民检察院。

第五十条　暂予监外执行的社区矫正对象有下列情形之一的，司法所合议后报执行地县级社区矫正机构并附相关证据，由社区矫正机构评议审核决定提出收监执行建议并附相关证据材料：

（一）不符合暂予监外执行条件的；

（二）未经社区矫正机构批准擅自离开居住的市、县，经警告拒不改正，或者拒不报告行踪，脱离监管的；

（三）因违反监督管理规定受到治安管理处罚，仍不改正的；

（四）受到社区矫正机构两次警告的；

（五）保外就医期间不按规定提交病情复查情况，经警告拒不改正的；

（六）暂予监外执行的情形消失后，刑期未满的；

（七）保证人丧失保证条件或者因不履行义务被取消保证人资格，不能在规定期限内提出新的保证人的；

（八）其他违反有关法律、行政法规和监督管理规定，情节严重的情形。

上述第（三）项中"仍不改正的"，系指暂予监外执行的社区矫正对象受到治安管理处罚后，再次出现可予以警告以上处罚的情形。

社区矫正机构的暂予监外执行收监执行建议一般报请执行地社区矫正决定机关作出决定。原社区矫正决定机关在本省的，可以报请原社区矫正决定机关决定。

暂予监外执行社区矫正对象下落不明的，不影响撤销暂予监外执行案件的审理和办理。

社区矫正机构的收监执行建议书和决定机关的决定书，应当同时抄送执行地县级人民检察院。

第五十一条　缓刑、假释、暂予监外执行社区矫正对象具有下列情形之一的，应当认定属于本办法第四十七条第一款第（五）项、第五十条第一款第（八）项"其他违反有关法律、行政法规和监督管理规定，情节严重的情形"，以及第四十八条第一款第（三）项"其他违反有关法律、行政法规和监督管理规定，尚未构成新的犯罪的"情形：

（一）因违反法律、行政法规或者国务院有关部门监督管理规定，被公安机关行政拘留的；

（二）实施妨碍刑事诉讼、民事诉讼、行政诉讼的行为，尚不构成犯罪，但被人民法院司法拘留的；

（三）确有履行能力拒不履行人民法院生效判决所确定的义务，被人民法院司法拘留后仍不履行的。

对存在前款规定情形的社区矫正对象，社区矫正机构应当及时提请撤销缓刑、假释或者收监执行。

第五十二条　社区矫正机构提出减刑或提请撤销缓刑、撤销假释、收监执行建议的，应当报送下列相关材料：

（一）减刑或者撤销缓刑、撤销假释、收监执行建议书；

（二）原审法院裁判文书、执行通知书、社区矫正期间历次减刑裁定书的复印件；

（三）证明社区矫正对象符合减刑条件，或者构成撤销缓刑、撤销假释、提请收监执行情形的证据；

（四）社区矫正对象月度考核表，减刑或者撤销缓刑、撤销假释、提请收监执行审核表；

（五）司法所合议和社区矫正机构评议审核意见；

（六）人民检察院审查后出具的检察意见书或者检察建议书；

（七）人民法院、公安机关、监狱管理机关要求移送的其他材料。

第六章　收监

第五十三条　人民法院裁定撤销缓刑、撤销假释或者决定暂予监外执行收监执行的，由执行地县级公安机关送交本省看守所或者监狱执行刑罚。其中，裁定撤销缓刑、撤销假释执行以前被逮捕的，羁押一日折抵刑期一日。

公安机关决定暂予监外执行收监执行的，由执行地县级公安机关送交存放或者接收罪犯档案的本省看守所收监执行。

监狱管理机关决定暂予监外执行收监执行的，由存放或接收罪犯档案的本省监狱收监执行。

第五十四条　撤销缓刑、撤销假释的裁定和收监执行的决定生效后，社区矫正对象下落不明的，应当认定为在逃。

被裁定撤销缓刑、撤销假释和被决定收监执行的社区矫正对象在逃的，由执行地县级公安机关负责追捕。撤销缓刑、撤销假释裁定书和对暂予监外执行罪犯收监执行决定书，可以作为公安机关追逃依据。

第五十五条　暂予监外执行社区矫正对象具有本办法第五十条第一款第（一）项规定情形的，监外执行期间不计入执行刑期。

暂予监外执行社区矫正对象具有本办法第五十条第一款第（二）项规定的脱离监管情形的，自该情形发生之日起至被收监前一日止，不计入执行刑期。

第五十六条　暂予监外执行的社区矫正对象具有《中华人民共和国刑事诉讼法》第二百六十八条规定的不计入刑期情形的，社区矫正机构应当在收监执行建议书中说明情况，并附相关证据材料。

人民法院决定暂予监外执行的，在决定予以收监执行的同时，应当确定不计入刑期的期限。

监狱管理机关、公安机关决定暂予监外执行的，所在监狱或者看守所应在罪犯被收监执行后及时上报决定机关审核，并向其所在地的中级人民法院提出不计入执行刑期的建议书，人民法院应当自收到建议书之日起三十日内依法对罪犯不计入执行刑期的期限作出审核裁定。人民法院应当将有关法律文书送达建议机关及罪犯本人，同时抄送同级人民检察院。

第五十七条　被宣告缓刑、裁定假释、决定暂予监外执行的社区矫正对象犯新罪或者被发现判决宣告以前还有其他罪没有判决的，应当依法撤销缓刑、撤销假释和收监执行并数罪并罚的，依照有关规定办理。

社区矫正对象的教育帮扶

知识目标：掌握教育矫正的规定、内容与方法，帮扶的内容与介入实施的方法。

能力目标：具备开展教育矫正和社会适应性帮扶的职业能力。

素质目标：坚持立德树人理念，培养忠诚、法治、奉献、服务、责任的职业精神。

知识树

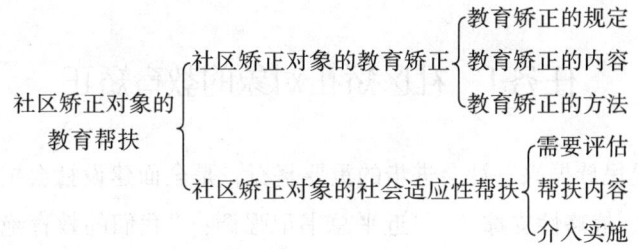

🔍 案例 8-1

老年社区矫正对象夏某某教育帮扶

夏某某，男，1939 年 10 月出生，户籍地、居住地均为 J 省 H 市。2020

259

年7月，夏某某因犯盗窃罪被J省H市人民法院判处拘役5个月，缓刑6个月，并处罚金人民币1000元。缓刑考验期自2020年7月28日起至2021年1月27日止。2020年8月3日，H市司法局社区矫正管理大队工作人员到H市某医院为夏某某（生病住院）办理入矫报到手续，由执行地司法所负责对其实施社区矫正日常监督管理和教育帮扶。

夏某某入矫时已81岁，为五保户，无婚史，常年独居。其文化程度低，性格偏激，暴躁易怒，有小偷小摸的恶习。夏某某的极端性格与其成长环境密不可分。夏某某母亲早逝，父亲常年在外务工，年少叛逆的夏某某不愿学习，与其父亲交流甚少，且夏父对其关爱不足，在其20多岁时，父亲又去世。青少年时期失去双亲的夏某某无人管教，与社会闲散人员交往频繁，没有一技之长且缺少正常的收入来源，养成了小偷小摸的习惯，最终走上了犯罪道路。

根据上述情况，如何对夏某某进行教育帮扶，使之尽快消除恶习，融入社会？这就要求社区矫正机构工作人员掌握教育帮扶的具体内容及操作方法，并结合夏某某的实际情况，进行有针对性的教育帮扶，转化其不良心理及行为恶习，帮助其顺利回归社会。

教育帮扶是社区矫正的任务之一，是"坚决维护国家安全和社会稳定，防范化解重点领域重大风险"的重要保证，是完善社会治理体系的重要体现。

任务1 社区矫正对象的教育矫正

"教育是民族振兴、社会进步的重要基石，是全面建设社会主义现代化国家的基础性、战略性支撑。"习近平总书记强调："我们的教育绝不能培养社会主义破坏者和掘墓人，绝不能培养出一些'长着中国脸，不是中国心，没有中国情，缺少中国味'的人！""浇花浇根，育人育心"。

社区矫正对象的教育矫正工作是针对特殊人进行的一种特殊教育，但教育的目的和教育的意义和普通教育具有异曲同工之处，同样要贯彻落实习近平总书记的重要指示精神。

任务1.1　教育矫正的规定

社区矫正对象教育矫正是指社区矫正机构转变社区矫正对象的不良心理和行为恶习，促进其再社会化的系统性影响活动。

教育矫正是社区矫正的基本内容和重要任务之一。社区矫正是一种非监禁刑事执行制度，教育矫正是其重要内容。《社区矫正法》第36条规定，社区矫正机构根据需要，对社区矫正对象进行法治、道德等教育，增强其法治观念，提高其道德素质和悔罪意识。对社区矫正对象的教育应当根据其个体特征、日常表现等实际情况，充分考虑其工作和生活情况，因人施教。对社区矫正对象开展教育应基于现实工作需要，一般针对犯罪成因分析，不正确的人生观、价值观，对社区矫正制度认识不正确、不到位，对国家政策认识不正确、不到位和心理方面的问题。对社区矫正对象进行法治、道德等教育，一方面使其建立起法治的他律认识，另一方面建立起道德的自律意识，促进其成为守法公民。由此可见，教育矫正是实现社区矫正对象再社会化的重要环节。

任务1.2　教育矫正的内容

一、入矫教育

开展入矫教育，应贯彻落实"解放思想、实事求是、与时俱进、求真务实，一切从实际出发"和坚持"守正创新，坚持问题导向，紧跟时代步伐，顺应实践发展"的二十大精神，唯如此才能高质量地完成社区矫正对象的入矫教育工作。

（一）入矫教育的概念

入矫教育是指社区矫正机构接收社区矫正对象之后，为实现使之尽快适应社区矫正生活而进行的教育。入矫教育的目的主要有以下两个方面：一方面，帮助社区矫正对象认识社区矫正的性质，熟悉社区矫正监督管理、教育帮扶等方面的规定，强化其在刑意识，帮助其明确矫正目标以及适应矫正制度。另一方面，社区矫正工作者能够掌握社区矫正对象的罪错案由、文化程度、生活及工作经历、家庭等基本情况，了解他们的思想动态、个性特征及现实需求，为下一步的教育矫正奠定基础。

二、入矫教育的内容

（一）权利义务教育

权利义务教育是指为了让社区矫正对象正确行使公民的基本权利和履行公民的应尽义务而进行的教育。

社区矫正对象进入开放式的矫正体系后，首先要明确自己的权利和义务。《社区矫正法》第4条第2款明确规定，"社区矫正工作应当依法进行，尊重和保障人权。社区矫正对象依法享有的人身权利、财产权利和其他权利不受侵犯，在就业、就学和享受社会保障等方面不受歧视。"此条款明确了社区矫正对象权利保护的范围。第34条规定："开展社区矫正工作，应当保障社区矫正对象的合法权益。社区矫正的措施和方法应当避免对社区矫正对象的正常工作和生活造成不必要的影响；非依法律规定，不得限制或者变相限制社区矫正对象的人身自由。社区矫正对象认为其合法权益受到侵害的，有权向人民检察院或者有关机关申诉、控告和检举。受理机关应当及时办理，并将办理结果告知申诉人、控告人和检举人。"此条款规定各有关机构、单位和个人在开展社区矫正工作过程中，有义务保障社区矫正对象的合法权益，也提及了社区矫正对象权利救济的途径。对社区矫正对象权利方面的相关规定有利于保障社区矫正对象的合法权益不受侵犯。《社区矫正法》第23条规定，社区矫正对象在社区矫正期间应当遵守法律、行政法规，履行判决、裁定、暂予监外执行决定等法律文书确定的义务，遵守国务院司法行政部门关于报告、会客、外出、迁居、保外就医等监督管理规定，服从社区矫正机构的管理。此条款规定了社区矫正对象应当履行的特殊义务。特殊义务的遵守有利于社区矫正对象的行为养成，也有利于预防重新犯罪。

（二）在刑意识教育

在刑意识教育是指为了让社区矫正对象了解自己的法律身份和服刑状态而进行的教育。

在刑意识教育是社区矫正教育的特色。非监禁性是社区矫正区别于监禁矫正的重要特征。在开放性的社区中接受矫正，容易造成部分社区矫正对象忽视其作为罪犯的法律身份，以为不被关押在监狱中就不是罪犯，与其他守法公民一样享有自由，主要表现于未成年人、法律知识匮乏的社区矫正对象。因此，开展在刑意识教育是十分必要的。

【案例 8-1】中，入矫后，经调查发现夏某某对社区矫正的抵触情绪强烈，对矫正小组成员态度恶劣；认为工作人员的社区矫正活动小题大做，悔罪意识不强，对工作人员的日常教育管理工作拒不配合，需要强化在刑意识、身份意识。针对此种情况，工作人员考虑到夏某某文化不高、识字困难、行动不便的实际情况，定期上门开展针对性个别教育，组织其观看《社区矫正对象日常行为规范》系列教育片，让其能够生动直观地理解社区矫正的严肃性，端正社区矫正态度。同时，有针对性地通过以案说法的方式开展警示教育活动，向其宣传身边违法违纪被撤销缓刑收监执行的典型案例，告诫其要严格遵守社区矫正法律法规及监督管理规定，帮助其在心目中树立起在矫的意识，促使其逐渐转变了拒不配合矫正的行为。

（三）监禁体验教育

监禁体验教育，是指为了预防和威慑社区矫正对象实施违法犯罪行为而对其实行的短期监禁的教育。

监禁体验教育的适用对象是在社区矫正过程中，不服从管理、教育，多次违反监督管理规定，说服教育不起效果的社区矫正对象。监禁体验教育是通过一定时期的监禁体验，让社区矫正对象体验到监禁的痛苦，监禁刑的严厉性、强制性、惩罚性，对监禁刑产生惧怕心理，比对社区矫正的相对自由，进而更加珍惜社区矫正的机会，实现服从管理，预防、阻止再次违法犯罪发生的目的。目前，一些社区矫正机构组织社区矫正对象参观、体验监狱、看守所，听取监狱人民警察、监狱服刑人员的报告，体验监狱生活，就具有监禁体验教育的色彩。

二、常规教育

（一）常规教育的概念

常规教育也称日常教育，是指社区矫正工作者对社区矫正对象普遍进行的以矫正其不良心理和行为恶习为目标的教育。常规教育是教育矫正工作的主体和关键。

（二）常规教育的内容

1. 法治教育。法治教育是指为了让社区矫正对象学习法律知识和增强法律意识而进行的教育。

法律是治国之重器，法治是国家治理体系和治理能力的重要依托[1]。党的十九大提出，加大全民普法力度，建设社会主义法治文化，树立宪法法律至上、法律面前人人平等法治理念的法治建设任务。社区矫正对象是特殊的社会群体。缺乏法律知识、法律意识淡薄是多数社区矫正对象走上违法犯罪道路的重要原因。党的二十大报告指出，"建设覆盖城乡的现代公共法律服务体系，深入开展法治宣传教育，增强全民法治观念"。因此，加大对社区矫正对象的普法力度和法治宣传教育，促进他们树立宪法法律至上、法律面前人人平等的法治理念至关重要。对社区矫正对象开展法治教育具有多重积极意义。其一，有利于促使社区矫正对象认罪服法、安心接受矫正；其二，有利于转化社区矫正对象的行为恶习，促使他们成为守法公民；其三，有利于预防和减少重新犯罪，维护社会稳定。

法治教育主要包括以下方面：其一，法的基本知识教育。社区矫正工作者应向社区矫正对象阐明法理学的基本知识以及社会主义法的本质、作用与要求。强调依法治国的重要性，明确只有坚定不移地走中国特色社会主义法治道路，才能真正实现法治保障人民权益的根本目的。其二，现行主要法律法规教育。现行主要法律法规教育需要与社区矫正对象的生活紧密结合，例如，开展刑法、民法、民事诉讼法、治安管理处罚法等方面的教育，帮助社区矫正对象了解这些法律的内容以及与自身的关系，并学会运用法律保护自己的合法权益。其三，社区矫正相关法律法规教育。开展社区矫正相关法律法规的教育，不仅可以规范社区矫正对象的行为，增强他们的在刑意识和遵纪守法意识，也能够实现保障社区矫正对象合法权益的目标。

【案例8-1】中，经调查发现，夏某某法治意识淡薄，自认为小偷小摸不算违法犯罪。针对此种情况，工作人员针对性讲解《刑法》《治安管理处罚

---

[1] 中共中央宣传部：《习近平新时代中国特色社会主义思想三十讲》，学习出版社2018年版，第183页。

法》《社区矫正法》等相关法律法规，引导其在法律允许的范围内正确行使自身权利。

2. 道德教育。道德教育是指为了让社区矫正对象遵守道德规范，增强道德素质，提高道德修养而进行的教育。

法治与德治都在国家治理体系中占据重要地位，两者不可分离，更不可偏废。党的二十大报告强调，"坚持依法治国和以德治国相结合，把社会主义核心价值观融入法治建设、融入社会发展、融入日常生活"。法律是成文的道德，道德是内心的法律。两者分别从他律和自律的角度规范人们的行为。道德是依靠内在信念、社会舆论和传统习惯来调整人与人之间、个人与社会之间关系的行为规则和规范的总和。从因果关系来讲，多数罪犯的犯罪行为，是错误的价值观念和道德败坏的结果。将社区矫正对象转化为守法公民是社区矫正的根本目标，也就是说，社区矫正对象知法、守法是最低限度。从更高的层次来说，则应促进他们遵守道德规范，增加他们的道德素质，提高他们的道德修养。

党的二十大报告强调，"实施公民道德建设工程，弘扬中华传统美德，加强家庭家教家风建设，加强和改进未成年人思想道德建设，推动明大德、守公德、严私德，提高人民道德水准和文明素养"。结合社区矫正对象的特点，其道德教育主要包括以下方面：其一，遵守道德规范，即公民基本道德规范。其二，增强道德素质。道德素质是人们的思想意识状态按照社会规范要求所达到的水准，包括人生观、道德观、思想品质和传统文化习惯；好的道德素质，要求人们应当具有正确的人生价值观念，具有仁爱、责任、同情、羞耻等道德良心，具有良好的行为习惯。[1]其三，提高道德修养，即按照社会主义道德规范的要求，培养良好的道德品质。

【案例 8 - 1】中，经调查发现，夏某某道德素质不高。针对此种情况，工作人员定期邀请五老志愿者[2]对其进行思想道德教育，讲解正能量故事，引导其重新树立生活信心，提高道德认知。在法治道德教育过程中，注重激

---

〔1〕 王爱立、姜爱乐主编：《中华人民共和国社区矫正法释义》，中国民主法制出版社 2020 年版，第 189 页。

〔2〕 "五老"志愿者是指：离退休干部、老战士、老教授、老专家、老模范。

发夏某某的主观能动性，定期开展教育谈话，让其谈学习体会，说自身感悟，在潜移默化中增强了其法治道德素养，改变了其小偷小摸的恶习。

3. 文化教育。文化教育是指为了提高社区矫正对象的文化知识水平和自身素质而开展的教育。

文化教育应当根据社区矫正对象的年龄和需求灵活进行。对于处于学龄阶段的未成年社区矫正对象，其监护人及社区矫正机构应当帮助他们完成义务教育。党的二十大报告指出，"加快义务教育优质均衡发展和城乡一体化"。《社区矫正法》第 55 条第 1 款规定，对未完成义务教育的未成年社区矫正对象，社区矫正机构应当通知并配合教育部门为其完成义务教育提供条件。未成年社区矫正对象的监护人应当依法保证其按时入学接受并完成义务教育。对于在校学生，社区矫正机构可以协调有关部门和单位，帮助他们完成学业。《社区矫正法》第 37 条规定，社区矫正机构可以协调有关部门和单位，依法对就业困难的社区矫正对象开展职业技能培训、就业指导，帮助社区矫正对象中的在校学生完成学业。

对年满 16 周岁并有就业愿意的社区矫正对象，社区矫正机构、有关部门和单位应当给予帮助。党的二十大报告强调，"就业是最基本的民生。健全就业公共服务体系，完善重点群体就业支持体系，加强困难群体就业兜底帮扶。统筹城乡就业政策体系，破除妨碍劳动力、人才流动的体制和政策弊端，消除影响平等就业的不合理限制和就业歧视，使人人都有通过勤奋劳动实现自身发展的机会。"《社区矫正法》第 55 条第 2 款规定，年满十六周岁的社区矫正对象有就业意愿的，社区矫正机构可以协调有关部门和单位为其提供职业技能培训，给予就业指导和帮助。未成年社区矫正对象完成义务教育后，由于各种原因不再升学的，需要加强就业帮助，以获取有关劳动知识和技术，增强社会适应能力，顺利回归社会。根据我国《宪法》《劳动法》的相关规定，年满 16 周岁具有就业意愿的社区矫正对象有获得劳动就业训练的权利。社区矫正机构可以协调劳动行政部门、人力资源和社会保障部门、职业院校、职业技能培训机构、企业和事业单位等为社区矫正对象提供相关职业技能培训，给予就业指导和帮助，提高他们的社会适应能力。

不同文化程度的成年社区矫正对象，教育内容的侧重点也有所差异。对于初中以下文化程度的成年社区矫正对象，重点加强启蒙教育和文化补课，根据国家中学教育的要求开展教育工作，特别是帮助文盲和半文盲的社区矫正对象达到义务教育的水平。对于高中以上文化程度的社区矫正对象，教育内容重在智力开发，并鼓励他们参加电大、函大、高等教育自学考试等更高层次的学习。

4. 生活教育。生活教育是指为了让社区矫正对象掌握必要的生活知识、养成良好的生活方式及适应社区矫正生活而进行的教育。

对社区矫正对象的生活教育，主要包括以下方面：

（1）人际关系教育。人际关系教育是为了帮助社区矫正对象学会如何建立和维护良好的人际关系而进行的教育。

人际关系教育主要包括交往观念、人际交往技巧以及社交礼仪等方面。在交往观念方面，社区矫正工作者需要帮助社区矫正对象树立正确的友谊观和交友观，指导他们如何看待人与人之间的友谊，正确处理友谊与法律关系，以及如何择友等。对于社区矫正对象来讲，在现实生活中应该多交益友、远离损友，特别要远离违法、犯罪人员以及同案犯，以免受其影响而重新犯罪。在人际交往技巧方面，社区矫正对象应把握尊重和诚实等交往原则，以利于和谐人际关系的建立。社交礼仪主要包括恰当的言谈、优雅的举止和合适的形象等方面。

【案例8－1】中，经调查发现，夏某某年事已高，常年独居，心态自卑且身体健康状况不佳，人际关系紧张，需要对损害的社会关系进行修复。针对此种情况，在夏某某住院期间，司法所联合村委会安排专人照料其日常起居，待其康复后积极协调镇民政等部门将其安置在养老院，让其感受到党和政府的关怀。一段时间后，夏某某初步认识到自身犯罪行为不光彩，在他人面前抬不起头来，怕周围人指指点点，因此经常性地将自己封闭在宿舍中，不与他人接触交流。于是，司法所邀请心理咨询师，为其制定心理辅导方案，开展"一对一"心理疏导活动，帮助其恢复健康心理。

（2）生活方式教育。生活方式教育是指为了帮助社区矫正对象养成良好的生活方式而进行的教育。

生活方式教育主要包括生活规律化、培养爱好、遵守时间、理性消费等内容。生活规律化是指引导社区矫正对象养成顺应人体生物钟及大自然规律的起居、饮食、劳动、学习习惯，树立健康意识。培养爱好是指引导社区矫正对象在闲暇时间进行有意义的休闲活动，例如，打球、游泳、登山、书法、绘画等，可以锻炼身体，也可以陶冶情操，使人们的精神愉悦，充实向上。遵守时间是一种良好的习惯，更是做人的基本原则。理性消费是指引导社区矫正对象养成恰当的消费观念，克服寄生性消费、超前性消费、情绪性消费等不恰当的消费行为。

三、解矫教育

（一）解矫教育的概念

解矫教育是社区矫正工作者对处于解矫前的社区矫正对象进行的，带有总结性、补课性的专项教育活动，是贯彻落实二十大报告"坚持安全第一，预防为主，建立大安全大应急框架，完善公共安全治理模式向事前预防转型"，"加强重点行业、重点领域安全监管"精神的具体体现。

解矫教育的目的是，指导社区矫正对象做好自我鉴定，填写社区矫正期满鉴定表；结合自我鉴定，引导社区矫正对象巩固教育成果，增强社会责任意识；根据社区矫正对象的就学、就业、生活等情况，有针对性地开展安置帮教政策教育，进一步强化社会关系修复、职业技能培训、就业创业辅导及生活工作方向引导，为其全面适应社会提供帮助。

（二）解矫教育的内容

1. 总结指导教育。总结指导教育是指辅导社区矫正对象回顾并总结接受社区矫正以来的思想转变、矫正表现、矫正效果等情况，进一步认识不足，明确努力方向的教育。

在矫正期限届满前，社区矫正机构需要指导社区矫正对象进行自我总结，填写社区矫正期满鉴定表。开展总结指导教育的目的是引导社区矫正对象客观地总结过去取得的成绩和存在的问题，巩固矫正成果。社区矫正工作者需要告诫社区矫正对象克服"松口气"的思想，消除浮躁心态，要求他们客观、全面地总结教育矫正过程，重点总结在法治观念、道德素质、文化程度及纪律作风等方面的变化或收获，特别要注意目前存在的不足，以明确真正回归社会后的努力方向；教育、引导社区矫正对象增强法治观念和公民社会责任意识，做合格的社会公民。

在自我总结过程中，社区矫正对象要坚持实事求是原则，不能夸大也不能缩小，更不得杜撰。社区矫正工作者可以运用对比或启发的方法，引导社区矫正对象进行自我总结。所谓对比法，就是引导社区矫正对象进行自身矫正前后的对比、自己与其他社区矫正对象的对比，在比较中发现进步及不足的方法。启发法，就是通过个别谈话或总结座谈会等方式，启发社区矫正对象思路及感悟的方法。

2. 安置帮教教育。安置帮教教育是指对即将解矫的社区矫正对象，告知安置帮教工作的性质及相关工作内容的教育。

安置帮教是在各级政府领导下，依靠各有关部门和社会力量对刑满释放人员进行的一种非强制性的引导、扶助、教育和管理活动。解除矫正后，部分社区矫正对象仍有获得教育和帮助的需要，由此，开展安置帮教教育十分必要。

对于即将解矫的社区矫正对象，告知安置帮教工作的性质及相关工作内容，引导社区矫正对象树立生活信心，全面开启新的生活，坚决摒弃错误观点、不良心理及行为习性；有困难、有疑惑及时与安置帮教部门沟通，请求帮助，避免重蹈覆辙。

任务1.3　教育矫正的方法

在社区矫正对象教育矫正工作中，"必须坚持守正创新。守正才能不迷失方向，不犯颠覆性错误，创新才能把握时代、引领时代。我们要以科学的态度对待科学，以真理的精神追求真理。""不断拓展认识的广度和深度，以新的理论指导新的实践。""我们要善于透过现象看本质，把握好全局和局部、当前和长远、宏观和微观、主要矛盾和次要矛盾、特殊和一般的关系，不断提高战略思维、历史思维、辩证思维、系统思维、创新思维、法治思维、底线思维能力，为前瞻性思考、全局性谋划、整体性推进社区矫正对象教育矫正工作提供科学的思想方法。"运用不同的教育方法实现教育矫正的最好效果。

一、集中教育

（一）集中教育的概念

集中教育是指将社区矫正对象按照一定的组织形式集合起来进行宣教、

传授和训练，解决他们共同存在的普遍性问题的教育方法。在社区矫正中，集中教育方法被广泛运用在教育矫正实践之中。《社区矫正法实施办法》第43条第3款规定，社区矫正机构、司法所根据需要可以采用集中教育、网上培训、实地参观等多种形式开展集体教育……这为集中教育提供了法律依据。

（二）集中教育的组织实施

集中教育是教育矫正的重要形式之一。根据教育矫正工作的实际需要，社区矫正机构应当有计划、有目的地组织集中教育。2022年1月7日，河北省高级人民法院、人民检察院、公安厅、司法厅联合下发《河北省社区矫正工作细则》，其中第79条规定，"执行地县级社区矫正机构、受委托的司法所根据需要，开展以下集中教育：①入矫集中教育，对新入矫的社区矫正对象开展入矫集中教育，主要包括认罪悔罪、监管规定、权利义务、警示等教育；②日常集中教育，每个月对社区矫正对象至少开展一次日常集中教育，主要包括法律政策、思想道德、文化知识、职业技能、心理健康等教育；③专项集中教育，在重点时段、重大活动期间或者遇有特殊情况时对社区矫正对象开展时事政策、遵纪守法、警示等教育；④分类集中教育，区分社区矫正对象的实际情况，有针对性地开展分类教育；⑤解矫集中教育，对社区矫正期满前的社区矫正对象开展解矫集中教育，引导社区矫正对象巩固教育成果，增强社会责任意识，了解帮教和就业政策等。"根据实际情况与矫正需要，社区矫正机构设计并调整集中教育的内容和主题，综合开展法治教育、道德教育、警示教育等。

集中教育的组织形式主要有：课堂式，在规定的时间和地点，组织社区矫正对象进行集中授课、观看警示教育影片、集体讨论、现身说法等；网络式，组织社区矫正对象参加在线网络学习；现场式，组织社区矫正对象参观学习、参加社会活动等；座谈式，对社区矫正对象开展集体谈话等。

集中教育对象的特殊性要求社区矫正机构应当严格、规范组织教育活动。组织单位应当及时做好教育记录，记录事项包括授课人、教育内容、组织形式、参加人数、课堂情况、教育效果等。社区矫正机构要加强对集中教育效果的总结和评定。集中教育一般应组织结业（阶段）考试，并将成绩记入社区矫正对象档案。社区矫正对象因特殊原因缺席集中教育的，应当提前请假，报县级社区矫正机构批准，并及时补课；无故缺席集中教育并拒绝补课的，应当予以批评教育，经教育仍不改过的，县级社区矫正机构应当给予训诫处罚；严重违反社区矫正工作有关规定且符合收监条件的，要提请相关部门予以收监。

二、分类教育

（一）分类教育的概念

分类是按照某种科学标准或规范将事物区分为不同类别的过程。分类矫正是我国社区矫正工作的重要原则之一。《社区矫正法》第 24 条规定："社区矫正机构应当根据裁判内容和社区矫正对象的性别、年龄、心理特点、健康状况、犯罪原因、犯罪类型、犯罪情节、悔罪表现等情况，制定有针对性的矫正方案，实现分类管理、个别化矫正。矫正方案应当根据社区矫正对象的表现等情况相应调整。"《社区矫正法实施办法》第 43 条第 2 款规定，社区矫正机构、司法所应当根据社区矫正对象的矫正阶段、犯罪类型、现实表现等实际情况，对其实施分类教育……由此，社区矫正机构工作人员需要区别社区矫正对象的不同特点和情况，分类、分阶段地开展教育矫正工作。分类教育是指将具有共性的社区矫正对象集中在一起给予同类教育的方法。实施分类教育可以突出重点、有的放矢，合理分配教育力量，节约有限教育资源，提高教育工作的效率与质量。

（二）分类教育的组织实施

分类标准是开展分类教育的关键。分类标准是否科学直接决定分类教育的质量。目前，我国官方将社区矫正对象分为以下四类，即管制犯、缓刑犯、假释犯和暂予监狱外执行犯。暂予监外执行犯还分为三种情况：有严重疾病需要保外就医的；怀孕或者正在哺乳自己婴儿的妇女；生活不能自理，适用暂予监外执行不致危害社会的罪犯。从社区矫正工作实践来看，上述分类不能满足分类教育工作的实际需要。为贯彻分类矫正原则，提高社区矫正工作质量，部分地区司法行政机关制定了社区矫正对象分类分级管理教育办法。例如，2021 年 6 月 28 日，安徽省司法厅印发《安徽省社区矫正对象分期分级分类管理教育办法》，其中第 15 条规定，县（市、区）社区矫正机构、司法所按照下列 4 种方式之一，对社区矫正对象实行分类管理、个别化矫正：①根据裁判内容进行分类；②根据社区矫正对象被判处管制、宣告缓刑、裁定假释和决定暂予监外执行的不同类型进行分类；③根据社区矫正对象性别、年龄、心理特点、健康状况进行分类；④根据社区矫正对象犯罪原因、犯罪类型、犯罪情节和悔罪表现等情况进行分类。《河北省社区矫正工作细则》第 76 条规定，执行地县级社区矫正机构、受委托的司法所应当区分社区矫正对象的情况开展教育，按照社区矫正对象的年龄、性别、犯罪类型、矫正类型、矫正阶段、管理等级、现实表现、再犯罪风险等实际情况，实施分类教育。可见，各地司法行政机关进一步细化了分类管理教育的标准。社区矫正机构、司法所参考上述规定中提及的分类标准，结合本地区社区矫正对象的构成情况，对社区矫正对象进行合理区分。每种类型社区矫正对象既要凸显其群体特征，又要数量适中，才能达到分类教育的目的，提高教育矫正效果。

三、个别教育

（一）个别教育的概念

个别教育是指教育工作者为解决社区矫正对象个体存在的特殊问题而进行的一种思想影响或知识、技能传授的教育活动。《社区矫正法》第 36 条第 2 款规定："对社区矫正对象的教育应当根据其个体特征、日常表现等实际情况，充分考虑其工作和生活情况，因人施教。"这为个别教育提供了法律依据。

（二）个别教育的组织实施

个别教育应当与集中教育、分类教育相结合。个别教育要结合集中教育、分类教育的内容开展，巩固集中教育、分类教育的成果。个别教育要有连贯性，整个矫正期内的个别教育要清晰、全面、系统、客观地反映社区矫正对象接受社区矫正的全过程。根据《河北省社区矫正工作细则》第 81 条规定，执行地县级社区矫正机构、受委托的司法所根据需要，开展以下个别教育：①入矫个别教育。社区矫正对象报到后，及时开展入矫个别教育，重点了解社区矫正对象基本情况，告知其应遵守的规定和违反规定的后果。②重点对象个别教育。社区矫正对象有下列情形之一的，应当开展个别教育：思想波动较大或者行为反常、情绪异常的；个人、家庭情况有重大变故的；与他人发生较大矛盾纠纷的；新变更执行地的；被训诫、警告、治安处罚的；其他需要个别教育的情形。③解矫个别教育。社区矫正对象矫正期满前，开展解矫个别教育，总结社区矫正期间表现，讲解安置帮教政策。根据矫正阶段及具体需要，社区矫正机构、司法所注重社区矫正对象分析研判，结合社区矫正对象的个体特征、日常表现等具体情况，进行有针对性的个别教育，以消除再犯罪风险，提高教育效果，达到转变矫正对象与维护社会稳定的目标。

个别教育的主要形式有个别谈话和个别感化。个别谈话是教育工作者与社区矫正对象"面对面"地交流思想和情况，以解决其特殊问题的方法。个别谈话是了解和教育社区矫正对象的一种重要方法。开展个别谈话，要求教育工作者熟悉情况，抓住时机，投入情感，善于总结。在社区矫正教育中，感化法是指教育工作者以真情实意、满腔热情去影响社区矫正对象，以达到潜移默化目的的教育活动。在个别教育中，感化是一种有效的"催化剂"，是取得良好效果的重要方法。在运用个别感化法时，一方面，教育工作者要尊重社区矫正对象的人格尊严；另一方面，教育工作者要解决社区矫正对象的实际困难。

个别教育是社区矫正对象考核的重要内容。社区矫正机构、司法所应当认真执行，严格记录。记录的主要内容包括教育主题、教育内容、采取的工作措施、教育效果初步分析等。一般而言，个别教育应当在社区矫正机构、司法所进行。对于请假外出、异地就学等无法当面接受教育的社区矫正对象，可以采取电话、视频等方式进行；对于因特殊情况不能到场的社区矫正对象，可以采取上门走访等方式进行。对于严格管理的社区矫正对象，可以适度增加教育频次；对于违规的社区矫正对象，应当结合惩处进行。除特殊情况外，无故不接受个别教育的，应当进行批评教育，经教育仍不改过的，应当予以训诫处罚。

四、社会教育

（一）社会教育的概念

社会教育是指社区矫正机构运用社会力量开展教育矫正工作的方法。《社区矫正法》第 35 条第 1 款规定："县级以上地方人民政府及其有关部门应当通过多种形式为教育帮扶社区矫正对象提供必要的场所和条件，组织动员社会力量参与教育帮扶工作。"此条款明确了开展教育帮扶工作的责任主体，也为开展社会教育提供了法律依据。

（二）社会教育的实现形式

从法律规定来看，社会教育的实现形式主要有以下几种：

1. 亲属教育。亲属教育是指运用社区矫正对象的监护人、家庭成员等社会力量，对社区矫正对象开展教育的方法。《社区矫正法》第39条规定："社区矫正对象的监护人、家庭成员，所在单位或者就读学校应当协助社区矫正机构做好社区矫正对象的教育。"此条款规定了相关主体对社区矫正对象进行协助教育的法定义务。社区矫正对象的监护人、家庭成员通常是社区矫正对象的抚养人、扶养人，他们与社区矫正对象朝夕相处，能够及时、准确地掌握社区矫正对象的思想变化和行为表现。监护人、家庭成员对社区矫正对象的接纳、支持、教育、感化和监督，有时比社区矫正机构工作人员及其他力量的介入效果更佳。

2. 志愿者教育。志愿者教育是指运用志愿者、社区群众等社会力量，对社区矫正对象开展教育的方法。《社区矫正法》第38条规定："居民委员会、村民委员会可以引导志愿者和社区群众，利用社区资源，采取多种形式，对有特殊困难的社区矫正对象进行必要的教育帮扶。"此条款规定了居民委员会、村民委员会有引导志愿者和社区群众对有特殊困难的社区矫正对象进行必要的教育帮扶的职责，也为志愿者和社区群众参与教育矫正工作提供了法律依据。居民委员会、村民委员会应当坚持自愿原则，吸纳并引导志愿者和社区群众走访有特殊困难的社区矫正对象，了解他们的实际需求，通过心理疏导、财物募捐等形式，进行必要的教育和帮助。志愿者和社区群众的职业的多元化、资源的多样化，能够为有特殊困难的社区矫正对象提供不同类型的教育和帮扶，帮助社区矫正机构做好教育矫正工作。

【案例8-1】中，考虑到夏某某孤身一人，无法找到近亲属担任其监护人，司法所工作人员商请夏某某所在的养老院负责人杨某某担任其监护人，加强关注其日常动态，并根据规定组建了由村干部、社区民警、社会工作者、社区志愿者共同参与的矫正小组，矫正小组成员每周了解交流夏某某的思想动态及最新情况。同时，监护人杨某某每天都会去夏某某的宿舍走一走、看一看、谈谈心，发现他情绪低落时及时耐心劝说。经过一段时间的调整，夏某某的精神面貌焕然一新，逐渐融入敬老院生活。

3. 专业人员教育。专业人员教育是指运用社会工作社会服务或其他社会服务，对社区矫正对象开展教育的方法。《社区矫正法》第 40 条第 1 款规定："社区矫正机构可以通过公开择优购买社区矫正社会工作服务或其他社会服务，为社区矫正对象在教育、心理辅导、职业技能培训、社会关系改善等方面提供必要的帮扶。"此条款是国家鼓励引导专业社会组织和社会工作者对社区矫正对象提供教育帮扶的规定，也为社区矫正社会服务或其他社会服务参与教育矫正提供了法律依据。自试点以来，以上海为代表的各地区积极探索政府购买服务等方式，借助专业组织、专业人员的力量，专群结合地开展社区矫正工作，取得了良好效果。专业组织及专业人员具有社会工作、心理学、教育学、社会学等专业知识，运用专业方法，针对社区矫正对象认知、行为、心理、社会关系、就学就业等方面的问题实施科学化的个案矫正，提供专业化的教育和帮助，为社区矫正对象顺利回归社会创造条件。

4. 单位及学校教育。单位及学校教育是指运用社区矫正对象所在单位、就读学校等社会力量，对社区矫正对象开展教育的方法。《社区矫正法》第 37 条规定："社区矫正机构可以协调有关部门和单位，依法对就业困难的社区矫正对象开展职业技能培训、就业指导，帮助社区矫正对象中的在校学生完成学业。"《社区矫正法》第 39 条规定："社区矫正对象的监护人、家庭成员，所在单位或者就读学校应当协助社区矫正机构做好对社区矫正对象的教育。"根据上述条款，对于已就业的社区矫正对象，其所在单位负有协助社区矫正机构进行教育的义务；对于就读的学生，其就读学校有协助社区矫正机构进行教育的义务。就读的学生需要区分来看：对未成年的社区矫正对象，其监护人、学校、居民委员会、村民委员会要根据《中华人民共和国预防未成年人犯罪法》（以下简称《预防未成年人犯罪法》）的相关规定，协助做好未成年人的教育工作；对成年的社区矫正对象，除学校根据教育部《普通高等学校学生管理规定》给予开除学籍处分外，社区矫正机构应当协调学校，共同帮助社区矫正对象完成学业。

5. 人民团体教育。人民团体教育是指运用人民团体的力量，对社区矫正对象开展教育的方法。《社区矫正法》第 35 条 2 款规定："有关人民团体应当依法协助社区矫正机构做好教育帮扶工作。"此条款是关于有关人民团体协助教育帮扶的规定。人民团体作为党联系群众的桥梁纽带，是参与社会治理、维护社会和谐稳定的重要力量[1]。工会、共青团、妇联、残联等人民团体，充分发挥自身的优势，结合社区矫正对象的特点，依法协助社区矫正机构做好家庭困难、未成年、女性以及身患残疾社区矫正对象的相关教育帮扶工作。

除上述社会教育的实现形式外，村民委员会、居民委员会、未成年人保护组织、学校、科研院校等社会力量都可以参与社区矫正对象的教育矫正工作。社会参与性是社区矫正的优势与特征，要求社区矫正机构解放思想，调动人力、智力、设施、组织等社区资源及政府部门、非政府组织等社会力量，共同开展社区矫正对象的教育矫正工作，以缓解社区矫正机构教育资源紧张的压力，进一步提高教育矫正工作的质量。

任务2　社区矫正对象的帮扶

党的二十大报告指出："以良法促进发展，保障善治"。为了尽快帮助社区矫正对象融入社会，顺利回归社会。根据《社区矫正法》的规定，社区矫正机构有义务、有责任对社区矫正对象进行帮扶。

任务2.1　帮扶的需求评估

一、需求评估的概念

所谓需要，就是人们在一定的情景下，对客观事物产生的匮乏感，进而要求得到满足的社会心理反应。[2]在马克思主义的理论中，需要是人的本性。马克思和恩格斯在《德意志意识形态》中指出："在现实世界中，个人有许多需要。"之后又说明满足个人需要的重要性，"任何人如果不同时为了自己的某种需要和为了这种需要的器官而做事，他就什么也不能做"。最后得出，"他们的需要即他们的本性"的结论。既然需要是人的本性，那么社区矫正对

---

〔1〕　王爱立、姜爱乐主编：《中华人民共和国社区矫正法释义》，中国民主法制出版社2020年版，第185页。

〔2〕　韩明谟主编：《社会学概论》，中央广播电视大学出版社2008年版，第29～30页。

象也有满足需要的本性。

需要评估是用来评估服刑人员的个人社会技能、健康、情感的稳定性、教育水平和职业能力、智力状况和其他相关因素的手段。[1]需要评估是开展社区矫正对象社会适应性帮扶工作的前提。需要评估关注目前社区矫正对象的生存、生活及发展状态，系统性评价其需要的具体内容及强弱程度。同时，随着社区矫正工作的开展，社区矫正对象处于不断变化的状态，其需要自然也随之变化。社区矫正机构工作人员应当及时了解社区矫正对象需要的变化状态，以调整相应的帮扶措施，提高社区矫正工作的效果。

二、需要评估的作用

一方面，需要评估是预防社区矫正对象重新犯罪的重要措施。从犯罪心理学角度讲，"犯罪心理是犯罪行为生成的前提，而犯罪心理的生成又是以满足需要为基础的"。[2]因此，内在需要是产生外在行为的原始动力。当社区矫正对象的迫切需要，例如衣、食、住、行等基本生活需要都无法通过正当手段获得满足时，他们就极有可能无视法律规章与道德规范，采取非法手段去满足需要。另一方面，需要评估是有效帮扶社区矫正对象的重要措施。社区矫正对象的需要多种多样，错综复杂；有些是显性的，有些是隐性的；有些是客观存在的，有些是主观臆测的。因此，社区矫正机构工作人员进行科学、系统的评价后，才能甄别出主要矛盾，即社区矫正对象最迫切的需要，开展相应的帮扶措施使之得以满足。

三、需要评估的方法

目前，社区矫正机构工作人员开展需求评估工作主要采取入矫调查与走访排查两种方式。入矫调查是指社区矫正机构要求新入矫的社区矫正对象填写矫正需求调查表，围绕生活来源、家庭婚姻、身体健康状况、掌握工作技能等方面，进行需求调查。走访排查是指社区矫正机构定期对社区矫正对象的上述情况进行走访核实，有重大变化时，及时调整帮扶措施。

---

〔1〕　刘强主编：《社区矫正制度研究》，法律出版社 2007 年版，第 159 页。
〔2〕　梅传强："论犯罪心理的生成机制"，载《河北法学》2004 年第 1 期。

任务2.2 帮扶的具体内容

社区矫正对象需要的差异性决定了社会适应性帮助内容的多样化。根据需要层次的不同，我们将社区矫正对象的需要区分为三种类型：生存性需要，涵括最低生活保障、基本生活帮扶、医疗或养老保障等；支持性需要，包括法律援助、心理帮扶、家庭关系修复等；发展性需要，包括帮扶就学、扶持就业、职业技术培训等。针对上述三种层次的需要，社区矫正机构应当协调社会资源及力量采取相应的帮扶措施。

一、生存性帮扶

生存性帮扶是指为了满足社区矫正对象生存性需要而进行的帮困扶助活动。生存性帮扶主要包括下列具体种类：

（一）临时救助

临时救助是指在社区矫正对象面临暂时的生活困难时，社区矫正机构为其提供的暂时性帮扶措施。

在我国，2014 年《司法部、中央综治办、教育部、民政部、财政部、人力资源社会保障部关于组织社会力量参与社区矫正工作的意见》（以下简称《意见》）中明确规定，"做好基本生活救助。民政部门对基本生活暂时出现严重困难、确实需要救助的社区服刑人员依法给予临时救助"。这为开展社区矫正对象临时救助工作提供了依据和保障。

在我国，自社区矫正工作开展以来，各地政府和司法行政机关在社区矫正对象临时救助方面，进行了有益探索。例如，2016 年河北省司法厅联合多部门下发的《关于社会组织参与帮教社区服刑人员、刑满释放人员工作的实施意见》（以下简称《河北省实施意见》）中规定，社会组织对符合社会救助条件的帮教对象，可以向其介绍社会救助相关政策和申请的条件、程序等，协助"三无"、老弱病残等生活困难的"两类人员"[1] 及其家庭提出社会救助申请，配合管理部门落实最低生活保障、特困人员供养、基本养老保险、基本医疗保险等救助政策。

---

〔1〕 两类人员是指社区矫正对象、刑满释放人员。

（二）社会保障

社会保障是国家和社会依法对社会成员的基本生活予以物质帮扶和保障的社会安全制度。[1]目前我国的社会保障制度主要包括社会保险、社会救济、社会福利和公共医疗卫生。

对社区矫正对象的社会保障，重点是指为符合条件的社区矫正对象提供最低生活保障。最低生活保障简称"低保"，是一种社会保障制度类型，指国家对家庭人均收入低于当地政府公告的最低生活标准的人口给予一定现金资助，以保证该家庭成员基本生活所需的社会保障制度。《意见》规定，"将生活困难、符合最低生活保障条件的社区服刑人员家庭依法纳入最低生活保障范围""已参加企业职工基本养老保险并实现再就业或已参加城乡居民基本养老保险的，按规定继续参保缴费，达到法定退休年龄或养老保险待遇领取年龄的，可按规定领取相应基本养老金，但服刑期间不参与基本养老金调整。社区服刑人员可按规定执行基本医疗保险等有关医疗保障政策，享受相应待遇。符合申领失业保险金条件的社区服刑人员，可按规定享受失业保险待遇"。《社区矫正法》第38条规定："居民委员会、村民委员会可以引导志愿者和社区群众，利用社区资源，采取多种形式，对有特殊困难的社区矫正对象进行必要的教育帮扶。"第43条规定："社区矫正对象可以按照国家有关规定申请社会救助、参加社会保险、获得法律援助，社区矫正机构应当给予必要的协助。"这些规定为社区矫正对象享有最低生活保障、社会保险、医疗保险等社会救助提供了法律及制度保障。自开展社区矫正工作以来，很多省市将生活困难（特别是伤残、家庭困难）且符合最低生活保障条件的社区矫正对象纳入最低生活保障范围。例如，2016年9月，天津市协助解决最低生活保障352人，发放临时救助金20余万元。

二、支持性帮扶

支持性帮扶是指为满足社区矫正对象支持性需要而提供的帮困扶助。支持性帮扶主要包括下列具体种类：

---

〔1〕　吴宗宪主编：《刑事执行法学》，中国人民大学出版社2007年版，第420页。

（一）法律帮扶

法律帮扶是指社区矫正机构指导社区矫正对象学习、遵守和应用法律的帮扶活动。

从目前社区矫正实践来看，各地区司法行政机关主要通过法律援助的形式帮扶社区矫正对象解决有关法律问题。法律援助是国家为贫者、弱者、残疾者等社会弱势群体提供减费、免费的法律帮扶，以保障其合法权益的社会公益性法律制度。《河北省实施意见》中规定，社会组织可以协助有关部门，为符合条件的"两类人员"提供法律援助。

获得法律援助是社区矫正对象维护自身合法权益的重要途径。在日常生活中，社区矫正对象可能遇到法律问题而需要帮扶时，特别是遇到需要通过法律诉讼解决的重大问题，但自己又无力聘请律师时，社区矫正机构可以给予必要的帮扶。从目前实际来看，法律帮扶已经成为社会适应性帮扶的重要内容之一。各地区司法行政机关通过法律援助的形式，为社区矫正对象解决实际问题，同时能够提高他们依法维权的意识。此外，社会参与性是社区矫正的重要特征和优势所在，司法行政机关除利用自身的法律资源之外，还充分利用律师事务所、法律专业人员、法律援助志愿者等为社区矫正对象提供帮扶。但是，目前我国缺乏专门为社区矫正对象提供法律援助的规章制度，司法行政机关通常参照监狱服刑人员法律援助制度开展工作。因此，国家应尽快建立健全相关规章制度，保障法律帮扶规范推进。

（二）心理帮扶

心理帮扶是为了解决社区矫正对象的不良心理问题而提供的帮扶活动。

心理帮扶是社区矫正工作的重要内容之一。《社区矫正法》第40条第1款规定："社区矫正机构可以通过公开择优购买社区矫正社会工作服务或者其他社会服务，为社区矫正对象在教育、心理辅导、职业技能培训、社会关系改善等方面提供必要的帮扶。"据上述规定，心理帮扶主要包括心理健康教育、心理咨询与心理辅导等。目前各地区司法行政机关已经认识到心理帮扶的必要性和重要性。一些地区成立了心理咨询中心或心理辅导站，定期开展心理健康教育，同时，充分利用本地区人力资源，聘请相关专业人员开展心理咨询与治疗工作，并取得了良好的效果。

三、发展性帮扶

发展性帮扶是为满足社区矫正对象发展性需要而进行的帮困扶助活动。发展性帮扶主要包括下列种类：

（一）帮扶就学

帮扶就学是指为了解决处在学龄期或者愿意继续在学校学习的社区矫正对象的入学问题而进行的帮扶活动。

对未成年社区矫正对象提供就学帮扶，具有重要意义。其一，有利于促进未成年社区矫正对象的再社会化。学校可以通过教师的关怀与教导、同辈群体的交流与鼓励以及良好的文化氛围，发挥教育的隐性功能，矫正未成年社区矫正对象不良心理及行为恶习，促进其重新回归社会。同时，将学校纳入社区矫正体系之中，可以限制和避免未成年社区矫正对象与不良群体的交往，有利于预防和减少重新犯罪。其二，有利于创造良好的学习环境。帮扶未成年社区矫正对象就学，创造良好的学习环境，必须采取相应的措施，需要社区矫正机构、教育部门、未成年社区矫正对象的监护人、共产主义青年团、妇女联合会、未成年人保护组织等社会力量共同努力。其三，有利于贯彻执行有关立法的规定。我国的有关立法规定，对于受到刑事处分的未成年人，应当帮扶他们继续学习。例如，《预防未成年人犯罪法》第 58 条规定："刑满释放和接受社区矫正的未成年人，在复学、升学、就业等方面依法享有与其他未成年人同等的权利，任何单位和个人不得歧视。"2019 年颁布的《社区矫正法》第 55 条第 1 款规定，"对未完成义务教育的未成年社区矫正对象，社区矫正机构应当通知并配合教育部门为其完成义务教育提供条件。未成年社区矫正对象的监护人应当依法保证其按时入学接受并完成义务教育。"帮助未成年社区矫正对象就学是对《预防未成年人犯罪法》《社区矫正法》及相关规范性文件具体规定的贯彻。

此外，随着入学观念及相关制度的变化，对于有继续入学愿望的成年社区矫正对象，社区矫正机构应当鼓励他们参加电大、函大、高等教育自学考试或者其他类型的成人教育，有关部门应当给予支持，积极促成他们继续学习。

（二）帮扶就业

帮扶就业是指社区矫正机构为了解决有劳动能力的社区矫正对象的就业问题而提供的帮扶活动。

帮扶就业也是我国社区矫正的任务之一。我国《宪法》第42条规定，有劳动能力的公民参加劳动，既是一项法律权利，也是一项法律义务。《意见》规定，"促进就业。人力资源和社会保障部门负责对有需求的社区服刑人员进行职业技能培训，并将其纳入本地职业技能培训总体规划。符合条件的社区服刑人员可以申请享受相关就业扶持政策，接受公共就业服务机构提供的职业指导和职业介绍等服务"。《社区矫正法》第37条规定："社区矫正机构可以协调有关部门和单位，依法对就业困难的社区矫正对象开展职业技能培训、就业指导，帮助社区矫正对象中的在校学生完成学业。"一些地区制定的社区矫正规章制度也对帮扶社区矫正对象就业作了明确规定。从目前社区矫正实践来看，各地区司法行政机关及社区矫正机构实施的就业帮扶主要包括下列方面：就业指导、职业技能培训、资金支持、创设安置就业基地、自主创业等。

任务2.3　帮扶的介入实施

一、介入实施的概念

介入实施是指在需求评估的基础上，社区矫正工作人员针对社区矫正对象的具体困难而开展的帮扶活动。介入实施是社会适应性帮扶的关键。在需要评估的基础上，社区矫正工作人员甄别出社区矫正对象的具体需要，并研判其主次关系与紧迫程度，利用法规、政策，整合社会资源，调动社会力量，帮扶社区矫正对象解决问题，满足其现实需要。鉴于司法行政机关资源的有限性，以及社区矫正对象自身资源的稀缺性与需要的多样性，司法行政机关应当以社会资源为依托，建立以社区矫正机构为中心，社会力量大力支持和社会公众广泛参与的帮扶体系。

二、介入实施的手段

帮扶内容的差异性决定了介入实施手段的多样性，即社区矫正机构必须调动各种社会力量，利用多方社会资源，才能直接、快速地帮扶社区矫正对象解决现实问题。社会力量参与是社区矫正的显著特征。鉴于资源、职权的有限性，社区矫正机构可以在现行法律法规框架内，充分利用社会保障与福利政策，借助政府职能部门、社会组织、企事业单位、社会志愿者的优势，帮扶社区矫正对象解决各种层次的现实需要。在帮扶过程中，社区矫正机构介入实施的手段主要包括：

（一）借助政府部门及行政机关

在社会适应性帮扶过程中，政府部门及行政机关发挥着重要作用。有学者已详细论述我国部分行政机关在社区矫正工作中的作用：[1]

1. 人力资源与劳动和社会保障部门。对符合条件的社区矫正对象提供最低社会保障、开展技能培训、职业介绍、职业指导、推荐就业等各项服务工作，并开辟多种渠道，帮扶他们尽快就业；对参加过失业保险的，按规定核发失业保险金；对已经就业的，解决劳动报酬支付、劳动争议解决等方面的问题，依法保障其合法权益。

2. 民政部门。按相关政策规定及时给符合规定条件的社区矫正对象提供医疗救助、临时救助等帮扶，保障其基本生活；指导居（村）委会配合做好社区矫正对象的日常帮教和监控工作，鼓励居（村）委会在自办的经济实体中安置社区矫正对象就业。

3. 卫生部门。做好患传染病、艾滋病、严重精神病等社区矫正对象的疾病监测、治疗和卫生防疫工作；对符合条件的社区矫正对象进行医疗救治，缓解他们的就医压力。

4. 教育部门。解决社区矫正对象的学历教育和其他教育等方面的问题，特别是要解决从监狱中释放的符合条件的假释犯和其他社区矫正对象的入学等问题；解决对社区矫正对象进行文化教育和职业技能培训中的质量监督等问题。

5. 工商行政管理部门。对申请从事个体经营和开办经济实体并且符合登记条件的，依法受理登记，并在办理证照时提供便利和服务；对办理失业登记后自谋职业从事个体经营且领取了执照的社区矫正对象，及时按照相关规

---

〔1〕　参见吴宗宪等：《刑事执行法学》，中国人民大学出版社 2013 年版，第 280～281 页。

定落实优惠政策；加强对社区矫正对象的工商法律法规宣传教育，增强其守法经营观念，提高职业道德水平。

6. 税务部门。对办理失业登记后实现就业或者自谋职业从事个体经营并且符合规定条件的社区矫正对象，按照相关政策规定予以减免税费和税务登记工本费。

7. 工会。稳定协调已加入工会组织的社区矫正对象的劳动关系，维护他们的合法权益，并配合区司法行政机关做好帮教工作。

8. 共青团。维护青少年社区矫正对象的合法权益，重点做好对他们的矫正帮教工作；组织青年志愿者与社区矫正对象结成帮教对子，感化挽救失足青少年。

9. 妇联。将对女性社区矫正对象的教育纳入妇联女性教育管理目标，作为重点人群开展法制、人生观教育；维护女性社区矫正对象的合法权益，配合区司法行政机关做好帮教工作。

10. 残联。残联是残疾人联合会的简称。维护残疾社区矫正对象的合法权益，配合司法行政机关做好残疾社区矫正对象的帮教工作，教育他们遵纪守法，树立自尊、自信、自强、自立观念；弘扬人道主义精神，开展残疾社区矫正对象的康复、扶贫、教育、劳动就业、职业培训等工作，创造良好的社会环境和条件，扶助他们平等参与社会生活。

（二）借助社会组织

社会组织参与社区矫正工作是社会治理创新的重要内容，是贯彻党的十八届四中全会通过的《中共中央关于全面推进依法治国若干重大问题的决定》中"建立健全社会组织参与……帮教特殊人群、预防违法犯罪的机制和制度化渠道"的重要体现，也是贯彻《社区矫正法》第41条，即"国家鼓励企业事业单位、社会组织为社区矫正对象提供就业岗位和职业技能培训。招用符合条件的社区矫正对象的企业，按照规定享受国家优惠政策"的具体体现。社区矫正机构要协调当地财政部门，根据帮扶工作的实际需求，将心理矫正咨询、行为偏差纠正、就业就学引导、职业技能培训等适宜由社会组织承担的服务事项列入政府购买服务指导性目录和同级财政预算中，并制定政府购买帮扶项目的实施方案，明确购买数量、购买方式、购买时间、服务标准、考评管理、支付办法、违约责任等内容，配合相关部门认真组织实施，确保社会组织、社会工作者有序参与帮扶服务。

社会组织参与社会适应性帮扶工作的具体内容有：

1. 做好帮教准备工作，即社会组织可以通过社区矫正机构了解掌握社区矫正对象的基本信息、改造表现、家庭状况以及个体需求，有针对性地制定帮教方案，为其顺利回归社会、融入社会、开展帮教工作奠定基础。

2. 提供日常帮教服务，即社会组织可以安排相关专业社会工作者、志愿者和爱心人士，与社区矫正对象结对帮教或对他们开展集中教育，参与社区矫正对象未成年子女帮扶工作。

3. 开展心理健康教育，即社会组织帮扶社区矫正对象消除不良心理障碍，克服消极情绪，减轻回归社会后存在的心理负担，激励引导他们培养健康人格，形成积极向上的精神状态，重树生活信心。

4. 协助解决就业问题，即社会组织可以提供政策咨询、职业指导、职业介绍、创业信息等服务，有条件的社会组织可以提供劳动岗位或技能培训服务，以及落实贷款贴息、社会保险补贴、岗位补贴、培训补贴、费用减免、公益性岗位安置等就业扶助政策。

5. 参与社会救助工作，即介绍社会救助相关政策和申请的条件、程序等，协助"三无"、老弱病残等生活困难的社区矫正对象及其家庭提出社会救助申请，配合管理部门落实最低生活保障、特困人员供养、基本养老保险、基本医疗保险等救助政策。社会组织可以协助有关部门，为符合条件的社区矫正对象提供法律援助。

（三）借助企事业单位

鼓励企业事业单位参与社区矫正对象的社会适应性帮扶工作，并按照规定享受国家优惠政策。社区矫正机构应当积极动员企业事业单位参与社区矫正工作，通过捐赠物资，提供工作岗位、技能培训、专业服务等方式，为社区矫正对象提供帮扶。

（四）借助社会志愿者

发挥社会志愿者的优势，帮扶社区矫正对象解决实际需要。社区矫正志愿者是热心社区矫正工作，自愿无偿协助对社区矫正对象开展法治教育、心理辅导、社会认知教育、技能培训等工作的人员。社区矫正机构应当广泛宣传、普及社区矫正志愿服务理念，切实发挥志愿者在社会适应性帮扶工作中的作用，将社区矫正志愿者的知识、能力、技术、特长与社区矫正对象的现实需要对接，结成帮扶对子，帮扶社区矫正对象解决法律、心理、就业等方面的问题与困难。例如，发挥"五老"的优势，帮扶社区矫正对象。"五老"志愿者与社区矫正对象结成对子，并通过探望、座谈、讲课、做报告以及赠送日用品、学习用品等方式，教育、感化社区矫正对象，加速其融入社会的进程。

任务3 （实训项目8）教育矫正的技能训练

社区矫正对象张某，女，1958年3月出生，高中文化，户籍地和居住地均为B市S区。张某因以虚假房屋所有权证为抵押骗取他人钱物共计人民币300余万元，于2018年11月被S区人民法院以诈骗罪判处有期徒刑10年，退赔全部赃款，并处罚金人民币10万元。之后，由于张某突发脑梗阻，并患有高血压3级（很高危组）、2型糖尿病、冠状动脉粥样硬化性心脏病等多种疾病，法院决定将其暂予监外执行。

2019年2月接收张某入矫时，正值其发病住院期间，考虑其身体健康状况，区社区矫正机构和受委托的司法所工作人员前往医院，在病床前依照法律程序对其进行了接收入矫宣告。

为全面准确掌握张某的有关情况，司法所收到张某的法律文书后，即对其裁判内容进行了认真研究。张某到司法所首次报到时，工作人员与其进行了个别谈话，对其进行了心理测试，并召集矫正小组成员对其进行了分析评估，认为其主要存在以下问题：

1. 法律意识淡薄，导致其思想认识偏差。张某认为，自己与被害人之间系民间借贷关系，不应认定为诈骗犯罪；即便是诈骗，也事出有因，是因为自己被高利贷讹上，房产被骗走，因此房屋还是自己的，其没有以虚假房屋所有权证为抵押实施诈骗的主观故意。因此，张某对自己被判处刑罚感到很冤枉，对司法所工作人员怀有戒备心理。

2. 巨大生活落差，导致其情绪低落。张某及其家人以前靠出租房屋和做生意过着富足的生活，如今由于被判处巨额罚金、退赔巨额赃款，加之患病治疗，导致其生活比较窘迫。此外，张某由于病情较重，生活不能完全自理，需要亲属照料，其感觉自己从家庭的经济支柱变成了家庭的沉重负担，因此对身体康复和今后生活失去信心。

3. 债权人的收监主张，导致其心怀恐惧。由于涉案债权人与张某居住在同一栋楼房，因此双方偶尔会发生口角，而且债权人多次到区社区矫正机构和法院反映情况，要求终止张某的暂予监外执行、对其进行收监，导致张某时常担心自己被终止社区矫正、收入监狱服刑，甚至成天因此担惊受怕。

请根据以上资料，完成以下实训任务：

1. 根据案例提供的资料，如何对社区矫正对象张某进行分阶段教育矫正？

2. 根据案例提供的资料，如何对社区矫正对象张某进行个别化教育矫正？

附：实训任务书和实训考核表

实训任务书

实训项目	1. 社区矫正对象分阶段教育； 2. 社区矫正对象个别化教育。
实训课时	2 课时。
实训目的	学生通过模拟实训，掌握分阶段教育、个别教育方法，并根据张某的具体情况，安排合适的教育内容、采用恰当的教育方法进行教育矫正，进一步反思教育矫正工作的关键环节，从而初步具备开展教育矫正的职业能力。
实训任务	1. 掌握教育矫正的阶段、内容与方法； 2. 对案例中资料进行整理、分析； 3. 结合张某的年龄、心理特点、犯罪类型、犯罪原因、刑罚种类等，对其开展相应的教育矫正； 4. 总结影响教育矫正工作效果的因素。

实训要求	1. 学生应提前掌握刑罚学、罪犯教育学、社区矫正的相关知识； 2. 指导教师熟悉教育矫正的理论知识与实践技能； 3. 学生要积极配合指导教师的指导完成实训； 4. 根据实训需要将学生分成若干小组，采用角色扮演的方式完成实训任务； 5. 指导教师进行点评总结，每组学生根据教师的点评总结找出不足。
实训成果形式	实训总结。
实训地点	理实一体化教室或虚拟仿真实训室。
实训进程	1. 教师讲解（介绍实训步骤、注意事项、进行角色分配）； 2. 阅读准备好的实训案例； 3. 根据实训需要将学生分成若干小组； 4. 对案例中所提供资料进行整理、分析； 5. 小组讨论案例中张某的年龄、心理特点、犯罪类型、犯罪原因、刑罚种类等情况； 6. 模拟开展分阶段、个别化教育矫正工作； 7. 指导教师进行点评总结，每组学生根据教师的点评总结找出不足。

实训考核表

班级＿＿＿＿＿＿＿＿＿＿　　姓名＿＿＿＿＿＿＿＿＿＿　　学号＿＿＿＿＿＿＿＿＿＿

任务描述：通过模拟实训，掌握阶段性教育和个别教育的内容和方法，初步具备开展教育矫正的能力。

项目总分：100 分

完成时间：100 分钟（2 课时）

考核内容	评分细则	等级评定
一、实训过程与要求 1. 根据实训需要，学生迅速分成若干小组； 2. 小组成员自行分配好所扮演的角色； 3. 小组讨论案例中社区矫正对象张某的年龄、心理特点、犯罪类型、犯罪原因、刑罚种类等情况；	分值：50 分 1. 实训过程中，与小组成员合作良好（15 分）； 2. 实训演练认真、表现积极（15 分）； 3. 能成功完成所有实训任务（20 分）。	实训成绩评定分为四等： 1. 优（100 分～85 分）； 2. 良（84 分～70 分）； 3. 及格（69 分～60 分）； 4. 不及格（59 分～0 分）。 注意事项： 1. 实训期间做与实训无关的操作，不能评定为"优"；

4. 根据教育矫正的要求,模拟开展分阶段教育、个别教育工作; 5. 指导教师进行点评总结,每组学生根据教师的点评总结找出不足。		
二、实训表现与态度	分值:20分 1. 无迟到(1分); 2. 无早退(1分); 3. 无旷课(3分); 4. 实训预习、听讲认真(2分); 5. 实训态度认真(5分); 6. 实训中不大声喧哗(1分); 7. 能爱护实训场所、设备、保持环境整洁(2分); 8. 能完全遵守实训各项规定(1分); 9. 实训效果好,基本掌握解矫教育的内容与方法,具备开展解矫教育工作的职业技能(4分)。	2. 有旷课现象,不能评为"优、良"; 3. 旷课××节及以上,评为"不及格"; 4. 实训内容没有完成,评为"不及格"; 5. 两份或多份实训总结或实训报告雷同,评为"不及格"; 6. 具体评分标准由教师根据实训项目具体要求确定。
三、实训总结 1. 实训中出现的问题及解决办法(对遇到的问题、问题产生的原因进行分析判断,把解决过程写出来); 2. 实训效果(本次实训有哪些收获,掌握了哪些知识、技能,有哪些地方不明白,有什么疑问,等等)。	分值:30分 1. 按规定时间上交(5分); 2. 格式规范(5分); 3. 字迹清楚(5分); 4. 内容详尽、完整,实训分析总结正确(5分); 5. 无抄袭现象(5分); 6. 能提出合理化建议或有创新见解(5分)。	
合 计		

评分人:　　　　　　　　　　　　　　　　　日期:　　年　月　日

任务4 （实训项目9）帮扶的技能训练

王某某，男，1992年12月出生，离异，户籍地、居住地均为J省H市Q区。2020年11月2日，王某某因犯聚众斗殴罪被C市W区人民法院判处有期徒刑1年，缓刑1年6个月。缓刑考验期自2020年11月16日起至2022年5月15日止。2020年11月18日，王某某到H市Q区社区矫正中心报到，由执行地司法所负责其社区矫正期间日常管理。

王某某家庭经济比较困难，其父已去世并留下高额债务，其母年纪大，无稳定收入。王某某与前妻离婚后独自抚养两个女儿，加之其本人患病需长期服药，整个家庭经济状况捉襟见肘。之前，王某某长期在外地工作，与家人相处时间较少。后因家庭原因，王某某从外地返回，找到一份工作。王某某与母亲、女儿沟通交流不多，家庭关系相对疏远。由于工作环境鱼龙混杂，社会交往对象多为社会闲散人员，加之婚姻不幸福、经济压力大等多方因素影响，王某某长期处于焦虑自卑情绪中，性格急躁，遇事易冲动，最终陷入犯罪泥潭。

请根据以上资料，完成以下实训任务：

1. 根据王某某的实际情况，讨论如何对其开展社会适应性帮扶。
2. 请探究社会适应性帮扶工作能否顺利开展的关键所在。

附：实训任务书和实训考核表

实训任务书

实训项目	1. 根据社区矫正对象王某某的实际情况，开展社会适应性帮扶； 2. 反思社会适应性帮扶工作能否顺利开展的关键所在。
实训课时	2课时。
实训目的	学生通过模拟实训，学会遵循工作程序，应用需要评估方法，对该案例中的社区矫正对象张某某进行帮扶，进一步反思社会适应性帮扶工作的核心问题，从而初步具备开展社会适应性帮扶的职业能力。

续表

实训任务	1. 掌握社会适应性帮扶的工作流程； 2. 根据案例，对资料进行整理、分析； 3. 根据案例中社区矫正对象的现实问题，拓宽思路，对其开展相应的帮扶； 4. 反思影响社会适应性帮扶工作质量的核心因素。
实训要求	1. 学生应提前掌握社会适应性帮扶的相关知识； 2. 指导教师熟悉社会适应性帮扶工作的原理与实践； 3. 学生要积极配合指导教师的指导完成实训； 4. 根据实训需要将学生分成若干小组，采用角色扮演的方式完成实训任务； 5. 指导教师进行点评总结，每组学生根据教师的点评总结找出不足。
实训成果形式	实训总结。
实训地点	理实一体化教室或虚拟仿真实训室。
实训进程	1. 教师讲解（介绍实训步骤、注意事项、进行角色分配）； 2. 阅读准备好的实训案例； 3. 根据实训需要将学生分成若干小组； 4. 对案例中所提供的资料进行整理、分析； 5. 小组讨论案例中社区矫正对象的实际情况及现实需要，以及介入实施的内容与方式； 6. 模拟开展社会适应性帮扶工作； 7. 指导教师进行点评总结，每组学生根据教师的点评总结找出不足。

实训考核表

班级＿＿＿＿＿＿＿＿＿＿　　　姓名＿＿＿＿＿＿＿＿＿＿＿　　　学号＿＿＿＿＿＿＿＿＿＿

任务描述：通过模拟实训，掌握社会适应性帮扶工作的具体内容与介入实施，初步具备开展社会适应性帮扶的职业能力。

项目总分：100 分

完成时间：100 分钟（2 课时）

考核内容	评分细则	等级评定
一、实训过程与要求 1. 根据实训需要，学生迅速分成若干小组； 2. 小组成员自行分配所要扮演的角色；	分值：50 分 1. 实训过程中，与小组成员合作良好（15 分）； 2. 实训演练认真、表现积极（15 分）；	实训成绩评定分为四等： 1. 优（100 分～85 分）； 2. 良（84 分～70 分）； 3. 及格（69 分～60 分）； 4. 不及格（59 分～0 分）。

3. 小组讨论案例中社区矫正对象的实际情况及现实需要，分析介入实施的内容与方式； 4. 根据任务书的要求，模拟开展社会适应性帮扶工作，完成所有的实训任务； 5. 指导教师进行点评总结，每位学生根据教师的点评总结找出不足。	3. 能成功完成所有实训任务（20分）。	
二、实训表现与态度	分值：20分 1. 无迟到（1分）； 2. 无早退（1分）； 3. 无旷课（3分）； 4. 实训预习、听讲认真（2分）； 5. 实训态度认真（5分）； 6. 实训中不大声喧哗（1分）； 7. 能爱护实训场所、设备、保持环境整洁（2分）； 8. 能完全遵守实训各项规定（1分）； 9. 实训效果好，基本掌握了社会适应性帮扶工作的程序与方法，初步具备了开展帮扶工作的职业技能（4分）。	注意事项： 1. 实训期间做与实训无关的操作，不能评定为"优"； 2. 有旷课现象，不能评为"优、良"； 3. 旷课××节及以上，评为"不及格"； 4. 实训内容没有完成，评为"不及格"； 5. 两份或多份报告雷同，评为"不及格"； 6. 具体评分标准由教师根据实训项目具体要求确定。
三、实训总结 1. 实训中出现的问题及解决办法（对遇到的问题、问题产生的原因进行分析判断，能够把解决过程描述出来）； 2. 实训效果（本次实训有哪些收获，掌握了哪些知识、技能，有哪些地方不明白，有什么疑问等）。	分值：30分 1. 按规定时间上交（5分）； 2. 格式规范（5分）； 3. 字迹清楚（5分）； 4. 内容详尽、完整，实训分析总结正确（5分）； 5. 无抄袭现象（5分）； 6. 能提出合理化建议或有创新见解（5分）。	
合计		

评分人：　　　　　　　　　　　　　　　　日期：　　年　月　日

【课堂讨论 8 - 1】

黄某，男，1986 年 2 月出生，户籍地为 H 省 S 市 Z 区，居住地为 H 省 W 市 J 区。2014 年 4 月，黄某因犯绑架罪被 H 省 W 市 J 区人民法院判处有期徒刑 11 年，2017 年 2 月 17 日，因病被 H 省监狱管理局决定暂予监外执行，暂予监外执行期限自 2017 年 2 月 17 日起至 2024 年 5 月 21 日止。2017 年 3 月 27 日，黄某被正式移交到 J 区司法局，由执行地司法所负责其社区矫正期间日常管理。

黄某被诊断 C1-2 椎间、椎管内占位性病变，神经鞘瘤（术后），高位截瘫，精神障碍，其实质性行为表现为除头部以外无法动弹。黄某由其父母照顾生活起居，其父母都没有退休工资，仅靠守店赚取微薄收入，家庭经济条件十分困难。

如果你是一名社区矫正机构工作人员，根据黄某的实际情况，谈谈如何对其实施个别教育？

【课堂活动 8 - 2】

社区矫正对象胡某，男，1964 年 10 月出生，户籍地与居住地均为 H 省 W 市江夏区。2019 年 8 月，胡某因犯信用卡诈骗罪被 H 省 W 市江夏区人民法院判处有期徒刑 2 年，缓刑 2 年 2 个月，缓刑考验期自 2019 年 8 月 27 日起至 2021 年 10 月 26 日止。2019 年 8 月 28 日，胡某到江夏区社区矫正机构报到，由执行地司法所负责其社区矫正期间相关工作。胡某本人离异，女儿在国外留学，父母均已过世，由其姐姐担任社区矫正监管保证人，现胡某独自居住生活。

入矫初期，胡某到司法所报到时心情低落，沉默寡言。据了解，胡某对自身借贷行为触犯了法律，自责后悔不已，平日格外在意他人眼光的他更加觉得在人前抬不起头，独自居住的他有苦无人诉说，对接下来的社区矫正充满未知的担忧。

如果你是一名社区矫正机构工作人员，根据胡某的家庭环境、个性特点及犯罪类型，谈谈如何对其实施心理帮扶？

【思考题】

1. 根据教育矫正的阶段，分析各阶段教育内容的侧重点。

2. 比较集中教育、个别教育、分类教育与社会教育之间的区别。

3. 分析需要评估的作用以及实践中如何做好需要评估工作？

4. 除教材中介绍的帮扶内容外，实践中社区矫正对象还存在哪些困难或问题？

5. 如何借助社会组织、社会志愿者的力量开展社区矫正对象帮扶工作？

拓展 学习

表8－1：矫正需要评估表[1]

一、就业需要的确定与分析

1. 文化程度是否低于8年级？	是	不是	不知
2. 是否没有高中文凭？	是	不是	不知
3. 是否没有学习能力？	是	不是	不知
4. 是否有身体上的缺陷？	是	不是	不知
5. 是否对自己工作不满意？	是	不是	不知
6. 工作史是否稳定？	是	不是	不知
7. 在工作岗位上是否可信？如雇主是否依赖服刑人员？	是	不是	不知
8. 是否很难满足工作的要求？	是	不是	不知
9. 是否在工作中很难与人交往？	是	不是	不知

就业需要的印象评价：

1. 能够适应社会；

2. 不是需要立即提高（没有引起现在问题的历史原因）；

3. 有提高的需要（有引起问题的历史原因，但问题并非特别大）；

---

〔1〕 张建明、吴艳华主编：《社区矫正实务》，中国政法大学出版社2021年版，第342~347页。

4. 需要认真考虑提高罪犯的就业能力（存在适应社会问题）。

就业状态：

就业：全职/兼职

职业教育状况：专门参加/临时

是否接受社会福利

其他

是否需要干预?	需要		不需要
干预内容			
基础教育	低	中	高
特别技能或培训	低	中	高
职业咨询	低	中	高
同事相互交往	低	中	高
工作习惯	低	中	高
寻找工作技能	低	中	高

补充说明：

干预参与的动机：低（自己不愿意参与）；中（愿意按照个案管理人员的要求参与到干预中）；高（具有较高的参与积极性）。

二、婚姻与家庭需要的确定与分析

1. 是否在孩提阶段有过滥性生活?	是	不是	不知
2. 婚姻关系是否不稳定?	是	不是	不知
3. 是否虐待配偶?	是	不是	不知
4. 是否为配偶的虐待人?	是	不是	不知
5. 是否因为儿童时受虐而不可自拔?	是	不是	不知
6. 为人父母是否合格?	是	不是	不知
7. 家庭关系不好?	是	不是	不知

婚姻与家庭需要的印象评价：

1. 能够适应社会（家庭关系稳定）；

2. 不是需要立即提高（没有引起现在问题的历史原因）；

3. 有提高的需要（有时关系不稳定）；

4. 需要认真考虑（家庭关系非常不稳定）。

是否需要干预？	需要		不需要
干预内容			
对过去的被害情况咨询	低	中	高
婚姻咨询	低	中	高
为人父母的技能	低	中	高
虐待配偶	低	中	高
虐待孩子	低	中	高
其他	低	中	高

补充说明：

干预参与的动机水平：低（自己不愿意参与）；中（愿意按照个案管理人员的要求参与到干预中）；高（具有较高的参与积极性）。

三、社会交往方面需要的确定与分析

1. 是否不愿意与他人交往，比较孤立？	是	不是	不知
2. 是否有很多服刑人员朋友或熟人？	是	不是	不知
3. 是否与酗酒者、使用毒品者有比较密切的交往？	是	不是	不知
4. 是否要以"利用"描述与他人的关系？	是	不是	不知
5. 是否很容易被他人影响？	是	不是	不知
6. 是否为那种不愿意提出个人主张或者拒绝他人要求的人？	是	不是	不知

交往需要的印象评价：

1. 能够适应社会（没有不良交往）；

2. 不是需要立即提高（大多数交往还是积极的）；

3. 有提高的需要（与一些不良人员交往）；

4. 需要认真考虑（交往人员多数是社会不良人员）。

是否需要干预?	需要		不需要
干预内容			
提出自己主张的训练	低	中	高
社会交往训练	低	中	高
需要志愿者帮扶	低	中	高

补充说明:

　　干预参与的动机水平: 低 (自己不愿意参与); 中 (愿意按照个案管理人员的要求参与到干预中); 高 (具有较高的参与积极性)。

四、滥用毒品方面需要的确定与分析

1. 矫正对象的生活史表明, 其使用毒品是否影响到了自己的婚姻、就业、守法、身体、经济等?	是	不是	不知
2. 矫正对象的生活史表明, 其使用酒精是否影响到了自己的婚姻、就业、守法、身体、经济等?	是	不是	不知

交往需要的印象评价:

1. 不是需要立即提高 (现在的问题与个人生活史没有关系);

2. 有提高的需要 (有中度的不适应社会问题);

3. 需要认真考虑 (有严重的不适应社会问题)。

是否需要干预?	需要		不需要
干预内容			
强化在专门设施内的矫治	低	中	高
在设施外的矫治	低	中	高
维护	低	中	高
健康咨询、毒品教育	低	中	高

补充说明:

　　干预参与的动机水平: 低 (自己不愿意参与); 中 (愿意按照个案管理人员的要求参与到干预中); 高 (具有较高的参与积极性)。

五、对社区方面需要的确定与分析

1. 被逮捕前是否有住所？	是	不是	不知
2. 自我表现是否很差？如外表不适当、举止不当？	是	不是	不知
3. 健康是否很差？	是	不是	不知
4. 是否有理财能力差的问题？如乱付账单等？	是	不是	不知
5. 是否对有组织的活动，如体育运动、志愿者活动不感兴趣？	是	不是	不知
6. 是否缺乏有效利用社会服务的能力？	是	不是	不知

交往需要的印象评价：

1. 能够适应社会；

2. 不是需要立即提高（现在没有适应社会的困难）；

3. 有提高的需要（缺乏技能，但是不影响独立生活）；

4. 需要认真考虑（缺乏技能，不能独立生活）。

是否需要干预？	需要		不需要
干预内容			
监督下住宿，如居住在精神治疗、住宿矫治机构内	低	中	高
每日到庇护所	低	中	高
生活技能咨询，如卫生、衣服、社会服务等	低	中	高
休闲咨询	低	中	高
需要志愿者	低	中	高

补充说明：

干预参与的动机水平：低（自己不愿意参与）；中（愿意按照个案管理人员的要求参与到干预中）；高（具有较高的参与积极性）。

六、情感方面的确定与分析

1. 解决问题的能力是否很弱，如不能意识到发生问题，或者意识到但不知如何解决？	是	不是	不知

2. 是否不能确定现实的、长期的目标？	是	不是	不知
3. 是否不懂同情他人，如不能理解他人的感受？	是	不是	不知
4. 是否容易陷入冲动，如寻求刺激？	是	不是	不知
5. 控制自己的愤怒是否很困难？	是	不是	不知
6. 是否不能很好地处理压抑与挫折？	是	不是	不知
7. 是否有不发的性史，如未满法定年龄有性伴侣、有过性攻击、性暴力、对孩子有性行为？	是	不是	不知
8. 是否有性无能等性退化问题？	是	不是	不知
9. 是否存在智力问题，如大脑受过伤、智力发育异常等？	是	不是	不知
10. 是否曾经被诊断过有精神疾病？	是	不是	不知
11. 是否有自杀或者自伤史？	是	不是	不知
12. 是否有饮食生活上的混乱问题？	是	不是	不知

情感方面需要的印象评价：

1. 不是需要立即提高（没有现实中的问题）；

2. 有提高的需要（情感上有问题）；

3. 需要认真考虑（有严重的情感上需要帮扶解决的问题）。

是否需要干预？	需要		不需要
干预内容			
认知技能训练（问题解决技能、确定目标技能、价值观培养、情感培训）	低	中	高
性罪犯矫治	低	中	高
焦虑管理	低	中	高
冲动行为的咨询	低	中	高
有关性问题的咨询	低	中	高
宗教或精神问题的咨询	低	中	高
自杀自伤预防	低	中	高

补充说明：

干预参与的动机水平：低（自己不愿意参与）；中（愿意按照个案管理人员的要求参与到干预中）；高（具有较高的参与积极性）。

七、态度方面需要的确定与分析

1. 服刑人员是否表现出反社会的态度，如对他人财产不尊重、支持个人之间的暴力？	是	不是	不知
2. 是否支持男性支配女性的观点，支持男女不平等的观念？	是	不是	不知
3. 是否认为种族存在优劣，支持对所谓"劣等种族"歧视的观点与行动？	是	不是	不知
4. 是否不能为一个长期目标努力？	是	不是	不知

态度方面需要的印象评价：

1. 能够适应社会（能够积极参与、回应帮扶）；

2. 不是需要立即提高（有改变自己的动机，但是态度上需要帮扶）；

3. 有提高的需要（能够认识到问题之所在，但是在帮扶下不能改变态度）；

4. 需要认真考虑（不能认同问题之所在，不能接受帮扶）。

是否需要干预？	需要		不需要
干预内容			
认知性治疗、如态度转变、目标确定、价值观改变	低	中	高
针对女性暴力方面的咨询	低	中	高
关于种族问题的咨询	低	中	高

补充说明：

干预参与的动机水平：低（自己不愿意参与）；中（愿意按照个案管理人员的要求参与到干预中）；高（具有较高的参与积极性）。

项目九

社区矫正的解除和终止

学习目标

知识目标：掌握矫正解除、矫正终止的概念、条件及程序。

能力目标：具备进行矫正解除和矫正终止的执法能力。

素质目标：培养忠诚、法治、奉献、服务、责任的职业精神。

知识树

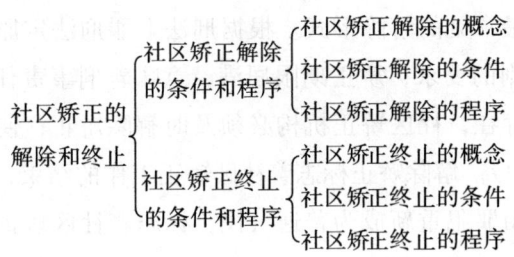

案例 9-1

对交通肇事罪社区矫正对象张某依法解除矫正

社区矫正对象张某，男，1987 年 4 月出生，户籍地和现居住地均为 B 市 C 区。2020 年 2 月，张某因犯交通肇事罪被 S 省 C 区人民法院判处有期徒刑 1

年，缓刑1年6个月，缓刑考验期自2020年2月24日起至2021年8月23日止。

根据上述情况，到社区矫正期满前30日，张某未出现收监执行等特殊情况，如何做好解除前准备工作？这就要求社区矫正机构工作人员掌握矫正解除的条件与程序，并能够结合张某的实际情况，做好总结及警示教育工作，完成矫正工作的"最后一个环节"。

党的二十大报告强调，要"全面推进严格规范公正文明执法"。在社区矫正的解除和终止工作中，要"全面落实司法责任制"。严格依法、依规办理，确保国家安全和社会稳定。

任务1 社区矫正解除的条件和程序

任务1.1 社区矫正解除的条件

一、社区矫正解除的概念

矫正解除是指因社区矫正对象矫正期限届满或者被赦免，而结束社区矫正的执法活动。

矫正解除是社区矫正工作的最后一个程序。因矫正期限届满而解除社区矫正的情形，是最常见的解除形式。根据刑法上罪刑法定原则以及刑事诉讼法上程序法定原则的要求，矫正期限届满，意味着刑事责任已经实现，刑事执行的依据不复存在，社区矫正机构必须及时解除矫正，使社区矫正对象恢复普通公民身份[1]。解除矫正标志着社区矫正工作的结束，标志着社区矫正对象的法律身份由罪犯重新成为普通公民，标志着社区矫正对象公民权利的恢复，具有重要的法律意义。

二、社区矫正解除的条件

根据《社区矫正法》第44条规定，社区矫正对象矫正期满或者被赦免的，社区矫正机构应当向社区矫正对象发放解除社区矫正证明书，并书面通

---

〔1〕 吴宗宪主编：《社区矫正导论》，中国人民大学出版社2020年版，第131页。

知社区矫正决定机关、所在地的人民检察院和公安机关。据此，矫正期限届满或被赦免是矫正解除的条件。

矫正期限届满涉及社区矫正对象矫正期的起止问题。不同类型社区矫正对象的矫正期限及计算方法不同。

（1）被判处管制的社区矫正对象，其矫正期限与管制的期限相等。矫正期从判决执行之日起计算，期限届满宣布执行期满，解除管制；

（2）被宣告缓刑的社区矫正对象，其矫正期限与缓刑考验期限相等。矫正期从判决确定之日起计算，期限届满宣布缓刑考验期满，原判刑罚不再执行；

（3）被裁定假释的社区矫正对象，其矫正期限与假释考验期限相等。矫正期从假释之日起计算，期限届满宣布考验期满，原判刑罚执行完毕；

（4）被裁定暂予监外执行的社区矫正对象，其矫正期限与暂予监外执行的期限相同。人民法院决定的，其矫正期从暂予监外执行决定生效之日起计算；公安机关、监狱管理机关决定的暂予监外执行的社区矫正对象，其矫正期限与暂予监外执行的期限相同，矫正期从出监所之日起计算。

根据《社区矫正法实施办法》第53条第1款规定，社区矫正对象矫正期限届满，且在社区矫正期间没有应当撤销缓刑、撤销假释或者暂予监外执行收监执行情形的，社区矫正机构依法办理解除矫正手续。据此，社区矫正对象矫正期限届满，且无特殊情况的，社区矫正机构应当依法按期解除矫正，为其办理相关解除手续。

任务1.2 社区矫正解除的程序

依法解除社区矫正是一项严肃的执法活动，是社区矫正工作必不可少的重要环节之一。

一、做好总结与鉴定

做好个人总结与书面鉴定是正式解除社区矫正前的准备性工作。根据《社区矫正法实施办法》第53条第2款规定，社区矫正对象一般应当在社区矫正期满30日前，作出个人总结，执行地县级社区矫正机构应当根据其在接受社区矫正期间的表现等情况作出书面鉴定，与安置帮教工作部门做好衔接工作。这是进行社区矫正对象个人总结与社区矫正机构书面鉴定的法律依据。

在此阶段，社区矫正机构需要完成以下工作任务：

第一，在社区矫正期满前30日，社区矫正机构应当对即将期满解除的社区矫正对象进行谈话教育，并提醒社区矫正对象克服"最后阶段"的思想麻痹、行为放纵，避免出现"松口气"的现象，进一步巩固教育矫正效果。

第二，督促社区矫正对象作出个人书面总结，总结的内容包括矫正期间表现，主要是遵纪守法情况，参加教育学习、公益活动情况，获得奖励或受到惩罚情况；思想与心理转变情况，主要是提高道德素质，提升心理健康水平情况以及自身取得的进步与存在的不足等。

第三，及时组织社区矫正机构工作人员、矫正小组成员及其他相关人员对社区矫正对象进行矫正期满的合议，根据其个人总结、现实表现、考核奖惩以及村（居）委会意见等，作出书面鉴定，并对其进行总结性矫正效果评估，提出安置帮教建议。

另外，由公安机关、监狱管理机关决定暂予监外执行的社区矫正对象刑期届满的，社区矫正机构应当在期限届满前1个月以内，书面通知社区矫正对象原服刑或者接收其档案的监狱、看守所按期为其办理刑满释放手续。

专栏9-1　社区矫正期满鉴定表						
姓名		性别		出生年月		
户籍地		居住地				
罪名		原判刑期				
矫正类别		矫正期限		起止日	自　年　月　日 至　年　月　日	
禁止令内容		禁止期限 起止日	自　年　月　日 至　年　月　日			
附加刑判项内容						
社区矫正机构（受委托的司法所）鉴定意见					（公章） 年　月　日	
备注						

说明：

本文书根据《社区矫正法》第44条以及《社区矫正法实施办法》第53条的规定制作。由执行地县级社区矫正机构、受委托的司法所根据社区矫正对象在接受社区矫正期间的表现等情况作出书面鉴定并存档。

【案例9-1】中，根据张某的实际情况，司法所明确解矫阶段具体措施。一是回顾矫正过程，强化矫正效果，及时要求并指导张某填写解除矫正申请书、个人总结；二是征求社区意见，考察张某矫正期内在社区生活的表现情况；三是执行地司法所按时鉴定，并根据其实际情况制定解矫后转入安置帮教的具体措施；四是规范制作解除社区矫正审批表，取得解除社区矫正证明书，在解矫日发放并宣布考验期满，原判刑罚不再执行。

二、组织解矫宣告

（一）解矫宣告的概念

解矫宣告是在社区矫正对象矫正期限届满时，执行地县级社区矫正机构或者受委托的司法所依法公开宣告解除社区矫正的执法活动。

解矫宣告是社区矫正解除程序中的重要环节。根据《社区矫正法实施办法》第54条第1款规定，社区矫正对象矫正期满，执行地县级社区矫正机构或者受委托的司法所可以组织解除矫正宣告。该条款使用了"可以"一词，说明解除宣告并不是社区矫正工作的必经程序，但除非社区矫正对象因身体原因或被采取强制措施等特殊情况外，一般情况下应该组织解矫宣告。

（二）解矫宣告的情形

解矫宣告的具体情形有：

1. 社区矫正对象矫正期满或者被赦免的，执行地县级社区矫正机构或受委托的司法所组织解除社区矫正宣告。宣告由社区矫正机构或司法所工作人员主持，宣告时间、地点等应当提前告知社区矫正对象。社区矫正对象为未成年人的，宣告不公开进行。

2. 社区矫正对象被采取强制措施、患有严重疾病，行动困难或具有其他特殊情形的，执行地县级社区矫正机构或受委托的司法所可以不组织解除社区矫正宣告，但应当送达解除通知书。

3. 人民法院决定暂予监外执行的社区矫正对象期满的，社区矫正机构应当及时解除社区矫正，向其发放解除社区矫正证明书，并通报原判人民法院。

4. 公安机关、监狱管理机关决定暂予监外执行的社区矫正对象刑期届满的，在期满前 1 个月，执行地县级社区矫正机构应书面通知原服刑或者接收、存放其档案的监狱、看守所，由监狱、看守所依法为其办理刑满释放手续。

（三）解矫宣告的内容

解矫宣告是一项严肃的执法活动，需要严格依据法律规定执行。根据《社区矫正法实施办法》第 54 条第 2 款规定，解矫宣告包括以下内容：①宣读对社区矫正对象的鉴定意见；②宣布社区矫正期限届满，依法解除社区矫正；③对判处管制的，宣布执行期满，解除管制；对宣告缓刑的，宣布缓刑考验期满，原判刑罚不再执行；对裁定假释的，宣布考验期满，原判刑罚执行完毕。

宣告由社区矫正机构或者司法所工作人员主持，矫正小组成员及其他相关人员到场，按照规定程序进行。

专栏 9-2　解除社区矫正宣告书

社区矫正对象_____：

　　依据《中华人民共和国刑法》《中华人民共和国刑事诉讼法》及《中华人民共和国社区矫正法》之规定，依据____人民法院（公安局、监狱管理局）____号判决书（裁定书、决定书），在管制（缓刑、假释、暂予监外执行）期间，对你依法实行社区矫正。矫正期限自____年__月__日起至____年__月__日止。现矫正期满，依法解除社区矫正。现向你宣告以下事项：

　　1. 对你接受社区矫正期间表现的鉴定意见：

　　2. 管制期满，依法解除管制（缓刑考验期满，原判刑罚不再执行；假释考验期满，原判刑罚执行完毕）。

（公章）

年　月　日

社区矫正对象（签名）：

说明：

1. 本文书根据《刑法》第 40 条、第 76 条、第 85 条、《社区矫正法》第 44 条以及《社区矫正法实施办法》第 54 条的规定制作。

2. 文书最后一项，应根据社区矫正对象不同的矫正类别，相应填写。①对判处管制的，填写管制期满，解除管制。②对宣告缓刑的，填写缓刑考验期满，原判刑罚不再执行。③对假释的，填写考验期满，原判刑罚执行完毕。文书由执行地县级社区矫正机构存档。

【案例 9 - 1】中，根据矫正工作的要求，司法所规范组织解矫宣告仪式。此次宣告由执行地司法所所长主持，区社区矫正机构负责人、社区民警、司法所工作人员、社区矫正志愿者、其居住厂区相关同事、矫正对象本人及其亲属参加了仪式。宣告仪式主要议程如下：首先由社区矫正对象张某进行自我鉴定，汇报在社区矫正期间的学习、工作等矫正改造情况；其次社区矫正志愿者对其现实表现作出评价；最后司法所所长向社区矫正对象张某作社区矫正期满鉴定并办理解矫手续。司法所所长宣读解除社区矫正宣告书，正式宣布张某按期解除社区矫正，列为安置帮教对象；区社区矫正机构负责人希望他继续保持对法律的敬畏，以全新的姿态面对解矫后的生活；社区矫正对象表示一定牢记教训，保持警醒，做合格公民。

三、发放解除社区矫正证明书

发放解除社区矫正证明书是解除矫正的最后环节。根据《社区矫正法实施办法》第 53 条第 3、4、5 款的规定，执行地县级社区矫正机构应当向社区矫正对象发放解除社区矫正证明书，并书面通知社区矫正决定机关，同时抄送执行地县级人民检察院和公安机关。公安机关、监狱管理机关决定暂予监外执行的社区矫正对象刑期届满的，由看守所、监狱依法为其办理刑满释放手续。社区矫正对象被赦免的，社区矫正机构应当向社区矫正对象发放解除社区矫正证明书，依法办理解除矫正手续。

专栏 9 – 3　解除社区矫正证明书

（存根）　　　　　　　　　　　（ 　）　字第　号

（ 　）　字第　号

　　社区矫正对象_____，男（女），___年_月_日出生，____族，身份证号码_____，居住地_____，户籍地_____。因犯_____罪于____年_月__日被_____人民法院判处_____。依据_____人民法院（公安局、监狱管理局）_____号判决书（裁定书、决定书），在管制（缓刑、假释、暂予监外执行）期间，依法实行社区矫正。于___年_月_日矫正期满，依法解除社区矫正。

　　发往_____人民法院（公安局、监狱管理局）。

（公章）

年　月　日

注：抄送_____人民检察院、_____公安（分）局。

专栏 9 – 4　解除社区矫正证明书

（ 　）　字第　号

　　社区矫正对象_____，男（女），___年_月_日出生，____族，身份证号码_____，居住地_____，户籍地_____。因犯_____罪于____年_月__日被_____人民法院判处_____。依据_____人民法院（公安局、监狱管理局）_____号判决书（裁定书、决定书），在管制（缓刑、假释、暂予监外执行）期间，依法实行社区矫正。于___年_月_日矫正期满，依法解除社区矫正。

　　特此证明。

（公章）

年　月　日

说明：

1. 本文书根据《社区矫正法》第 44 条以及《社区矫正法实施办法》第 53 条的规定制作。

2. 文书字号由年度、社区矫正机构代字、类型代字、文书编号组成，使用阿拉伯数字，例如"（2020）××矫解证字第 1 号"。该证明书一式两份，一份存档，一份在解除社区矫正宣告后发放给社区矫正对象。

四、通知有关部门

根据《社区矫正法》第 44 条的规定，社区矫正对象矫正期满或者被赦免的，社区矫正机构应当向社区矫正对象发放解除社区矫正证明书，并通知社区矫正决定机关、所在地的人民检察院、公安机关。据此，社区矫正对象期满解除矫正的，执行地县级社区矫正机构应当书面通知社区矫正决定机关，同时抄送执行地县级人民检察院和公安机关。

专栏 9 – 5　解除（终止）社区矫正通知书

（存根）　　　　　　　　（　）字第　号

社区矫正对象_____，男（女），___年_月_日出生，____族，身份证号码_____，户籍地_____，执行地_____。因犯_____罪经_____人民法院于___年_月_日以_____判决书判处_____。依据_____号判决书（裁定书、决定书），在管制（缓刑、假释、暂予监外执行）期间，被依法执行社区矫正。社区矫正期限自___年_月_日起至___年_月_日止。___年_月_日矫正期满，依法解除社区矫正。（因_____，社区矫正终止。）

发往_____人民法院（公安局、监狱管理局）、___人民检察院。

填发人：

批准人：

填发日期：　年　月　日

专栏9-6　解除（终止）社区矫正通知书

（　　）　字第　　号

_____人民法院（公安局、监狱管理局）：

社区矫正对象_____，男（女），____年__月__日出生，____族，身份证_____，户籍地_____，执行地_____，因犯_____罪经_____人民法院于____年__月__日以_____判决书判处_____。依据_____号判决书（裁定书、决定书），在管制（缓刑、假释、暂予监外执行）期间，被依法执行社区矫正。社区矫正期限自____年__月__日起至____年__月__日止。____年__月__日矫正期满，依法解除社区矫正。（因_____，社区矫正终止。）

（公章）

年　月　日

注：抄送_____人民检察院、_____公安（分）局。

说明：

1. 本文书根据《社区矫正法》第44条、第45条以及《社区矫正法实施办法》第53条的规定制作。

2. 文书字号由年度、社区矫正机构代字、类型代字、文书编号组成，使用阿拉伯数字，例如"（2020）××矫解/终通字第1号"。解除社区矫正通知书一式四份，一份存档，一份送决定社区矫正的人民法院（公安局、监狱管理局）、同时抄送执行地县级人民检察院和公安机关各一份。终止社区矫正通知书用于社区矫正对象被裁定撤销缓刑、假释，被决定收监执行，或者社区矫正对象死亡的情形，一式三份，一份存档，一份送社区矫正决定机关，一份送执行地县级人民检察院。

五、做好与安置帮教的衔接工作

在社区矫正对象期满前，社区矫正机构应与安置帮教部门做好衔接工作。期满解除时，要向社区矫正对象告知安置帮教有关规定，并及时转交相关材料，妥善做好交接，实现社区矫正与安置帮教的无缝对接，确保每名解除社区矫正的人员在生活、工作等方面能够有所保障，促进后续照管工作有效开展。

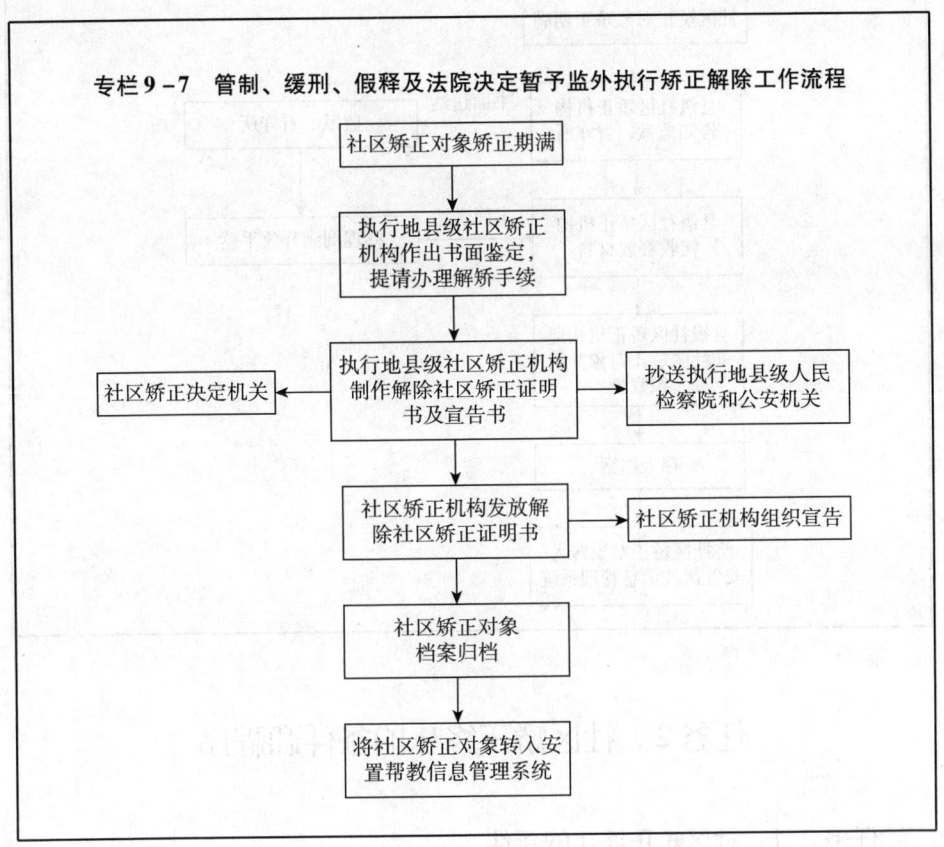

专栏 9-7 管制、缓刑、假释及法院决定暂予监外执行矫正解除工作流程

社区矫正对象矫正期满

执行地县级社区矫正机构作出书面鉴定，提请办理解矫手续

执行地县级社区矫正机构制作解除社区矫正证明书及宣告书

社区矫正决定机关

抄送执行地县级人民检察院和公安机关

社区矫正机构发放解除社区矫正证明书

社区矫正机构组织宣告

社区矫正对象档案归档

将社区矫正对象转入安置帮教信息管理系统

专栏9-8　公安机关、监狱管理机关批准暂予监外执行矫正解除工作流程

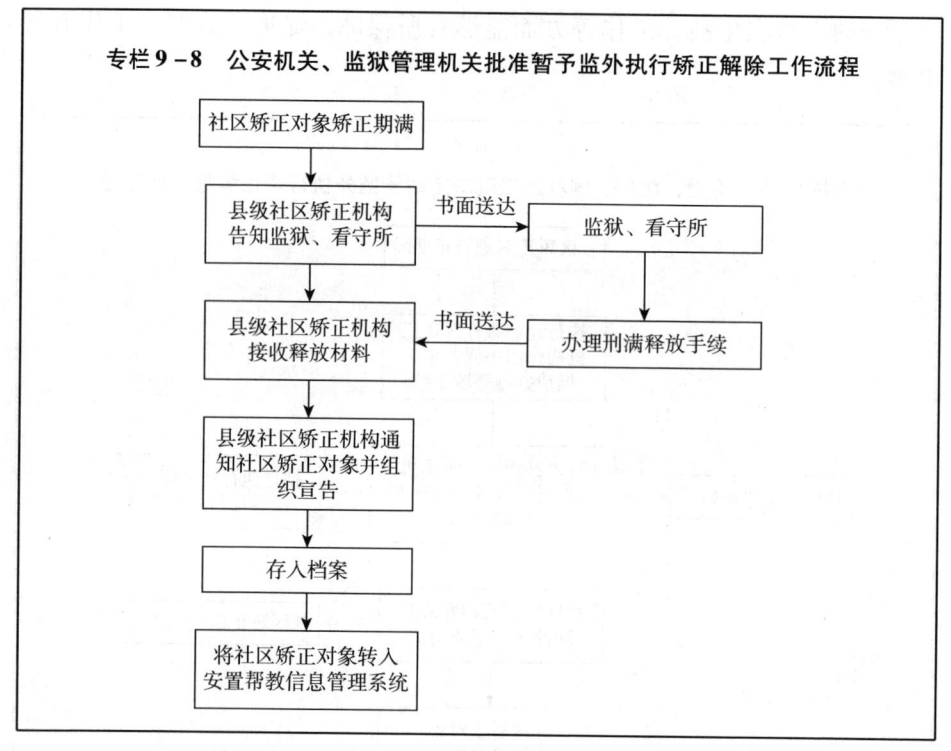

任务2　社区矫正终止的条件和程序

任务2.1　社区矫正终止的条件

一、矫正终止的概念

矫正终止是因社区矫正对象被裁定撤销缓刑、假释，被决定收监执行，或者社区矫正对象死亡而结束社区矫正的执法活动。

二、矫正终止的条件

根据《社区矫正法》第45条规定，社区矫正对象被裁定撤销缓刑、假释，被决定收监执行，或者社区矫正对象死亡的，社区矫正终止。据此，社区矫正终止的条件主要有以下四种：

（一）社区矫正对象被撤销缓刑

撤销缓刑是指缓刑类社区矫正对象出现应当撤销缓刑的情形时，人民法院依照程序裁定撤销缓刑的司法处罚措施。

根据《刑法》《社区矫正法》《社区矫正法实施办法》的相关规定，撤销缓刑的情形有三种：

1. 被宣告缓刑的犯罪分子，在缓刑考验期内犯新罪；

2. 被宣告缓刑的犯罪分子，被发现在判决宣告以前还有其他罪没有判决；

3. 被宣告缓刑的社区矫正对象违反法律、行政法规或者国务院有关部门关于缓刑的监督管理规定，情节严重的。具体而言，根据《社区矫正法实施办法》第46条第1款规定，社区矫正对象在缓刑考验期内，有下列情形之一的，由执行地同级社区矫正机构提出撤销缓刑建议：①违反禁止令，情节严重的；②无正当理由不按规定时间报到或者接受社区矫正期间脱离监管，超过1个月的；③因违反监督管理规定受到治安管理处罚，仍不改正的；④受到社区矫正机构两次警告，仍不改正的；⑤其他违反有关法律、行政法规和监督管理规定，情节严重的情形。

（二）社区矫正对象被撤销假释

撤销假释是指假释类社区矫正对象出现应当被撤销假释的情形时，人民法院依法撤销假释的司法处罚措施。

根据《刑法》《社区矫正法》《社区矫正法实施办法》的相关规定，撤销假释的情形有三种：

1. 被假释的犯罪分子，在假释考验期限内犯新罪的。

2. 在假释考验期限内，发现被假释的犯罪分子在判决宣告以前还有其他罪没有判决的。

3. 假释类社区矫正对象违反法律、行政法规或者国务院有关部门关于假释的监督管理规定，尚未构成新的犯罪的。根据《社区矫正法实施办法》第47条规定，社区矫正对象在假释考验期内，有下列情形之一的，由执行地同级社区矫正机构提出撤销假释建议：①无正当理由不按规定时间报到或者接受社区矫正期间脱离监管，超过1个月的；②受到社区矫正机构两次警告，仍不改正的；③其他违反有关法律、行政法规和监督管理规定，尚未构成新的犯罪的。

（三）暂予监外执行的收监执行

暂予监外执行收监执行是指有权决定暂予监外执行的机关发现暂予监外执行类社区矫正对象不符合规定条件或严重违反暂予监外执行规定时，依照法定程序决定收监执行的司法处罚措施。

根据《刑事诉讼法》《社区矫正法》《社区矫正法实施办法》的相关规定，在暂予监外执行期间，暂予监外执行犯具有下列情形之一的，应当及时将其收监执行。

1. 发现不符合暂予监外执行条件的。根据《刑事诉讼法》第265条的规定，对被判处有期徒刑或者拘役的罪犯暂予监外执行的情形包括：①有严重疾病需要保外就医的；②怀孕或者正在哺乳自己婴儿的妇女；③生活不能自理，适用暂予监外执行不致危害社会的。如不存在上述情形即应被认定为不符合暂予监外执行的条件，由执行地县级社区矫正机构提出收监执行建议。

2. 严重违反有关暂予监外执行监督管理规定的。根据《社区矫正法实施办法》第49条的规定，严重违反有关暂予监外执行的监督管理规定，具体包括：①不符合暂予监外执行条件的；②未经社区矫正机构批准擅自离开居住的市、县，经警告拒不改正，或者拒不报告行踪，脱离监管的；③因违反监督管理规定受到治安管理处罚，仍不改正的；④受到社区矫正机构两次警告的；⑤保外就医期间不按规定提交病情复查情况，经警告拒不改正的；⑥暂予监外执行的情形消失后，刑期未满的；⑦保证人丧失保证条件或者因不履行义务被取消保证人资格，不能在规定期限内提出新的保证人的；⑧其他违反有关法律、行政法规和监督管理规定，情节严重的情形。当暂予监外执行犯出现上述情形之一，由执行地县级社区矫正机构提出收监执行建议。

3. 暂予监外执行的情形消失后，罪犯刑期未满的。暂予监外执行犯的暂予监外执行情形消失，比如医疗水平进步，社区矫正对象的疾病得到治疗；生活能够自理或者生育完成、哺乳期结束等情形出现时，由执行地县级社区矫正机构提出收监执行建议。

4. 罪犯在暂予监外执行期间因犯新罪或者发现判决宣告以前还有其他罪没有判决的。罪犯在暂予监外执行期间因犯新罪或者发现判决宣告以前还有其他罪没有判决的，侦查机关应当在对罪犯采取强制措施后24小时以内，将有关情况通知罪犯居住地社区矫正机构；人民法院应当在判决、裁定生效后，及时将判决、裁定的结果通知罪犯居住地社区矫正机构和罪犯原服刑或者接收其档案的监狱、看守所。

罪犯按上述规定被判处监禁刑罚后，应当由原服刑的监狱、看守所收监执行；原服刑的监狱、看守所与接收其档案的监狱、看守所不一致的，应当由接收其档案的监狱、看守所收监执行。

（四）社区矫正对象死亡的

在社区矫正期间，社区矫正对象死亡的，从死亡之日起计算，社区矫正自动终止。

任务2.2 社区矫正终止的程序

一、犯新罪或发现余漏罪的终止程序

根据《刑法》《社区矫正法》《社区矫正法实施办法》和《暂予监外执行规定》的相关规定，被宣告缓刑、裁定假释和决定暂予监外执行的社区矫正对象在社区矫正期间犯新罪或发现有余漏罪的，由刑事司法机关依法进行刑事拘留、逮捕、起诉、审判，依法实行数罪并罚。

《刑法》第77条第1款规定，被宣告缓刑的犯罪分子，在缓刑考验期限内犯新罪或者发现判决宣告以前还有其他罪没有判决的，应当撤销缓刑，对新犯的罪或者新发现的罪作出判决，把前罪和后罪所判处的刑罚，依照《刑法》第69条的规定，决定执行的刑罚。

《刑法》第86条第1、2款规定，被假释的犯罪分子，在假释考验期限内犯新罪，应当撤销假释，依照《刑法》第71条的规定实行数罪并罚。在假释考验期限内，发现被假释的犯罪分子在判决宣告以前还有其他罪没有判决的，应当撤销假释，依照《刑法》第70条的规定实行数罪并罚。

《暂予监外执行规定》第22条规定，罪犯在暂予监外执行期间因犯新罪或者发现判决宣告以前还有其他罪没有判决的，侦查机关应当在对罪犯采取

强制措施后 24 小时以内，将有关情况通知罪犯居住地社区矫正机构；人民法院应当在判决、裁定生效后，及时将判决、裁定的结果通知罪犯居住地社区矫正机构和罪犯原服刑或者接收其档案的监狱、看守所。

对于在考验期限内犯新罪或者发现判决宣告以前还有其他罪没有判决的，应当由审理该案件的人民法院撤销缓刑、假释，并书面通知原审人民法院和执行地社区矫正机构。

二、被收监执行的终止程序

（一）撤销缓刑、撤销假释的终止程序

根据《社区矫正法》第 46 条规定，除在考验期限内犯新罪或者发现判决宣告以前还有其他罪没有判决的情形外，有其他需要撤销缓刑、假释情形的，社区矫正机构应当向原审人民法院或者执行地人民法院提出撤销缓刑、假释建议，并将建议书抄送人民检察院。社区矫正机构提出撤销缓刑、假释建议时，应当说明理由，并提供有关证据材料。

撤销缓刑、假释的裁定和执行也须严格遵守法定程序。人民法院应当在收到社区矫正机构撤销缓刑、假释建议书后 30 日内作出裁定，将裁定书送达社区矫正机构和公安机关，并抄送人民检察院。人民法院拟撤销缓刑、假释的，应当听取社区矫正对象的申辩及其委托的律师的意见。人民法院裁定撤销缓刑、假释的，公安机关应当及时将社区矫正对象送交监狱或者看守所执行。执行地县级公安机关本着就近、便利、安全的原则，立即将社区矫正对象送交执行地所属的省、自治区、直辖市管辖范围内的监狱或看守所执行刑罚。执行以前被逮捕的，羁押 1 日折抵刑期 1 日。人民法院裁定不予撤销缓刑、假释的，对被逮捕的社区矫正对象，公安机关应当立即予以释放。

另外，根据《社区矫正法》第 47 条和《社区矫正法实施办法》第 48 条相关规定，被提请撤销缓刑、撤销假释的社区矫正对象可能逃跑或者可能发生社会危险的，社区矫正机构可以在提出撤销缓刑、撤销假释建议的同时，提请人民法院决定对其予以逮捕。这里的社会危险包括：具有危害国家安全、公共安全、社会秩序或者他人人身安全现实危险的；可能对被害人、举报人、控告人或者社区矫正机构工作人员等实施报复行为的；可能实施新的犯罪的。

社区矫正机构提请人民法院决定逮捕社区矫正对象时，应当提供相应的证据，移送人民法院审查决定。

（二）暂予监外执行收监执行的终止程序

根据《社区矫正法》第49条第1款规定，暂予监外执行的社区矫正对象具有刑事诉讼法规定的应当予以收监情形的，社区矫正机构应当向执行地或者原社区矫正决定机关提出收监执行建议，并将建议书抄送人民检察院。

当出现《刑事诉讼法》规定的暂予监外执行收监执行的情形时，一般由受委托的司法所进行调查和提出建议后，经执行地县级社区矫正机构向有关决定机关提出收监执行建议，送达收监执行建议书，并附相关证据材料。执行地县级社区矫正机构一般向当地社区矫正决定机关提出收监执行建议。如果原社区矫正决定机关与执行地县级社区矫正机构在同一省、自治区、直辖市的，可以向原社区矫正决定机关提出建议。社区矫正决定机关应当在收到建议书后30日内作出决定，将决定书送达社区矫正机构和公安机关，并抄送人民检察院。

暂予监外执行的对象可以来自不同的决定机关。根据《刑事诉讼法》第265条规定，对被判处有期徒刑或者拘役的罪犯，在交付执行前，暂予监外执行由交付执行的人民法院决定；在交付执行后，暂予监外执行由监狱或者看守所提出书面意见，报省级以上监狱管理机关或者设区的市一级以上公安机关批准。据此，我国暂予监外执行的社区矫正决定机关包括人民法院、省级以上监狱管理机关和设区的市一级公安机关。

暂予监外执行的社区矫正决定机关不同，收监执行的程序也有所不同。根据《社区矫正法实施办法》第50条规定，人民法院裁定撤销缓刑、撤销假释或者决定暂予监外执行收监执行的，由执行地县级公安机关本着就近、便利、安全的原则，送交社区矫正对象执行地所属的省、自治区、直辖市管辖范围内的看守所或者监狱执行刑罚。公安机关决定暂予监外执行收监执行的，由执行地县级公安机关送交存放或者接收罪犯档案的看守所收监执行。监狱管理机关决定暂予监外执行收监执行的，由存放或者接收罪犯档案的监狱收监执行。

专栏 9-9　撤销缓刑、假释及取消暂予监外执行的收监工作流程图

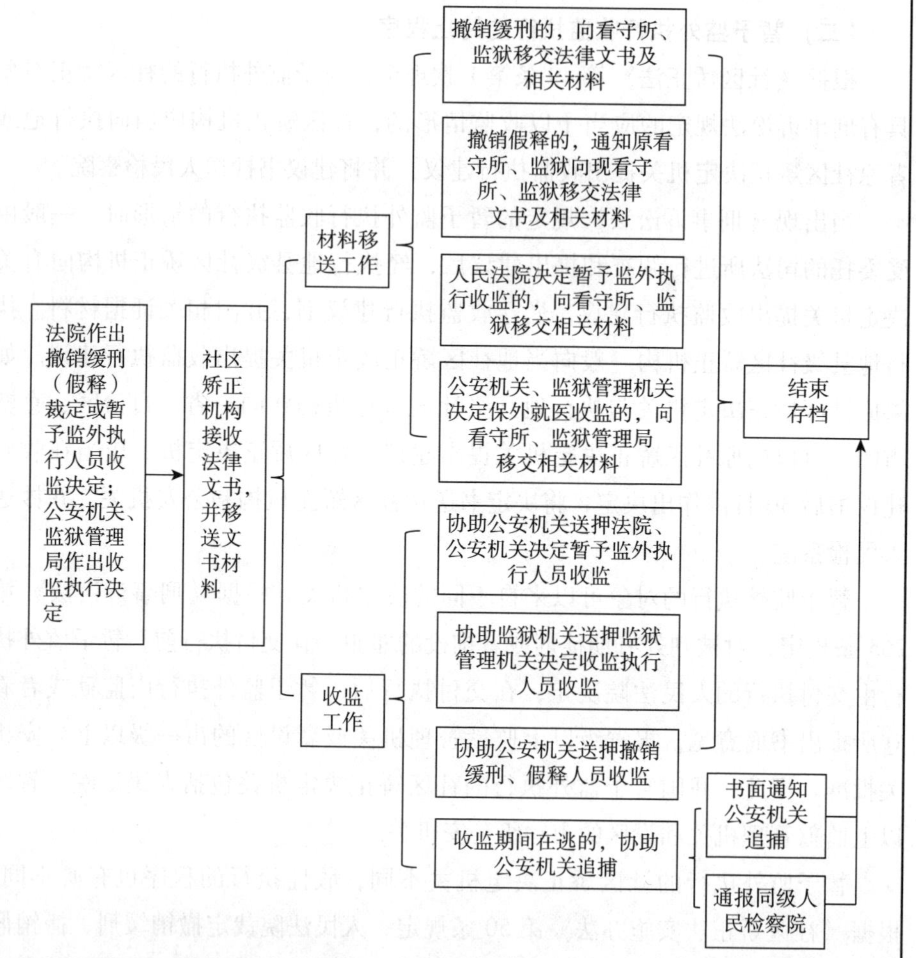

```
                    ┌──────────────────────┐
                    │ 撤销缓刑的，向看守所、│
                    │ 监狱移交法律文书及    │
                    │ 相关材料              │
                    └──────────────────────┘
                    ┌──────────────────────┐
                    │ 撤销假释的，通知原看  │
                    │ 守所、监狱向现看守    │
                    │ 所、监狱移交法律      │
                    │ 文书及相关材料        │
                    └──────────────────────┘
        ┌────────┐  ┌──────────────────────┐
        │材料移  │  │ 人民法院决定暂予监外执│
        │送工作  │  │ 行收监的，向看守所、监│
        └────────┘  │ 狱移交相关材料        │
                    └──────────────────────┘
                    ┌──────────────────────┐          ┌────────┐
┌──────┐  ┌──────┐  │ 公安机关、监狱管理机关│          │ 结束   │
│法院作│  │社区  │  │ 决定保外就医收监的，向│          │ 存档   │
│出撤销│  │矫正  │  │ 看守所、监狱管理局    │          └────────┘
│缓刑  │  │机构  │  │ 移交相关材料          │
│（假释│  │接收  │  └──────────────────────┘
│）裁定│  │法律  │  ┌──────────────────────┐
│或暂  │  │文书，│  │ 协助公安机关送押法院、│
│予监外│  │并移  │  │ 公安机关决定暂予监外执│
│执行人│  │送文  │  │ 行人员收监            │
│员收监│  │书材  │  └──────────────────────┘
│决定；│  │料    │  ┌──────────────────────┐
│公安机│  └──────┘  │ 协助监狱机关送押监狱  │
│关、  │            │ 管理机关决定收监执行  │
│监狱管│            │ 人员收监              │
│理局作│            └──────────────────────┘
│出收  │  ┌────────┐┌──────────────────────┐
│监执行│  │收监    ││ 协助公安机关送押撤销  │       ┌────────┐
│决定  │  │工作    ││ 缓刑、假释人员收监    │       │书面通知│
└──────┘  └────────┘└──────────────────────┘       │公安机关│
                    ┌──────────────────────┐       │追捕    │
                    │ 收监期间在逃的，协助  │       └────────┘
                    │ 公安机关追捕          │       ┌────────┐
                    └──────────────────────┘       │通报同级人│
                                                    │民检察院  │
                                                    └────────┘
```

（三）社区矫正对象死亡的矫正终止程序

社区矫正对象死亡的，社区矫正工作自动终止。

根据《社区矫正法》第51条、《暂予监外执行规定》第28条的相关规定，社区矫正对象死亡的，矫正终止程序如下：

社区矫正对象正常死亡的，其监护人、家庭成员应当及时向社区矫正机构报告。社区矫正机构应当及时通知社区矫正决定机关、所在地的人民检察

院、公安机关，医院应开具相关的死亡证明。

社区矫正对象非正常死亡的，其监护人、家庭成员也应当及时向社区矫正机构报告。社区矫正机构应当及时通知公安机关，同时报请检察机关对死亡原因作出司法鉴定。

罪犯在暂予监外执行期间死亡的，社区矫正机构应当自发现之日起 5 日以内，书面通知决定或者批准机关，并将有关死亡证明材料送达罪犯原服刑或者接收其档案的监狱、看守所，同时抄送罪犯居住地同级人民检察院。

社区矫正对象死亡的，社区矫正机构应当及时依照程序办理终止手续，整理相关档案材料，并按照规定归档。同时，要把相关情况向原审人民法院、原关押监狱、看守所进行书面通报，并附上相关证明材料。

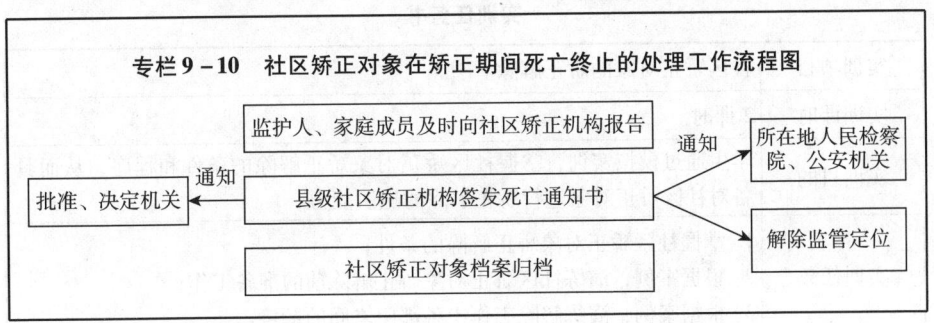

专栏 9 - 10　社区矫正对象在矫正期间死亡终止的处理工作流程图

任务3　（实训项目10）社区矫正解除的技能训练

李某某，男，1977 年 12 月出生，户籍地和居住地均为 T 市 G 区，因犯信用卡诈骗罪，被判处有期徒刑 5 年 6 个月，刑期自 2015 年 5 月 22 日至 2020 年 11 月 21 日，于 2015 年起在 S 市四岔河监狱服刑。

2019 年 10 月 8 日，因李某某患"急性早幼粒细胞白血病（M3 型）疾病"，S 市四岔河监狱提请对其暂予监外执行，依据《刑事诉讼法》第 265 条、《监狱法》第 25 条和《暂予监外执行规定》第 5 条之规定，S 市监狱管理局批准李某某于 2019 年 10 月 8 日起暂予监外执行，并出具《外省市保外就医罪犯转入我市服刑管理函》，委托 T 市 JX 监狱管理李某某的罪犯档案。

李某某于 2019 年 10 月 8 日到 G 区社区矫正管理支队报到，区社区矫正管理支队对其进行入矫宣告，由执行地司法所对其开展日常监管教育工作。

李某某于 2020 年 11 月 21 日暂予监外执行刑期届满，但因急性早幼粒细胞白血病复发，病情恶化，正在 G 区人民医院住院治疗。

请根据以上资料，完成以下实训任务：

1. 结合李某某身体实际情况，讨论如何完成矫正解除工作，如何实现解除手续与刑满释放手续的顺利衔接。

2. 总结矫正解除工作中如何处理解矫对象患病等特殊情况。

附：实训任务书和实训考核表

实训任务书

实训项目	社区矫正对象的矫正解除。
实训课时	2 课时。
实训目的	学生通过模拟实训，掌握社区矫正对象矫正解除的条件和程序，从而具备对社区矫正对象进行矫正解除的执法能力。
实训任务	1. 掌握社区矫正对象矫正解除的条件； 2. 根据案例，演练社区矫正对象矫正解除前的准备工作； 3. 根据案例，演练解除工作中各部门之间的衔接。
实训要求	1. 学生应提前掌握社区矫正对象矫正解除的相关知识； 2. 指导教师熟悉社区矫正对象矫正解除的条件和程序； 3. 学生要积极配合指导教师的指导完成实训； 4. 根据实训需要将学生分成若干小组，采用角色扮演的方式完成矫正解除的实训任务； 5. 指导教师进行点评总结，每组学生根据教师的点评总结找出不足。
实训成果形式	实训总结。
实训地点	理实一体化教室或虚拟仿真实训室。
实训进程	1. 教师讲解（介绍实训步骤、注意事项、进行角色分配）； 2. 阅读准备好的实训案例； 3. 根据实训需要将学生分成若干小组； 4. 按照矫正解除的条件和程序开展相应的工作； 5. 开展模拟矫正解除实训演练； 6. 指导教师进行点评总结，每组学生根据教师的点评总结找出不足。

实训考核表

班级 _____ 姓名 _____ 学号 _____

任务描述：通过模拟实训，掌握社区矫正对象矫正解除的条件和程序。从而具备对社区矫正对象进行矫正解除的执法能力。 项目总分：100 分 完成时间：100 分钟（2 课时）		
考核内容	评分细则	等级评定
一、实训过程与要求 1. 根据实训需要，学生迅速分成若干小组； 2. 小组成员自行分配好所扮演的角色； 3. 小组进行讨论，确定矫正解除应完成的工作任务； 4. 根据任务书中的要求，模拟开展矫正解除工作，完成所有的实训任务； 5. 指导教师进行点评总结，每组学生根据教师的点评总结找出不足。	分值：50 分 1. 实训过程中，与小组成员合作良好（15 分）； 2. 实训演练认真、表现积极（15 分）； 3. 能成功完成所有实训任务（20 分）。	实训成绩评定分为四等： 1. 优（100 分～85 分）； 2. 良（84 分～70 分）； 3. 及格（69 分～60 分）； 4. 不及格（59 分～0 分）。 注意事项： 1. 实训期间做与实训无关的操作，不能评定为"优"；
二、实训表现与态度	分值：20 分 1. 无迟到（1 分）； 2. 无早退（1 分）； 3. 无旷课（3 分）； 4. 实训预习、听讲认真（2 分）； 5. 实训态度认真（5 分）； 6. 实训中不大声喧哗（1 分）； 7. 能爱护实训场所、设备、保持环境整洁（2 分）； 8. 能完全遵守实训各项规定（1 分）； 9. 实训效果好，基本掌握了解除矫正工作的条件与程序，具备了解除矫正的执法能力（4 分）。	2. 有旷课现象，不能评为"优、良"； 3. 旷课××节及以上，评为"不及格"； 4. 实训内容没有完成，评为"不及格"； 5. 两份或多份报告雷同，评为"不及格"； 6. 具体评分标准由教师根据实训项目具体要求确定。

续表

	分值：30 分	
三、实训总结 1. 实训中出现的问题及解决办法（对遇到的问题、问题产生的原因进行分析判断，把解决过程写出来）； 2、实训效果（本次实训有哪些收获，掌握了哪些知识、技能，有哪些地方不明白，有什么疑问等）。	1. 按规定时间上交（5 分）； 2. 格式规范（5 分）； 3. 字迹清楚（5 分）； 4. 内容详尽、完整，实训分析总结正确（5 分）； 5. 无抄袭现象（5 分）； 6. 能提出合理化建议或有创新见解（5 分）。	
合计		

评分人： 日期： 年 月 日

【课堂讨论 9 −1】

张某，男，1962 年 2 月出生，户籍地和居住地均为 S 省 L 市 A 县。2020 年 11 月，张某因犯危险驾驶罪被 A 县人民法院判处拘役 1 个月，缓刑 2 个月，并处罚金人民币 2000 元，缓刑考验期自 2020 年 11 月 24 日起至 2021 年 1 月 23 日止。2020 年 11 月 24 日，张某到 A 县社区矫正机构报到，社区矫正工作人员为其办理了接收手续，并将其相关信息录入 S 省社区矫正一体化平台，由执行地司法所对其进行日常监督管理。

社区矫正对象张某矫正期限即将届满，未出现《刑法》第 77 条规定的情形。如果你是一名社区矫正机构工作人员，根据《社区矫正法》《社区矫正法实施办法》的规定，你将如何开展矫正解除工作？

【课堂讨论 9 −2】

丁某，男，1974 年 3 月出生，户籍地、居住地均为 J 省 J 市，因犯重大责任事故罪于 2021 年 1 月 15 日被 C 市经济开发区人民法院判处有期徒刑 1 年，缓刑 1 年 2 个月。缓刑考验期自 2021 年 2 月 1 日起至 2022 年 3 月 31 日止。2021 年 2 月 2 日，丁某到 J 市社区矫正机构报到，由执行地司法所负责其社区矫正期间的日常监督管理和教育矫正。

鉴于丁某在缓刑考验期内，违反社区矫正管理规定，故意规避社区矫正管理机构对其的监管，造成事实上脱离监管超过 1 个月，J 市社区矫正机构于 2021 年 11 月 18 日依法向 C 市经济开发区人民法院提请对其撤销缓刑。同时，J 市人民检察院出具了收监执行检察意见书。C 市经济开发区人民法院组织 J 市社区矫正机构、J 市人民检察院、丁某本人及其律师、矫正小组全体成员召开了听证会。各方就 J 市社区矫正机构提供的所有证据、证明材料进行了审核，并提出意见。2021 年 12 月 19 日，C 市经济开发区人民法院就 J 市司法局对社区矫正对象丁某提请撤销缓刑的案件进行公开审理，并判决撤销缓刑。

如果你是一名社区矫正机构工作人员，根据《社区矫正法》《社区矫正法实施办法》的规定，你将如何开展矫正终止工作？

【思考题】

1. 如何加强矫正宣告的规范性与严肃性？
2. 如何将收监执行案例与警示教育相结合？
3. 请分析矫正解除与矫正终止的区别。

拓展 学习

上海市社区矫正解矫宣告流程（范本）

一、宣告准备

参加宣告人员入场、就座，主持人核实人员是否到齐，了解缺席人员情况。

主持人就位，发言：根据《中华人民共和国社区矫正法》第 44 条规定，现在依法对社区矫正对象×××进行解除社区矫正宣告。

全体起立！下面宣布宣告纪律：

（一）宣告期间应保持安静，手机等电子设备应关机或调成静音状态，不得鼓掌、喧哗、哄闹或实施其他妨害宣告进行的行为：

（二）未经主持人允许，旁听人员不得随意走动，不得发言、提问；

（三）未经主持人允许，不得录音、录像、摄影和发布消息；

（四）不得吸烟或将食物、饮料等物品带入宣告场所；

（五）违反宣告纪律的，主持人可以训诫或责令其退出宣告场所。

宣告纪律宣布完毕，请坐。

二、宣告内容

宣告内容应包括：

（一）宣读对社区矫正对象的鉴定意见；

（二）宣布社区矫正期限届满，依法解除社区矫正；

（三）对判处管制的，宣布执行期满，解除管制；对宣告缓刑的，宣布缓刑考验期满，原判刑罚不再执行；对裁定假释的，宣布考验期满，原判刑罚执行完毕。

三、宣告开始

（一）主持人宣布参加宣告的单位和人员（单位名称、人员姓名）。

主持人：下面介绍参加此次宣告会的单位和人员。

××司法所专职干部：×××。

××社区矫正选派民警：×××。

××矫正社工：×××。

××帮教志愿者：×××。

其他人员（如有）。

（二）主持人宣读《社区矫正期满鉴定表》和《解除社区矫正宣告书》。

主持人：下面宣读社区矫正对象×××的《社区矫正期满鉴定表》和《解除社区矫正宣告书》。

（三）社区矫正对象表态。

主持人：下面由社区矫正对象×××表态。

社区矫正对象：……

（四）帮教志愿者提出帮教建议。

帮教志愿者：……

四、宣告结束

主持人：×××（社区矫正对象姓名），你是否还有其他事项需要说明？没有的话，请在《解除社区矫正宣告书》《解除社区矫正证明书》上签名。

社区矫正对象签名。

　　主持人：×××（社区矫正对象姓名），希望你在以后的工作生活中遵纪守法，切实承担自己的责任和义务。在工作和生活中遇到什么问题，要通过合法途径向有关部门反映，不要重蹈覆辙。

　　本次宣告到此结束。

参考文献

一、著作类：

1. 连春亮主编：《社区矫正理论与实务》，法律出版社 2020 年版。

2. 张建明、吴艳华主编：《社区矫正实务》，中国政法大学出版社 2021 年版。

3. 王爱立、姜爱东主编：《中华人民共和国社区矫正法释义》，中国民主法制出版社 2020 年版。

4. 袁理政、连春亮、陈书成：《社区矫正管理实务》，群众出版社、中国人民公安大学出版社 2019 年版。

5. 司法部社区矫正管理局编：《2012～2017 年全国社区矫正工作统计分析报告》，法律出版社 2018 年版。

6. 刘强：《美国社区矫正演变史研究——以犯罪刑罚控制为视角》，法律出版社 2009 年版。

7. 吴宗宪主编：《社区矫正导论》，中国人民大学出版社 2020 年版。

8. 张凯、姜祖桢主编：《社区矫正概论》，法律出版社 2022 年版。

9. 陈耀鑫主编：《上海市社区矫正"三分矫正"工作实务指南》，上海人民出版社 2019 年版。

10. 上海市社区矫正管理局编：《上海市社区矫正管理标准》，上海人民出版社 2018 年版。

11. 肖乾利、熊启然：《社区矫正基本问题研究》，法律出版社 2022 年版。

12. 刘强主编：《社区矫正组织管理模式比较研究》，中国法制出版社

2010 年版。

13. 陈俊生、郭华主编：《国（境）外社区矫正立法》，法律出版社 2013 年版。

14. 连春亮：《社区矫正通论》，中国人民公安大学出版社 2021 年版。

15. 郭建安、郑霞泽主编：《社区矫正通论》，法律出版社 2004 年版。

16. 王爱立主编：《中华人民共和国社区矫正法解读》，中国法制出版社 2020 年版。

二、期刊摘要类：

1. 钟达先、隗永贵、于柏枝："《社区矫正法》实施后的社会调查评估实践分析及制度研究"，载《北京政法职业学院学报》2022 年第 2 期。

2. 王书剑："社区矫正调查评估报告研究——兼与未成年人刑事案件社会调查报告比较"，载《预防青少年犯罪研究》2020 年第 6 期。

3. 肖乾利、薛宁夫："社区矫正审前调查评估制度研究"，载《宜宾学院学报》2019 年第 7 期。

4. 王奉帅："缓刑案件审前社会调查制度研究——以缓刑适用与社区矫正的联动机制为视角"，载《广西政法管理干部学院学报》2020 年第 6 期。

5. 刘立霞、王文晓："未成年犯社区矫正的社会调查制度"，载《石家庄铁道大学学报（社会科学版）》2013 年第 4 期。

6. 陈志海："社区矫正法立法若干重大问题研究"，载《中国司法》2018 年第 1 期。

7. 刘政："完善社区矫正管理体制之构想"，载《法学杂志》2018 年第 4 期。

8. 张凯："检视与推进：我国社区矫正制度深化路径之探讨"，载《河北法学》2017 年第 2 期。

9. 谭全万："主体或空间：论社区矫正的模式选择"，载《成都行政学院学报》2007 年第 3 期。

10. 张鹏："英美社区矫正模式述评"，载刘强、姜爱东、朱久伟主编：《社区矫正理论与实务研究文集》，中国人民公安大学出版社 2009 年版。

11. 司法行政（法律服务）案例库：中国法律服务网，https://alk.12348. gov.cn/。

12. 河北省高级人民法院、河北省人民检察院、河北省公安厅、河北省司法厅联合发布：《河北省社区矫正工作细则》（冀司发〔2022〕4 号），2022 年 1 月 7 日。

13. 四川省司法厅主持编制的《社区矫正调查评估规范》（DB51/T 2832 – 2021），2021 年 9 月 1 日施行。

14. 印华、夏行："关于社区矫正调查评估工作的调查与研究"，江苏检察网，http://www.jsjc.gov.cn/qingfengyuan/202111/t20211117_1306811.shtml，最后访问时间：2022 年 4 月 8 日。

15. 吴艳华、李明宝："社区矫正工作队伍职业化建设研究——以社会管理创新为视角"，载《河南司法警官职业学院学报》2016 年第 2 期。